来华留学预科教育标准（试用版）

执行主编 杜修平　刘　涛　修美丽　李春玲

执行副主编（按姓氏音序排序）

别红樱　矫雅楠　梁社会　宗　骞　左双菊

编　　委（按姓氏音序排序）

郇琳琳　陈　云　范姝婧　韩玉国　黄晓静　李秉震　李　晶
李　挺　梁子超　林　柱　刘建立　秦　学　任卫云　阮　蓓
宋志怀　索大成　王　敏　王庆年　王斯璐　韦　薇　吴　迪
肖立峰　修瑞超　于　淼　张　狄　张丽萍　张　弢　张学广
赵美威　赵毅飞　朱乐川

来华留学预科教育标准

（试用版）

国家留学基金管理委员会 组编

北京语言大学出版社
BEIJING LANGUAGE AND CULTURE
UNIVERSITY PRESS

图书在版编目（CIP）数据

来华留学预科教育标准 ： 试用版 / 国家留学基金管理委员会组编. -- 北京 ： 北京语言大学出版社, 2024. 8. -- ISBN 978-7-5619-6636-5

Ⅰ. G648.9-65

中国国家版本馆CIP数据核字第 20248KS768 号

责任编辑	王巧燕	装帧设计	张　娜
责任印制	周　燚	排版制作	北京创艺涵文化发展有限公司

出版发行	北京语言大学出版社	社　　址	北京市海淀区学院路 15 号，100083
网　　址	www.blcup.com	电子信箱	service@blcup.com
电　　话	编 辑 部　8610-82303647/3592/3724	国内发行	8610-82303650/3591/3648
	北语书店　8610-82303653	海外发行	8610-82303365/3080/3668
	网购咨询　8610-82303908		
印　　刷	天津嘉恒印务有限公司		
版　　次	2024 年 8 月第 1 版	印　　次	2024 年 8 月第 1 次印刷
开　　本	880 毫米 × 1230 毫米　1/16	印　　张	18.25
字　　数	278 千字	定　　价	98.00 元

PRINTED IN CHINA

前　言

本标准根据《学校招收和培养国际学生管理办法》《来华留学生高等教育质量规范（试行）》等有关文件，参考《中国政府奖学金本科来华留学生预科教育教学大纲》、《国际中文教育中文水平等级标准》（GF0025—2021）、《普通高中数学课程标准》（2017 年版 2020 年修订）、《普通高中物理课程标准》（2017 年版 2020 年修订）、《普通高中化学课程标准》（2017 年版 2020 年修订）等制定。

本标准规定了来华留学预科教育结业要达到的基础中文、专业中文和专业知识水平。从基础中文、专业中文（文科中文、经贸中文、理工中文、医学中文）和专业知识（数学、物理、化学）等三大模块分级别（各分为一级、二级、三级）进行描述。

本标准可以作为来华留学预科教育的学习、教学、测试与评估的参考依据，也可以作为来华留学本科入学测试与评估的参考依据。

目　　录

模块一　基础中文

模块三　专业知识

基础中文

具备中文通用基础知识和日常交际能力，能够正确理解日常生活、工作经历、自然环境、社会现象、人际关系等领域的一般语言材料，并抓住材料的相关要点和细节进行无障碍交流和讨论；在准确掌握大纲所要求的词汇和语法知识的基础上，能够正确使用各类复杂句式或运用一定的逻辑关系来成段写出或翻译某个事件、陈述某种观点、表达某种感情，为顺利实现与中国普通高等学校本科专业一年级课堂教学内容的接轨打下一定的语言基础。

1. 一级标准

- **言语交际能力** 具备基本的听、说、读、写能力，能够就日常生活、学习和工作中的话题进行基本的无障碍交流，完成日常社交活动。
- **话题任务内容** 话题涉及日常出行、生活经历、学习活动、风土人情等。能够基本完成与之相关的交际活动，例如：能够与人简单分享外出旅游的经历，能够在春节等传统节日比较正式、规范地回应别人的祝福。
- **语言量化指标** 音节 605 个，手写汉字 267 个，词语 2102 个，语法点 94 个。

1.1 听

能够听懂涉及一级话题任务内容的对话或讲话并完成相关交际任务。在实际交际活动中，能够听懂用较长单句或简单复句表达的完整对话或讲话，对话或讲话吐字清晰、发音基本标准、语速接近正常（不低于 180 字 / 分钟）。能够利用语音、语调、语速的变化等辅助手段理解和获取主要信息。

1.2 说

能够掌握一级语言量化指标的音节，发音基本正确。在实际交际活动和运用中，具备基本的成段口头表达能力，发音基本正确，语调基本自然。能够基本正确地使用本级词汇和语法完成相关的话题表达和交际任务，用词基本准确，有逻辑意识。具备基本的口头表达能力，能够使用各类简单结构或少量较为复杂的句式顺利进行简单的交流讨论。

1.3 读

能够准确认读一级语言量化指标涉及的音节、汉字和词汇，具备基本的阅读能力。能够读懂涉及本级话题任务内容的句段或短篇等叙述性、说明性语言材料，阅读速度不低于 120 字 / 分钟。能够正确理解简单复句，并初步掌握略读、速读、跳读等阅读技巧。能够正确理解相关语言材料的基本大意和细节信息。能够利用字典、词典等工具，顺利完成各项基本阅读任务。

1.4　写

能够掌握一级手写汉字表中规定汉字（267 个）的书写，书写速度不低于 20 字 / 分钟。能够较为熟练地掌握汉字的笔画、笔顺以及书写规则。能够正确理解并运用各类标点符号。具备基本的书面表达能力，能够正确使用简单复句或较长的单句进行书面交流。能够在规定时间内，完成信件、通知及叙述性短文等书面写作（字数不低于 200 字）；书写内容基本完整，用词基本准确，语法基本无误，语句基本通顺，表意基本清楚。

2. 二级标准

- **言语交际能力**　具备一定的听、说、读、写能力和初步的翻译能力，能够就日常生活、学习和工作中较复杂的话题进行完整连贯的有效交流。
- **话题任务内容**　话题涉及日常生活、工作出行、生活经历、健康状况等。能够顺利完成与之相关的交际任务，例如：能够清楚顺畅地描述自己的健康状况，能够在招聘现场完整流利地介绍自己的情况、表达自己的意愿。
- **语言量化指标**　音节 815 个（新增 210 个），手写汉字 493 个（新增 226 个），词语 4075 个（新增 1973 个），语法点 182 个（新增 88 个）。

2.1　听

能够听懂涉及二级话题任务内容的对话或讲话并完成相关交际任务。在实际交际活动中，能够听懂用各类单句或复杂复句表达的完整对话或讲话，对话或讲话吐字清晰、发音自然、语速正常（不低于 200 字 / 分钟）。能够利用语音、语调、语速的变化等辅助手段理解和获取主要信息。具备一定的文化意识，能够不受喧闹、停顿等因素影响，直接获取相关话题的主要信息和某些细节内容，并能够较深层次地理解话题的自身内容和言外之意。

2.2　说

能够掌握二级语言量化指标的音节，发音比较标准。在实际交际活动和运用中，具备比较流畅的成段口头表达能力，发音比较标准，语调比较自然。能够正确使用本级词汇和语法顺利完成相关的话题表达和交际任务，用词准确，具有一定的逻辑性。具备正常的口头表达能力，能够使用较为复杂的句式和一定的逻辑关系成段地描述某个事件、陈述个人观点、表达个人感情。

2.3　读

能够准确认读二级语言量化指标涉及的音节、汉字和词汇，具备较好的阅读能力。能够读懂涉及本级话题任务内容的不同文体及不同领域的叙述性、说明性、议论性等语言材料，阅读速度不低于 140 字 / 分钟。能够较好地理解一般复句及简单语篇，较熟练地掌握快速阅读、猜测联想、跳跃障碍等阅读技巧。能够在正确理解文章主要内容的基础上，抓住关键信息。能够依据上下文适当地进行推理和判断，并基本了解所涉及的文化因素。

2.4　写

能够掌握二级手写汉字表中规定汉字（496 个）的书写，书写速度不低于 30 字 / 分钟。能够了解汉字的演变历史，较为熟练地掌握汉字的结构特点。能够准确掌握汉字的笔画、笔顺以及书写规则。能够灵活运用各类标点符号。具备较好的书面表达能力，能够正确使用各类单句、复杂复句或简单句段进行书面交流。能够在规定时间内，使用各类简单句式完成叙述性、说明性等类型的成段书面写作（字数不低于 300 字）；书写内容完整，用词准确，语法无误，思路清晰，格式正确。

2.5　译

具备初步的翻译能力，能够就本级话题内容进行翻译，译文基本准确。能够意识到翻译中涉及的文化因素。能够翻译简单的叙述性、说明性等书面语言材料，译文大体准确。能够在非正式场合协同完成接待和口译任务，语言较为流畅，发音基本无误，语法基本正确，表意基本清楚。

3. 三级标准

- **言语交际能力**　具备一定的听、说、读、写能力和一定的翻译能力，能够就日常生活、学习和工作中的复杂话题进行完整连贯的有效交流。
- **话题任务内容**　话题涉及日常生活、自然环境、社会现象、人际关系等。能够顺利完成与之相关的交际任务，例如：能够就某些常见的社会现象进行交流或陈述个人看法，能够熟练地运用微信、QQ 等社交软件进行基本的社交活动。
- **语言量化指标**　音节 900 个（新增 85 个），手写汉字 600 个（新增 107 个），词语 5160 个（新增 1085 个），语法点 226 个（新增 44 个）。

3.1　听

能够听懂涉及三级话题任务内容的对话或讲话并完成相关交际任务。在实际交际活动中，能够听懂用各类句式表达的完整对话或讲话，对话或讲话吐字清晰、发音自然、略带方音、语速正常或稍快（不低于 220 字 / 分钟）。具备较强的文化意识，能够基本理解对话或讲话中涉及的文化内容，并规避话语中错误信息的影响，能够较为准确地理解说话者的言外之意和真实意图。

3.2　说

能够掌握三级语言量化指标的音节，发音标准。在实际交际活动和运用中，具备流畅、自然的成段口头表达能力，发音标准，语调自然。能够正确使用本级词汇和语法顺利完成相关的话题表达和交际任务，用词恰当，具有一定的逻辑性。具备较好的口头表达能力，能够正确使用各类复杂句式和较强的逻辑关系进行交流讨论，能够详细地描述事件的经过和发展、完整地陈述个人的意见或观点、有效地表达较为复杂的思想感情。

3.3 读

能够准确认读三级语言量化指标涉及的音节、汉字和词汇，具备较强的阅读能力。能够读懂涉及本级话题任务内容的各种文体及各种领域的叙述性、说明性、议论性等语言材料，阅读速度不低于160字/分钟。能够正确理解复杂复句及较长的语篇，熟练运用速读、跳读、查找信息等阅读技巧，正确理解并概括语言材料的中心意思或论点、论据。能够较好地依据材料内容进行相关逻辑推断，并较好地理解材料所涉及的文化因素。

3.4 写

能够掌握三级手写汉字表中规定汉字（600个）的书写，书写速度不低于40字/分钟。能够准确分析常见汉字的结构特点并举一反三。具备较强的书面表达能力，能够正确使用各类复句或较复杂的句段进行书面交流。能够在规定时间内，使用各类复杂句式完成叙述性、说明性、议论性、应用性等类型的成段书面写作（字数不低于400字）；书写内容完整，用词恰当，思路清晰，句式正确，表达规范，格式正确。

3.5 译

具备基本的翻译能力，能够就本级话题内容进行翻译，译文准确。能够较好地处理翻译中涉及的文化因素。能够翻译简单的叙述性、说明性、议论性等书面语言材料，译文比较准确。能够在非正式场合独立完成接待和口译任务，语言流畅，发音无误，语法正确，表意清楚。

附 1：基础中文音节表

一级音节表（605 个）

1	ɑ	37	cǎo	73	dā	109	èr	145	gǒu
2	ài	38	céng	74	dá	110	fā	146	gòu
3	ān	39	chá	75	dǎ	111	fǎ	147	gū
4	àn	40	chà	76	dà	112	fà	148	gǔ
5	bā	41	chǎn	77	dài	113	fǎn	149	gù
6	bǎ	42	cháng	78	dān	114	fàn	150	guà
7	bà	43	chǎng	79	dàn	115	fāng	151	guài
8	ba	44	chàng	80	dāng	116	fáng	152	guān
9	bái	45	chāo	81	dāo	117	fǎng	153	guǎn
10	bǎi	46	cháo	82	dǎo	118	fàng	154	guàn
11	bān	47	chǎo	83	dào	119	fēi	155	guāng
12	bǎn	48	chē	84	dé	120	féi	156	guǎng
13	bàn	49	chèn	85	de	121	fèi	157	guī
14	bāng	50	chēng	86	dēng	122	fēn	158	guǐ
15	bāo	51	chéng	87	děng	123	fèn	159	guì
16	bǎo	52	chī	88	dī	124	fēng	160	guó
17	bào	53	chí	89	dǐ	125	fǒu	161	guǒ
18	bēi	54	chōng	90	dì	126	fú	162	guò
19	běi	55	chóng	91	diǎn	127	fù	163	hā
20	bèi	56	chū	92	diàn	128	gāi	164	hái
21	běn	57	chú	93	diào	129	gǎi	165	hǎi
22	bǐ	58	chǔ	94	dìng	130	gài	166	hài
23	bì	59	chù	95	dōng	131	gān	167	hǎn
24	biān	60	chuān	96	dǒng	132	gǎn	168	hàn
25	biàn	61	chuán	97	dòng	133	gàn	169	háng
26	biāo	62	chuáng	98	dōu	134	gāng	170	hǎo
27	biǎo	63	chuàng	99	dū	135	gāo	171	hào
28	bié	64	chuī	100	dú	136	gào	172	hē
29	bìng	65	chūn	101	dù	137	gē	173	hé
30	bō	66	cí	102	duǎn	138	gé	174	hēi
31	bǔ	67	cǐ	103	duàn	139	gè	175	hěn
32	bù	68	cì	104	duì	140	gěi	176	hóng
33	cái	69	cóng	105	dùn	141	gēn	177	hòu
34	cǎi	70	cūn	106	duō	142	gèng	178	hū
35	cài	71	cún	107	è	143	gōng	179	hú
36	cān	72	cuò	108	ér	144	gòng	180	hù

181 huā
182 huá
183 huà
184 huài
185 huān
186 huán
187 huàn
188 huáng
189 huí
190 huì
191 hūn
192 huó
193 huǒ
194 huò
195 jī
196 jí
197 jǐ
198 jì
199 jiā
200 jiǎ
201 jià
202 jiān
203 jiǎn
204 jiàn
205 jiāng
206 jiǎng
207 jiāo
208 jiǎo
209 jiào
210 jiē
211 jié
212 jiě
213 jiè
214 jīn
215 jǐn
216 jìn
217 jīng
218 jǐng
219 jìng
220 jiǔ
221 jiù
222 jū
223 jǔ
224 jù
225 juǎn
226 jué
227 kā
228 kǎ
229 kāi
230 kàn
231 kāng
232 kǎo
233 kào
234 kē
235 kě
236 kè
237 kōng
238 kǒng
239 kòng
240 kǒu
241 kū
242 kǔ
243 kù
244 kuài
245 kuàng
246 kùn
247 lā
248 lái
249 lán
250 làng
251 lǎo
252 lè
253 le
254 lèi
255 lěng
256 lí
257 lǐ
258 lì
259 lián
260 liǎn
261 liàn
262 liáng
263 liǎng
264 liàng
265 liǎo
266 liè
267 líng
268 lǐng
269 lìng
270 liú
271 liù
272 lóng
273 lóu
274 lù
275 lǚ
276 lǜ
277 luàn
278 lùn
279 luò
280 mā
281 má
282 mǎ
283 mǎi
284 mài
285 mǎn
286 màn
287 máng
288 māo
289 máo
290 mào
291 me
292 méi
293 měi
294 mèi
295 mén
296 men
297 mí
298 mǐ
299 miàn
300 mín
301 míng
302 mìng
303 mò
304 mǒu
305 mǔ
306 mù
307 ná
308 nǎ
309 nà
310 nǎi
311 nán
312 nǎo
313 ne
314 nèi
315 néng
316 nǐ
317 nián
318 niàn
319 niǎo
320 nín
321 niú
322 nóng
323 nòng
324 nǔ
325 nǚ
326 nuǎn
327 pá
328 pà
329 pāi
330 pái
331 pài
332 pàn
333 páng
334 pàng
335 pǎo
336 pèi
337 péng
338 pèng
339 pī
340 pí
341 piān
342 pián
343 piàn
344 piào
345 pǐn
346 píng
347 pò
348 pǔ
349 qī
350 qí
351 qǐ
352 qì
353 qiān
354 qián
355 qiáng
356 qiáo
357 qiǎo
358 qiě
359 qiè
360 qīn
361 qīng
362 qíng
363 qǐng
364 qìng
365 qiū
366 qiú
367 qū
368 qǔ
369 qù
370 quán
371 quē
372 què
373 qún
374 rán
375 ràng
376 rè
377 rén
378 rèn
379 réng
380 rì
381 róng
382 ròu
383 rú
384 rù
385 sài

386	sān	427	suí	468	wéi	509	xuě	550	yùn
387	sàn	428	suì	469	wěi	510	xuè	551	zá
388	sè	429	suǒ	470	wèi	511	xùn	552	zài
389	shā	430	tā	471	wēn	512	yā	553	zán
390	shān	431	tái	472	wén	513	yān	554	zāng
391	shàn	432	tài	473	wèn	514	yán	555	zǎo
392	shāng	433	tán	474	wǒ	515	yǎn	556	zào
393	shàng	434	tāng	475	wò	516	yàn	557	zé
394	shǎo	435	táng	476	wū	517	yáng	558	zěn
395	shào	436	tǎo	477	wǔ	518	yǎng	559	zēng
396	shè	437	tào	478	wù	519	yàng	560	zhǎn
397	shéi	438	tè	479	xī	520	yāo	561	zhàn
398	shēn	439	téng	480	xí	521	yào	562	zhāng
399	shén	440	tí	481	xǐ	522	yé	563	zhǎng
400	shēng	441	tǐ	482	xì	523	yě	564	zhàng
401	shěng	442	tiān	483	xià	524	yè	565	zhǎo
402	shèng	443	tián	484	xiān	525	yī	566	zhào
403	shī	444	tiáo	485	xiǎn	526	yǐ	567	zhě
404	shí	445	tiào	486	xiàn	527	yì	568	zhè
405	shǐ	446	tiě	487	xiāng	528	yīn	569	zhe
406	shì	447	tīng	488	xiǎng	529	yín	570	zhēn
407	shōu	448	tíng	489	xiàng	530	yìn	571	zhēng
408	shǒu	449	tǐng	490	xiāo	531	yīng	572	zhěng
409	shòu	450	tōng	491	xiǎo	532	yíng	573	zhèng
410	shū	451	tóng	492	xiào	533	yǐng	574	zhī
411	shú	452	tòng	493	xiē	534	yìng	575	zhí
412	shǔ	453	tóu	494	xié	535	yǒng	576	zhǐ
413	shù	454	tū	495	xiě	536	yòng	577	zhì
414	shuāng	455	tú	496	xiè	537	yōu	578	zhōng
415	shuí	456	tǔ	497	xīn	538	yóu	579	zhǒng
416	shuǐ	457	tuán	498	xìn	539	yǒu	580	zhòng
417	shuì	458	tuī	499	xīng	540	yòu	581	zhōu
418	shùn	459	tuǐ	500	xíng	541	yú	582	zhū
419	shuō	460	tuì	501	xìng	542	yǔ	583	zhǔ
420	sī	461	wài	502	xiū	543	yù	584	zhù
421	sǐ	462	wán	503	xū	544	yuán	585	zhuā
422	sì	463	wǎn	504	xǔ	545	yuǎn	586	zhuān
423	sòng	464	wàn	505	xù	546	yuàn	587	zhuǎn
424	sù	465	wǎng	506	xuān	547	yuē	588	zhuāng
425	suàn	466	wàng	507	xuǎn	548	yuè	589	zhuàng
426	suī	467	wēi	508	xué	549	yún	590	zhuī

591	zhǔn	594	zǐ	597	zǒu	600	zǔ	603	zuó
592	zhuō	595	zì	598	zū	601	zuǐ	604	zuǒ
593	zī	596	zǒng	599	zú	602	zuì	605	zuò

二级音节表（新增 210 个）

1	ā	36	dāi	71	huǐ	106	mú	141	sǎ
2	à	37	dǎn	72	jiàng	107	na	142	sǎn
3	ǎi	38	dǎng	73	jú	108	nài	143	sǎo
4	bá	39	děi	74	jūn	109	nàn	144	sēn
5	bài	40	dǐng	75	ké	110	nào	145	shǎ
6	bàng	41	diū	76	kěn	111	niáng	146	shài
7	báo	42	dòu	77	kuān	112	níng	147	shǎn
8	bèn	43	dǔ	78	kuǎn	113	ǒu	148	shǎng
9	bí	44	duī	79	kuáng	114	pán	149	shāo
10	bīn	45	dūn	80	kuī	115	péi	150	shé
11	bīng	46	duǒ	81	kuò	116	pēn	151	shě
12	bǐng	47	ě	82	là	117	pén	152	shèn
13	bó	48	ěr	83	lǎn	118	pǐ	153	shuā
14	cā	49	fá	84	làn	119	pīn	154	shuāi
15	cāi	50	fān	85	láng	120	pín	155	shuài
16	cāo	51	fán	86	lǎng	121	pō	156	shuò
17	cè	52	fū	87	láo	122	pú	157	sōng
18	chā	53	fǔ	88	lěi	123	qiǎn	158	sōu
19	chāi	54	gǎo	89	liǎ	124	qiàn	159	sú
20	chái	55	gēng	90	liáo	125	qiāng	160	suān
21	chè	56	gōu	91	liào	126	qiǎng	161	sūn
22	chén	57	guā	92	lín	127	qiāo	162	sǔn
23	chǐ	58	guàng	93	lòu	128	qiē	163	suō
24	chōu	59	gǔn	94	lún	129	qín	164	tǎn
25	chóu	60	guō	95	luó	130	qióng	165	tǎng
26	chǒu	61	hán	96	mà	131	quān	166	táo
27	chòu	62	háo	97	mèng	132	quàn	167	tī
28	chuāng	63	hè	98	mì	133	rǎn	168	tì
29	chuǎng	64	hèn	99	mián	134	rǎo	169	tiāo
30	chún	65	hóu	100	miǎn	135	rào	170	tiǎo
31	cōng	66	hǔ	101	miáo	136	rěn	171	tiē
32	cū	67	huái	102	miǎo	137	rēng	172	tǒng
33	cù	68	huǎn	103	mǐn	138	ruǎn	173	tōu
34	cuì	69	huāng	104	mō	139	rùn	174	tòu
35	cùn	70	huī	105	mó	140	ruò	175	tù

176	tuō	183	xiáng	190	yà	197	zāi	204	zháo
177	wà	184	xǐng	191	yáo	198	zǎi	205	zhé
178	wān	185	xiōng	192	yǎo	199	zàn	206	zhěn
179	wáng	186	xióng	193	yí	200	zāo	207	zhèn
180	wěn	187	xiù	194	yǐn	201	zèng	208	zhú
181	wú	188	xún	195	yōng	202	zhāi	209	zōng
182	xián	189	yá	196	yūn	203	zhāo	210	zūn

三级音节表（新增 85 个）

1	ái	18	duó	35	kuà	52	nuò	69	tàng
2	ào	19	é	36	la	53	pào	70	tāo
3	bǎng	20	ēn	37	lài	54	pìn	71	tūn
4	bēn	21	fěn	38	lú	55	pū	72	wā
5	bī	22	fèng	39	lüè	56	pù	73	wá
6	biǎn	23	fó	40	ma	57	qià	74	wa
7	cán	24	gǎng	41	mái	58	qié	75	xuán
8	cǎn	25	gǒng	42	mán	59	qú	76	yǔn
9	cāng	26	guǎi	43	mēng	60	rǔ	77	zàng
10	cáng	27	héng	44	méng	61	sāi	78	zhā
11	chāng	28	hùn	45	měng	62	sàng	79	zhà
12	chǒng	29	jiū	46	miào	63	shěn	80	zhái
13	chòng	30	juān	47	miè	64	shuǎng	81	zhài
14	chuàn	31	juàn	48	móu	65	sū	82	zhuàn
15	dàng	32	kān	49	ní	66	tǎ	83	zòng
16	diē	33	kàng	50	niǔ	67	tà	84	zòu
17	duān	34	kòu	51	nù	68	tàn	85	zuān

附 2：基础中文手写汉字表

一级手写汉字表（267 个）

1	爱	9	包	17	不	25	吃	33	大
2	八	10	北	18	才	26	出	34	但
3	把	11	备	19	菜	27	穿	35	当
4	吧	12	本	20	差	28	次	36	到
5	白	13	比	21	长	29	从	37	道
6	百	14	边	22	常	30	错	38	得
7	半	15	别	23	场	31	答	39	地
8	帮	16	病	24	车	32	打	40	的

41	等	82	和	123	楼	164	热	205	文
42	第	83	黑	124	路	165	人	206	问
43	点	84	很	125	妈	166	认	207	我
44	电	85	后	126	马	167	日	208	五
45	店	86	候	127	吗	168	三	209	午
46	东	87	花	128	买	169	山	210	西
47	动	88	话	129	么	170	少	211	息
48	都	89	欢	130	没	171	绍	212	习
49	对	90	回	131	每	172	身	213	喜
50	多	91	会	132	门	173	什	214	下
51	儿	92	火	133	们	174	生	215	先
52	而	93	机	134	面	175	师	216	现
53	二	94	几	135	名	176	十	217	想
54	饭	95	记	136	明	177	时	218	向
55	方	96	家	137	拿	178	识	219	小
56	房	97	假	138	哪	179	事	220	笑
57	放	98	间	139	那	180	试	221	些
58	飞	99	见	140	男	181	视	222	写
59	非	100	教	141	南	182	是	223	谢
60	分	101	叫	142	难	183	手	224	新
61	服	102	觉	143	呢	184	书	225	星
62	该	103	介	144	能	185	树	226	兴
63	干	104	今	145	你	186	谁	227	学
64	高	105	进	146	年	187	水	228	样
65	告	106	九	147	您	188	说	229	要
66	哥	107	酒	148	女	189	四	230	也
67	歌	108	就	149	怕	190	送	231	一
68	个	109	开	150	跑	191	诉	232	衣
69	给	110	看	151	票	192	岁	233	医
70	跟	111	考	152	七	193	所	234	以
71	更	112	可	153	期	194	他	235	意
72	工	113	口	154	起	195	她	236	因
73	贵	114	块	155	气	196	太	237	应
74	国	115	快	156	汽	197	体	238	用
75	果	116	来	157	前	198	天	239	友
76	过	117	老	158	钱	199	听	240	有
77	还	118	了	159	请	200	同	241	又
78	孩	119	冷	160	球	201	外	242	雨
79	汉	120	里	161	去	202	完	243	语
80	好	121	两	162	然	203	晚	244	远
81	号	122	六	163	让	204	为	245	院

246	月	251	站	256	正	261	准	266	坐
247	再	252	找	257	知	262	子	267	做
248	在	253	这	258	中	263	字		
249	早	254	着	259	助	264	走		
250	怎	255	真	260	住	265	作		

二级手写汉字表（新增 226 个）

1	啊	34	读	67	或	100	离	133	取
2	安	35	度	68	级	101	礼	134	全
3	班	36	短	69	急	102	理	135	确
4	般	37	段	70	己	103	力	136	如
5	办	38	发	71	计	104	利	137	色
6	报	39	法	72	加	105	例	138	商
7	被	40	反	73	检	106	连	139	社
8	笔	41	风	74	件	107	脸	140	深
9	必	42	夫	75	健	108	练	141	声
10	变	43	父	76	交	109	亮	142	省
11	便	44	复	77	脚	110	留	143	实
12	表	45	改	78	接	111	流	144	食
13	步	46	感	79	街	112	旅	145	使
14	部	47	刚	80	节	113	论	146	示
15	参	48	搞	81	结	114	卖	147	市
16	草	49	各	82	近	115	满	148	适
17	层	50	公	83	经	116	毛	149	室
18	查	51	共	84	静	117	米	150	收
19	厂	52	够	85	究	118	民	151	数
20	成	53	故	86	久	119	目	152	思
21	城	54	顾	87	举	120	念	153	算
22	除	55	观	88	句	121	努	154	虽
23	处	56	馆	89	卡	122	排	155	它
24	春	57	海	90	康	123	篇	156	态
25	词	58	合	91	科	124	片	157	谈
26	村	59	红	92	克	125	平	158	讨
27	带	60	湖	93	客	126	其	159	提
28	单	61	划	94	空	127	千	160	题
29	倒	62	化	95	况	128	且	161	条
30	低	63	画	96	困	129	轻	162	庭
31	典	64	换	97	拉	130	清	163	停
32	调	65	黄	98	劳	131	情	164	通
33	定	66	活	99	乐	132	求	165	痛

166	头	179	像	192	业	205	云	218	主
167	图	180	心	193	夜	206	运	219	装
168	推	181	信	194	已	207	占	220	自
169	万	182	须	195	亿	208	张	221	总
170	往	183	需	196	音	209	照	222	足
171	望	184	许	197	银	210	者	223	组
172	位	185	雪	198	影	211	之	224	最
173	闻	186	言	199	永	212	支	225	左
174	务	187	研	200	右	213	只	226	座
175	物	188	眼	201	育	214	直		
176	相	189	验	202	元	215	志		
177	香	190	阳	203	原	216	种		
178	响	191	药	204	愿	217	周		

三级手写汉字表（新增 107 个）

1	布	23	基	45	历	67	始	89	英
2	朝	24	极	46	立	68	世	90	迎
3	持	25	集	47	联	69	首	91	游
4	重	26	纪	48	领	70	术	92	预
5	础	27	技	49	录	71	双	93	遇
6	船	28	济	50	乱	72	死	94	园
7	代	29	继	51	母	73	突	95	员
8	顿	30	坚	52	内	74	退	96	杂
9	访	31	简	53	农	75	危	97	责
10	丰	32	建	54	派	76	围	98	增
11	封	33	将	55	批	77	舞	99	展
12	福	34	角	56	评	78	希	100	章
13	负	35	较	57	破	79	系	101	整
14	富	36	解	58	器	80	细	102	织
15	根	37	界	59	切	81	险	103	指
16	关	38	紧	60	亲	82	消	104	钟
17	广	39	精	61	任	83	校	105	注
18	行	40	旧	62	容	84	续	106	族
19	何	41	局	63	赛	85	演	107	祖
20	河	42	决	64	散	86	义		
21	互	43	刻	65	神	87	艺		
22	户	44	苦	66	史	88	易		

附 3：基础中文词汇表

一级词汇表（2102 个）

序号	词语	拼音	词性
1	啊	a	助
2	爱	ài	动
3	爱好	àihào	动、名
4	爱情	àiqíng	名
5	爱人	àiren	名
6	爱心	àixīn	名
7	安静	ānjìng	形、动
8	安排	ānpái	动、名
9	安全	ānquán	形
10	安装	ānzhuāng	动
11	按	àn	动、介
12	按照	ànzhào	介
13	八	bā	数
14	把	bǎ	量
15	把	bǎ	介
16	把握	bǎwò	动、名
17	爸爸 / 爸	bàba/bà	名
18	吧	ba	助
19	白	bái	形
20	白	bái	副
21	白菜	báicài	名
22	白色	báisè	名
23	白天	báitiān	名
24	百	bǎi	数
25	班	bān	名、量
26	班级	bānjí	名
27	班长	bānzhǎng	名
28	搬	bān	动
29	搬家	bān//jiā	
30	板	bǎn	名
31	办	bàn	动
32	办法	bànfǎ	名
33	办公室	bàngōngshì	名
34	办理	bànlǐ	动
35	半	bàn	数
36	半天	bàntiān	名
37	半夜	bànyè	名
38	帮	bāng	动
39	帮忙	bāng//máng	
40	帮助	bāngzhù	动
41	包	bāo	名、量、动
42	包子	bāozi	名
43	饱	bǎo	形
44	保	bǎo	动
45	保安	bǎo’ān	名
46	保持	bǎochí	动
47	保存	bǎocún	动
48	保护	bǎohù	动
49	保留	bǎoliú	动
50	保险	bǎoxiǎn	形、名
51	保证	bǎozhèng	动、名
52	报	bào	名
53	报到	bào//dào	

54	报道	bàodào	动、名	84	必然	bìrán	形
55	报告	bàogào	动、名	85	必须	bìxū	副
56	报名	bào//míng		86	必要	bìyào	形、名
57	报纸	bàozhǐ	名	87	边	biān	名、副
58	杯	bēi	量	88	变	biàn	动
59	杯子	bēizi	名	89	变化	biànhuà	动、名
60	背	bēi	动	90	遍	biàn	量
61	北	běi	名	91	标题	biāotí	名
62	北边	běibian	名	92	标准	biāozhǔn	名、形
63	北部	běibù	名	93	表	biǎo	名
64	北方	běifāng	名	94	表达	biǎodá	动
65	北京	Běijīng	名	95	表格	biǎogé	名
66	背	bèi	动	96	表面	biǎomiàn	名
67	背	bèi	名	97	表明	biǎomíng	动
68	背后	bèihòu	名	98	表示	biǎoshì	动
69	被	bèi	介	99	表现	biǎoxiàn	动
70	被子	bèizi	名	100	表演	biǎoyǎn	动
71	本	běn	量	101	别	bié	副
72	本来	běnlái	形、副	102	别的	biéde	代
73	本领	běnlǐng	名	103	别人	bié·rén	代
74	本事	běnshi	名	104	并	bìng	副、连
75	本子	běnzi	名	105	并且	bìngqiě	连
76	比	bǐ	介、动	106	病	bìng	名、动
77	比较	bǐjiào	副、动	107	病人	bìngrén	名
78	比例	bǐlì	名	108	播放	bōfàng	动
79	比如	bǐrú	动	109	不必	búbì	副
80	比赛	bǐsài	动、名	110	不错	búcuò	形
81	笔	bǐ	名、量	111	不但	búdàn	连
82	笔记	bǐjì	名	112	不断	búduàn	副
83	笔记本	bǐjìběn	名	113	不够	búgòu	动、副

114	不过	búguò	连、副
115	不论	búlùn	连
116	不要	búyào	副
117	不用	búyòng	副
118	补	bǔ	动
119	补充	bǔchōng	动、名
120	不	bù	副
121	不安	bù'ān	形
122	不光	bùguāng	副、连
123	不好意思	bù hǎoyìsi	
124	不仅	bùjǐn	连
125	不久	bùjiǔ	形
126	不满	bùmǎn	形
127	不如	bùrú	动
128	不同	bù tóng	
129	布	bù	名
130	步	bù	名、量
131	部	bù	名、量
132	部分	bùfen	名
133	部门	bùmén	名
134	部长	bùzhǎng	名
135	才	cái	副
136	才能	cáinéng	名
137	采取	cǎiqǔ	动
138	采用	cǎiyòng	动
139	彩色	cǎisè	名
140	菜	cài	名
141	菜单	càidān	名
142	参观	cānguān	动
143	参加	cānjiā	动
144	草	cǎo	名
145	草地	cǎodì	名
146	层	céng	量
147	曾经	céngjīng	副
148	茶	chá	名
149	查	chá	动
150	差	chà	动、形
151	差不多	chàbuduō	形、副
152	产生	chǎnshēng	动
153	长	cháng	形
154	长城	Chángchéng	名
155	长处	chángchù	名
156	长期	chángqī	名、形
157	常	cháng	副
158	常常	chángcháng	副
159	厂	chǎng	名
160	场	chǎng	量
161	场合	chǎnghé	名
162	场所	chǎngsuǒ	名
163	唱	chàng	动
164	超过	chāoguò	动
165	超级	chāojí	形
166	超市	chāoshì	名
167	朝	cháo	介、动
168	吵	chǎo	形、动
169	吵架	chǎo//jià	
170	车	chē	名
171	车辆	chēliàng	名
172	车票	chēpiào	名
173	车站	chēzhàn	名

174	衬衫	chènshān	名
175	衬衣	chènyī	名
176	称	chēng	动
177	成	chéng	动
178	成功	chénggōng	动、形
179	成果	chéngguǒ	名
180	成绩	chéngjì	名
181	成就	chéngjiù	名
182	成立	chénglì	动
183	成熟	chéngshú	动、形
184	成为	chéngwéi	动
185	成员	chéngyuán	名
186	成长	chéngzhǎng	动
187	城	chéng	名
188	城市	chéngshì	名
189	程度	chéngdù	名
190	吃	chī	动
191	吃饭	chī//fàn	
192	持续	chíxù	动
193	充满	chōngmǎn	动
194	重	chóng	副
195	重复	chóngfù	动
196	重新	chóngxīn	副
197	出	chū	动
198	出发	chūfā	动
199	出国	chū//guó	
200	出口	chūkǒu	名
201	出来	chū//·lái	
202	出门	chū//mén	
203	出去	chū//·qù	
204	出生	chūshēng	动
205	出现	chūxiàn	动
206	出院	chū//yuàn	
207	出租	chūzū	动
208	出租车	chūzūchē	名
209	初	chū	前缀
210	初	chū	副
211	初步	chūbù	形
212	初级	chūjí	形
213	初中	chūzhōng	名
214	除了	chúle	介
215	处理	chǔlǐ	动
216	穿	chuān	动
217	传	chuán	动
218	传播	chuánbō	动
219	传说	chuánshuō	动、名
220	船	chuán	名
221	床	chuáng	名
222	创新	chuàngxīn	动、名
223	创业	chuàngyè	动
224	创造	chuàngzào	动、名
225	创作	chuàngzuò	动、名
226	吹	chuī	动
227	春节	Chūnjié	名
228	春天	chūntiān	名
229	词	cí	名
230	词典	cídiǎn	名
231	词语	cíyǔ	名
232	次	cì	量
233	从	cóng	介

234	从来	cónglái	副
235	从前	cóngqián	名
236	从事	cóngshì	动
237	从小	cóngxiǎo	副
238	村	cūn	名
239	存	cún	动
240	存在	cúnzài	动
241	错	cuò	形、名
242	错误	cuòwù	形、名
243	答应	dāying	动
244	达到	dá//dào	
245	打	dǎ	动
246	打车	dǎ//chē	
247	打工	dǎ//gōng	
248	打开	dǎ//kāi	
249	打算	dǎ·suàn	动、名
250	打听	dǎting	动
251	打印	dǎyìn	动
252	大	dà	形
253	大部分	dàbùfen	名
254	大大	dàdà	副
255	大多数	dàduōshù	名
256	大概	dàgài	形、副
257	大海	dàhǎi	名
258	大家	dàjiā	代
259	大量	dàliàng	形
260	大门	dàmén	名
261	大人	dàren	名
262	大使馆	dàshǐguǎn	名
263	大小	dàxiǎo	名
264	大学	dàxué	名
265	大学生	dàxuéshēng	名
266	大衣	dàyī	名
267	大约	dàyuē	副
268	大自然	dàzìrán	名
269	大夫	dàifu	名
270	代	dài	名
271	代	dài	动
272	代表	dàibiǎo	名、动
273	带	dài	动
274	带动	dàidòng	动
275	带领	dàilǐng	动
276	单位	dānwèi	名
277	单元	dānyuán	名
278	但	dàn	连
279	但是	dànshì	连
280	蛋	dàn	名
281	当	dāng	介
282	当	dāng	动
283	当初	dāngchū	名
284	当地	dāngdì	名
285	当然	dāngrán	形、副
286	当时	dāngshí	名
287	当中	dāngzhōng	名
288	刀	dāo	名
289	导演	dǎoyǎn	动、名
290	倒	dǎo	动
291	到	dào	动
292	到处	dàochù	副
293	到达	dàodá	动

294	到底	dàodǐ	副
295	倒	dào	动、副
296	道	dào	量
297	道理	dào·lǐ	名
298	道路	dàolù	名
299	得	dé	动
300	得到	dé//dào	
301	得分	défēn	动、名
302	地	de	助
303	的	de	助
304	的话	dehuà	助
305	得	de	助
306	灯	dēng	名
307	等	děng	动
308	等	děng	助、名
309	等待	děngdài	动
310	等到	děngdào	介
311	等于	děngyú	动
312	低	dī	形、动
313	底下	dǐxia	名
314	地	dì	名
315	地点	dìdiǎn	名
316	地方	dìfang	名
317	地球	dìqiú	名
318	地区	dìqū	名
319	地铁	dìtiě	名
320	地图	dìtú	名
321	弟弟 / 弟	dìdi/dì	名
322	第	dì	前缀
323	点	diǎn	名、量
324	点	diǎn	动
325	点头	diǎn//tóu	
326	电	diàn	名
327	电话	diànhuà	名
328	电脑	diànnǎo	名
329	电视	diànshì	名
330	电视机	diànshìjī	名
331	电视剧	diànshìjù	名
332	电视台	diànshìtái	名
333	电台	diàntái	名
334	电影	diànyǐng	名
335	电影院	diànyǐngyuàn	名
336	电子邮件	diànzǐ yóujiàn	
337	店	diàn	名
338	调	diào	动
339	调查	diàochá	动、名
340	掉	diào	动
341	订	dìng	动
342	定期	dìngqī	动、形
343	东	dōng	名
344	东北	dōngběi	名
345	东边	dōngbian	名
346	东部	dōngbù	名
347	东方	dōngfāng	名
348	东南	dōngnán	名
349	东西	dōngxi	名
350	冬天	dōngtiān	名
351	懂	dǒng	动
352	懂得	dǒngde	动
353	动	dòng	动

354	动力	dònglì	名
355	动人	dòngrén	形
356	动物	dòngwù	名
357	动物园	dòngwùyuán	名
358	动作	dòngzuò	名
359	都	dōu	副
360	读	dú	动
361	读书	dú//shū	
362	读音	dúyīn	名
363	读者	dúzhě	名
364	度	dù	名、量
365	短	duǎn	形
366	短处	duǎnchù	名
367	短裤	duǎnkù	名
368	短期	duǎnqī	名、形
369	短信	duǎnxìn	名
370	段	duàn	量
371	断	duàn	动
372	队	duì	名
373	队员	duìyuán	名
374	队长	duìzhǎng	名
375	对	duì	形
376	对	duì	介、动
377	对	duì	量
378	对不起	duìbuqǐ	动
379	对待	duìdài	动
380	对方	duìfāng	名
381	对话	duìhuà	动、名
382	对面	duìmiàn	名
383	对手	duìshǒu	名
384	对象	duìxiàng	名
385	顿	dùn	量
386	多	duō	形、数、代
387	多	duō	副
388	多么	duōme	副
389	多少	duōshao	代
390	多数	duōshù	名
391	多云	duōyún	名
392	饿	è	形、动
393	儿子	érzi	名
394	而且	érqiě	连
395	二	èr	数
396	发	fā	动
397	发表	fābiǎo	动
398	发出	fāchū	动
399	发达	fādá	形
400	发动	fādòng	动
401	发明	fāmíng	动、名
402	发生	fāshēng	动
403	发送	fāsòng	动
404	发现	fāxiàn	动
405	发言	fāyán	动、名
406	发展	fāzhǎn	动
407	反对	fǎnduì	动
408	反复	fǎnfù	副、动
409	反应	fǎnyìng	动、名
410	反正	fǎn·zhèng	副
411	饭	fàn	名
412	饭店	fàndiàn	名
413	饭馆	fànguǎn	名
414	范围	fànwéi	名
415	方便	fāngbiàn	形

416	方便面	fāngbiànmiàn	名
417	方法	fāngfǎ	名
418	方面	fāngmiàn	名
419	方式	fāngshì	名
420	方向	fāngxiàng	名
421	防	fáng	动
422	防止	fángzhǐ	动
423	房东	fángdōng	名
424	房间	fángjiān	名
425	房屋	fángwū	名
426	房子	fángzi	名
427	房租	fángzū	名
428	访问	fǎngwèn	动
429	放	fàng	动
430	放假	fàng//jià	
431	放心	fàng//xīn	
432	放学	fàng//xué	
433	飞	fēi	动
434	飞机	fēijī	名
435	飞行	fēixíng	动
436	非常	fēicháng	副
437	费	fèi	动、名
438	费用	fèiyong	名
439	分	fēn	名、量
440	分	fēn	动
441	分别	fēnbié	动、副
442	分开	fēn//kāi	
443	分配	fēnpèi	动
444	分数	fēnshù	名
445	分钟	fēnzhōng	量
446	份	fèn	量
447	丰富	fēngfù	形、动
448	风	fēng	名
449	风险	fēngxiǎn	名
450	封	fēng	量
451	否定	fǒudìng	动、形
452	否认	fǒurèn	动
453	服务	fúwù	动
454	服装	fúzhuāng	名
455	福	fú	名
456	父母	fùmǔ	名
457	父亲	fù·qīn	名
458	付	fù	动
459	负责	fùzé	动、形
460	复习	fùxí	动
461	复印	fùyìn	动
462	复杂	fùzá	形
463	富	fù	形
464	该	gāi	动
465	改	gǎi	动
466	改变	gǎibiàn	动
467	改进	gǎijìn	动
468	改造	gǎizào	动
469	概念	gàiniàn	名
470	干	gān	形
471	干杯	gān//bēi	
472	干净	gānjìng	形
473	赶	gǎn	动
474	赶紧	gǎnjǐn	副
475	赶快	gǎnkuài	副

476	敢	gǎn	动
477	感到	gǎndào	动
478	感动	gǎndòng	形、动
479	感觉	gǎnjué	动、名
480	感冒	gǎnmào	名、动
481	感情	gǎnqíng	名
482	感受	gǎnshòu	名、动
483	感谢	gǎnxiè	动
484	干	gàn	动
485	干活儿	gàn//huór	
486	干吗	gànmá	代
487	干什么	gàn shénme	
488	刚	gāng	副
489	刚才	gāngcái	名
490	刚刚	gānggāng	副
491	高	gāo	形
492	高级	gāojí	形
493	高速	gāosù	形
494	高速公路	gāosù gōnglù	
495	高兴	gāoxìng	形、动
496	高中	gāozhōng	名
497	告别	gào//bié	
498	告诉	gàosu	动
499	哥哥 / 哥	gēge/gē	名
500	歌	gē	名
501	歌迷	gēmí	名
502	歌声	gēshēng	名
503	歌手	gēshǒu	名
504	个	gè	量
505	个人	gèrén	名
506	个性	gèxìng	名
507	个子	gèzi	名
508	各	gè	代、副
509	各地	gèdì	名
510	各位	gèwèi	代
511	各自	gèzì	代
512	给	gěi	动、介
513	根本	gēnběn	副、形、名
514	跟	gēn	介、连、动
515	更	gèng	副
516	更加	gèngjiā	副
517	工厂	gōngchǎng	名
518	工程师	gōngchéngshī	名
519	工夫	gōngfu	名
520	工具	gōngjù	名
521	工人	gōngrén	名
522	工业	gōngyè	名
523	工资	gōngzī	名
524	工作	gōngzuò	动、名
525	公布	gōngbù	动
526	公共	gōnggòng	形
527	公共汽车	gōnggòng qìchē	
528	公交车	gōngjiāochē	名
529	公斤	gōngjīn	量
530	公开	gōngkāi	形、动
531	公里	gōnglǐ	量
532	公路	gōnglù	名
533	公民	gōngmín	名
534	公平	gōngpíng	形
535	公司	gōngsī	名
536	公务员	gōngwùyuán	名
537	公园	gōngyuán	名

538	功夫	gōngfu	名
539	功课	gōngkè	名
540	功能	gōngnéng	名
541	共同	gòngtóng	形
542	狗	gǒu	名
543	够	gòu	动、副
544	姑娘	gūniang	名
545	古	gǔ	形
546	古代	gǔdài	名
547	故事	gùshi	名
548	故乡	gùxiāng	名
549	故意	gùyì	副
550	顾客	gùkè	名
551	挂	guà	动
552	关	guān	动
553	关机	guān//jī	
554	关系	guān·xì	名、动
555	关心	guānxīn	动
556	关注	guānzhù	动
557	观察	guānchá	动
558	观点	guāndiǎn	名
559	观看	guānkàn	动
560	观念	guānniàn	名
561	观众	guānzhòng	名
562	管	guǎn	动
563	管理	guǎnlǐ	动
564	光	guāng	副、名、形
565	光明	guāngmíng	名、形
566	广播	guǎngbō	名、动
567	广场	guǎngchǎng	名
568	广大	guǎngdà	形
569	广告	guǎnggào	名
570	规定	guīdìng	动、名
571	规范	guīfàn	形、名、动
572	贵	guì	形
573	贵姓	guìxìng	名
574	国	guó	名
575	国际	guójì	名
576	国家	guójiā	名
577	国庆	guóqìng	名
578	果然	guǒrán	副
579	果汁	guǒzhī	名
580	过	guò	动
581	过程	guòchéng	名
582	过来	guò//·lái	
583	过年	guò//nián	
584	过去	guòqù	名
585	过去	guò//·qù	
586	过	guo	助
587	哈哈	hāhā	拟声
588	还	hái	副
589	还是	háishi	副、连
590	孩子	háizi	名
591	海	hǎi	名
592	海关	hǎiguān	名
593	害怕	hài//pà	
594	喊	hǎn	动
595	汉语	Hànyǔ	名
596	汉字	Hànzì	名
597	行	háng	量
598	好	hǎo	形
599	好	hǎo	副

600	好吃	hǎochī	形
601	好处	hǎochù	名
602	好多	hǎoduō	数
603	好好	hǎohǎo	形、副
604	好久	hǎojiǔ	形
605	好看	hǎokàn	形
606	好人	hǎorén	名
607	好事	hǎoshì	名
608	好听	hǎotīng	形
609	好玩儿	hǎowánr	形
610	好像	hǎoxiàng	副、动
611	号	hào	名、量
612	好奇	hàoqí	形
613	喝	hē	动
614	合	hé	动
615	合法	héfǎ	形
616	合格	hégé	形
617	合理	hélǐ	形
618	合适	héshì	形
619	合作	hézuò	动
620	和	hé	介、连
621	和平	hépíng	名
622	河	hé	名
623	黑	hēi	形
624	黑板	hēibǎn	名
625	黑色	hēisè	名
626	很	hěn	副
627	红	hóng	形
628	红茶	hóngchá	名
629	红酒	hóngjiǔ	名
630	红色	hóngsè	名
631	后	hòu	名
632	后边	hòubian	名
633	后果	hòuguǒ	名
634	后来	hòulái	名
635	后面	hòumiàn	名
636	后年	hòunián	名
637	后天	hòutiān	名
638	忽然	hūrán	副
639	湖	hú	名
640	互联网	hùliánwǎng	名
641	互相	hùxiāng	副
642	护照	hùzhào	名
643	花	huā	名
644	花	huā	动
645	花园	huāyuán	名
646	划船	huá//chuán	
647	华人	huárén	名
648	化	huà	后缀
649	画	huà	动
650	画家	huàjiā	名
651	画儿	huàr	名
652	话	huà	名
653	话剧	huàjù	名
654	话题	huàtí	名
655	坏	huài	形
656	坏处	huàichù	名
657	坏人	huàirén	名
658	欢乐	huānlè	形
659	欢迎	huānyíng	动
660	还	huán	动
661	环	huán	名

662	环保	huánbǎo	名、形
663	环境	huánjìng	名
664	换	huàn	动
665	黄	huáng	形
666	黄色	huángsè	名
667	回	huí	动、量
668	回答	huídá	动、名
669	回来	huí//·lái	
670	回去	huí//·qù	
671	会	huì	动
672	会	huì	名
673	会议	huìyì	名
674	会员	huìyuán	名
675	活	huó	形、动
676	活动	huódòng	动、名
677	火	huǒ	名
678	火车	huǒchē	名
679	或	huò	连
680	或者	huòzhě	连
681	机场	jīchǎng	名
682	机会	jī·huì	名
683	机票	jīpiào	名
684	机器	jī·qì	名
685	鸡	jī	名
686	鸡蛋	jīdàn	名
687	积极	jījí	形
688	基本	jīběn	形
689	基本上	jīběn·shàng	副
690	基础	jīchǔ	名
691	及时	jíshí	形
692	级	jí	名
693	急	jí	形
694	集体	jítǐ	名
695	集中	jízhōng	动、形
696	几	jǐ	数、代
697	计划	jìhuà	名、动
698	计算	jìsuàn	动
699	计算机	jìsuànjī	名
700	记	jì	动
701	记得	jìde	动
702	记录	jìlù	名、动
703	记者	jìzhě	名
704	纪录	jìlù	名
705	纪念	jìniàn	动、名
706	技术	jìshù	名
707	继续	jìxù	动
708	加	jiā	动
709	加工	jiā//gōng	
710	加快	jiākuài	动
711	加强	jiāqiáng	动
712	加油	jiā//yóu	
713	家	jiā	名、量
714	家	jiā	后缀
715	家具	jiājù	名
716	家人	jiārén	名
717	家属	jiāshǔ	名
718	家庭	jiātíng	名
719	家乡	jiāxiāng	名
720	家长	jiāzhǎng	名
721	假	jiǎ	形
722	价格	jiàgé	名
723	价钱	jià·qián	名

724	价值	jiàzhí	名
725	架	jià	量、名、动
726	假期	jiàqī	名
727	坚持	jiānchí	动
728	坚决	jiānjué	形
729	坚强	jiānqiáng	形
730	间	jiān	量
731	检查	jiǎnchá	动、名
732	简单	jiǎndān	形
733	简直	jiǎnzhí	副
734	见	jiàn	动
735	见面	jiàn//miàn	
736	件	jiàn	量
737	建	jiàn	动
738	建立	jiànlì	动
739	建设	jiànshè	动
740	建议	jiànyì	动、名
741	健康	jiànkāng	形
742	将近	jiāngjìn	副
743	将来	jiānglái	名
744	讲	jiǎng	动
745	讲话	jiǎng//huà	
746	交	jiāo	动
747	交费	jiāo//fèi	
748	交警	jiāojǐng	名
749	交流	jiāoliú	动、名
750	交通	jiāotōng	名
751	交往	jiāowǎng	动
752	交易	jiāoyì	动、名
753	教	jiāo	动
754	角	jiǎo	量、名
755	角度	jiǎodù	名
756	饺子	jiǎozi	名
757	脚	jiǎo	名
758	叫	jiào	动
759	叫	jiào	介
760	叫作	jiàozuò	动
761	较	jiào	副
762	教材	jiàocái	名
763	教练	jiàoliàn	名
764	教师	jiàoshī	名
765	教室	jiàoshì	名
766	教学	jiàoxué	名
767	教育	jiàoyù	动、名
768	结实	jiēshi	形
769	接	jiē	动
770	接待	jiēdài	动
771	接近	jiējìn	动
772	接受	jiēshòu	动
773	接着	jiēzhe	动、副
774	街	jiē	名
775	节	jié	名、量
776	节目	jiémù	名
777	节日	jiérì	名
778	节约	jiéyuē	动
779	结果	jiéguǒ	名、连
780	结合	jiéhé	动
781	结婚	jié//hūn	
782	结束	jiéshù	动
783	姐姐 / 姐	jiějie/jiě	名
784	解决	jiějué	动
785	介绍	jièshào	动

786	借	jiè	动
787	斤	jīn	量
788	今后	jīnhòu	名
789	今年	jīnnián	名
790	今天	jīntiān	名
791	金	jīn	名
792	金牌	jīnpái	名
793	仅	jǐn	副
794	仅仅	jǐnjǐn	副
795	尽量	jǐnliàng	副
796	紧	jǐn	形
797	紧急	jǐnjí	形
798	紧张	jǐnzhāng	形
799	进	jìn	动
800	进步	jìnbù	动、形
801	进来	jìn//·lái	
802	进去	jìn//·qù	
803	进入	jìnrù	动
804	进行	jìnxíng	动
805	进一步	jìnyíbù	副
806	进展	jìnzhǎn	动
807	近	jìn	形
808	近期	jìnqī	名
809	京剧	jīngjù	名
810	经常	jīngcháng	副
811	经过	jīngguò	动、名
812	经济	jīngjì	名、形
813	经理	jīnglǐ	名
814	经历	jīnglì	动、名
815	经验	jīngyàn	名
816	经营	jīngyíng	动
817	精彩	jīngcǎi	形
818	精神	jīngshén	名
819	景色	jǐngsè	名
820	警察	jǐngchá	名
821	静	jìng	形、动
822	九	jiǔ	数
823	久	jiǔ	形
824	酒	jiǔ	名
825	酒鬼	jiǔguǐ	名
826	旧	jiù	形
827	救	jiù	动
828	就	jiù	副
829	就是	jiùshì	连
830	就业	jiù//yè	
831	举	jǔ	动
832	举办	jǔbàn	动
833	举手	jǔshǒu	动
834	举行	jǔxíng	动
835	句	jù	量
836	句子	jùzi	名
837	具体	jùtǐ	形
838	具有	jùyǒu	动
839	剧场	jùchǎng	名
840	据说	jùshuō	动
841	决定	juédìng	动、名
842	决赛	juésài	动、名
843	决心	juéxīn	名、动
844	觉得	juéde	动
845	绝对	juéduì	形、副

846	咖啡	kāfēi	名
847	卡	kǎ	名
848	开	kāi	动
849	开车	kāi//chē	
850	开发	kāifā	动
851	开放	kāifàng	动
852	开会	kāi//huì	
853	开机	kāi//jī	
854	开始	kāishǐ	动、名
855	开玩笑	kāi wánxiào	
856	开心	kāixīn	形、动
857	开学	kāi//xué	
858	开业	kāi//yè	
859	开展	kāizhǎn	动
860	看	kàn	动
861	看病	kàn//bìng	
862	看法	kàn·fǎ	名
863	看见	kàn//jiàn	
864	考	kǎo	动
865	考生	kǎoshēng	名
866	考试	kǎo//shì	
867	考验	kǎoyàn	动
868	靠	kào	动
869	科	kē	名
870	科技	kējì	名
871	科学	kēxué	名、形
872	可爱	kě'ài	形
873	可靠	kěkào	形
874	可乐	kělè	名
875	可能	kěnéng	动、形、名
876	可怕	kěpà	形
877	可是	kěshì	连
878	可以	kěyǐ	动
879	渴	kě	形
880	克	kè	量
881	克服	kèfú	动
882	刻	kè	量
883	客观	kèguān	形
884	客人	kè·rén	名
885	课	kè	名
886	课本	kèběn	名
887	课程	kèchéng	名
888	课堂	kètáng	名
889	课文	kèwén	名
890	空	kōng	形、副
891	空气	kōngqì	名
892	空调	kōngtiáo	名
893	恐怕	kǒngpà	副
894	空儿	kòngr	名
895	口	kǒu	量、名
896	哭	kū	动
897	裤子	kùzi	名
898	块	kuài	名、量
899	快	kuài	形、副
900	快餐	kuàicān	名
901	快乐	kuàilè	形
902	快速	kuàisù	形
903	快要	kuàiyào	副
904	筷子	kuàizi	名
905	困	kùn	形、动

906	困难	kùnnan	名、形
907	拉	lā	动
908	来	lái	动
909	来自	láizì	动
910	蓝	lán	形
911	蓝色	lánsè	名
912	篮球	lánqiú	名
913	浪费	làngfèi	动
914	老	lǎo	形
915	老	lǎo	副
916	老	lǎo	前缀
917	老百姓	lǎobǎixìng	名
918	老板	lǎobǎn	名
919	老年	lǎonián	名
920	老人	lǎorén	名
921	老师	lǎoshī	名
922	老是	lǎo·shì	副
923	老太太	lǎotàitai	名
924	老头儿	lǎotóur	名
925	乐	lè	动
926	乐观	lèguān	形
927	了	le	助
928	类	lèi	名、量
929	类似	lèisì	动、形
930	累	lèi	形
931	冷	lěng	形
932	离	lí	动
933	离婚	lí//hūn	
934	离开	lí//kāi	
935	礼物	lǐwù	名
936	里	lǐ	名
937	里边	lǐbian	名
938	里面	lǐmiàn	名
939	里头	lǐtou	名
940	理发	lǐ//fà	
941	理解	lǐjiě	动
942	理论	lǐlùn	名
943	理想	lǐxiǎng	名
944	理由	lǐyóu	名
945	力	lì	名
946	力量	lì·liàng	名
947	立刻	lìkè	副
948	利用	lìyòng	动
949	例如	lìrú	动
950	例子	lìzi	名
951	连	lián	动、副、介
952	连忙	liánmáng	副
953	连续	liánxù	动
954	连续剧	liánxùjù	名
955	联合	liánhé	动
956	联合国	Liánhéguó	名
957	联系	liánxì	动、名
958	脸	liǎn	名
959	练	liàn	动
960	练习	liànxí	动、名
961	凉	liáng	形
962	凉快	liángkuai	形
963	凉水	liángshuǐ	名
964	两	liǎng	数
965	两	liǎng	量

966	亮	liàng	形、动
967	辆	liàng	量
968	了	liǎo	动
969	零 / 〇	líng/líng	数
970	领	lǐng	动
971	领导	lǐngdǎo	动、名
972	领先	lǐng//xiān	
973	另外	lìngwài	代、副、连
974	留	liú	动
975	留学	liú//xué	
976	留学生	liúxuéshēng	名
977	流	liú	动
978	流利	liúlì	形
979	流行	liúxíng	动、形
980	六	liù	数
981	龙	lóng	名
982	楼	lóu	名
983	录	lù	动
984	录音	lùyīn	动、名
985	路	lù	名
986	路口	lùkǒu	名
987	路上	lùshang	名
988	路线	lùxiàn	名
989	旅馆	lǚguǎn	名
990	旅客	lǚkè	名
991	旅行	lǚxíng	动
992	旅行社	lǚxíngshè	名
993	旅游	lǚyóu	动
994	绿	lǜ	形
995	绿茶	lǜchá	名
996	绿色	lǜsè	名
997	乱	luàn	形
998	落后	luò//hòu	
999	妈妈 / 妈	māma/mā	名
1000	麻烦	máfan	形、名、动
1001	马	mǎ	名
1002	马路	mǎlù	名
1003	马上	mǎshàng	副
1004	吗	ma	助
1005	买	mǎi	动
1006	卖	mài	动
1007	满	mǎn	形
1008	满意	mǎnyì	动
1009	满足	mǎnzú	动
1010	慢	màn	形
1011	忙	máng	形
1012	猫	māo	名
1013	毛	máo	量
1014	毛	máo	名
1015	毛病	máo·bìng	名
1016	没	méi	副、动
1017	没关系	méi guānxi	
1018	没什么	méi shénme	
1019	没事儿	méi//shìr	
1020	没有	méi·yǒu	动、副
1021	媒体	méitǐ	名
1022	每	měi	代、副
1023	美	měi	形
1024	美好	měihǎo	形
1025	美丽	měilì	形
1026	美术	měishù	名
1027	美元	měiyuán	名

1028	妹妹 / 妹	mèimei/mèi	名
1029	门	mén	名、量
1030	门口	ménkǒu	名
1031	门票	ménpiào	名
1032	们	men	后缀
1033	迷	mí	动
1034	米	mǐ	量
1035	米	mǐ	名
1036	米饭	mǐfàn	名
1037	面	miàn	量
1038	面	miàn	名
1039	面包	miànbāo	名
1040	面对	miànduì	动
1041	面积	miànjī	名
1042	面前	miànqián	名
1043	面条儿	miàntiáor	名
1044	民间	mínjiān	名
1045	民族	mínzú	名
1046	名	míng	名、量
1047	名称	míngchēng	名
1048	名单	míngdān	名
1049	名字	míngzi	名
1050	明白	míngbai	形、动
1051	明年	míngnián	名
1052	明确	míngquè	形、动
1053	明天	míngtiān	名
1054	明显	míngxiǎn	形
1055	明星	míngxīng	名
1056	命运	mìngyùn	名
1057	某	mǒu	代
1058	母亲	mǔ·qīn	名
1059	木头	mùtou	名
1060	目标	mùbiāo	名
1061	目的	mùdì	名
1062	目前	mùqián	名
1063	拿	ná	动
1064	哪	nǎ	代
1065	哪里	nǎ·lǐ	代
1066	哪儿	nǎr	代
1067	哪些	nǎxiē	代
1068	那	nà	代
1069	那	nà	连
1070	那边	nàbiān	代
1071	那会儿	nàhuìr	代
1072	那里	nà·lǐ	代
1073	那么	nàme	代、连
1074	那儿	nàr	代
1075	那时候 / 那时	nà shíhou/ nà shí	
1076	那些	nàxiē	代
1077	那样	nàyàng	代
1078	奶	nǎi	名
1079	奶茶	nǎichá	名
1080	奶奶	nǎinai	名
1081	男	nán	形
1082	男孩儿	nánháir	名
1083	男朋友	nánpéngyou	名
1084	男人	nánrén	名
1085	男生	nánshēng	名
1086	男子	nánzǐ	名

1087	南	nán	名
1088	南边	nánbian	名
1089	南部	nánbù	名
1090	南方	nánfāng	名
1091	难	nán	形
1092	难道	nándào	副
1093	难度	nándù	名
1094	难过	nánguò	形
1095	难看	nánkàn	形
1096	难受	nánshòu	形
1097	难题	nántí	名
1098	难听	nántīng	形
1099	呢	ne	助
1100	内	nèi	名
1101	内容	nèiróng	名
1102	内心	nèixīn	名
1103	能	néng	动
1104	能够	nénggòu	动
1105	能力	nénglì	名
1106	你	nǐ	代
1107	你们	nǐmen	代
1108	年	nián	名、量
1109	年初	niánchū	名
1110	年代	niándài	名
1111	年底	niándǐ	名
1112	年级	niánjí	名
1113	年纪	niánjì	名
1114	年轻	niánqīng	形
1115	念	niàn	动
1116	鸟	niǎo	名
1117	您	nín	代
1118	牛	niú	名
1119	牛奶	niúnǎi	名
1120	农村	nóngcūn	名
1121	农民	nóngmín	名
1122	农业	nóngyè	名
1123	弄	nòng	动
1124	努力	nǔlì	形
1125	女	nǚ	形
1126	女儿	nǚ'ér	名
1127	女孩儿	nǚháir	名
1128	女朋友	nǚpéngyou	名
1129	女人	nǚrén	名
1130	女生	nǚshēng	名
1131	女子	nǚzǐ	名
1132	暖和	nuǎnhuo	形
1133	爬	pá	动
1134	怕	pà	动、副
1135	拍	pāi	动
1136	排	pái	名、量
1137	排	pái	动
1138	排队	pái//duì	
1139	排名	pái//míng	
1140	排球	páiqiú	名
1141	牌子	páizi	名
1142	派	pài	动、名
1143	判断	pànduàn	动
1144	旁边	pángbiān	名
1145	胖	pàng	形
1146	跑	pǎo	动
1147	跑步	pǎo//bù	
1148	配	pèi	动

1149	配合	pèihé	动
1150	朋友	péngyou	名
1151	碰	pèng	动
1152	批评	pīpíng	动
1153	批准	pīzhǔn	动
1154	皮	pí	名
1155	皮包	píbāo	名
1156	啤酒	píjiǔ	名
1157	篇	piān	量
1158	便宜	piányi	形、名
1159	片	piàn	量、名
1160	票	piào	名
1161	票价	piàojià	名
1162	漂亮	piàoliang	形
1163	平	píng	形
1164	平安	píng'ān	形
1165	平常	píngcháng	名、形
1166	平等	píngděng	形
1167	平时	píngshí	名
1168	评价	píngjià	动、名
1169	苹果	píngguǒ	名
1170	瓶	píng	名、量
1171	瓶子	píngzi	名
1172	破	pò	形、动
1173	破坏	pòhuài	动
1174	普遍	pǔbiàn	形
1175	普及	pǔjí	动、形
1176	普通	pǔtōng	形
1177	普通话	pǔtōnghuà	名
1178	七	qī	数
1179	期	qī	量
1180	齐	qí	形
1181	其次	qícì	代
1182	其实	qíshí	副
1183	其他	qítā	代
1184	其中	qízhōng	名
1185	奇怪	qíguài	形
1186	骑	qí	动
1187	起	qǐ	动
1188	起床	qǐ//chuáng	
1189	起飞	qǐfēi	动
1190	起来	qǐ//·lái	
1191	气	qì	动、名
1192	气候	qìhòu	名
1193	气温	qìwēn	名
1194	汽车	qìchē	名
1195	千	qiān	数
1196	千克	qiānkè	量
1197	千万	qiānwàn	副
1198	前	qián	名
1199	前边	qiánbian	名
1200	前后	qiánhòu	名
1201	前进	qiánjìn	动
1202	前面	qiánmiàn	名
1203	前年	qiánnián	名
1204	前天	qiántiān	名
1205	前往	qiánwǎng	动
1206	钱	qián	名
1207	钱包	qiánbāo	名
1208	强	qiáng	形
1209	强大	qiángdà	形
1210	强调	qiángdiào	动

1211	强烈	qiángliè	形
1212	墙	qiáng	名
1213	桥	qiáo	名
1214	巧	qiǎo	形
1215	亲	qīn	形
1216	亲切	qīnqiè	形
1217	亲人	qīnrén	名
1218	亲自	qīnzì	副
1219	青年	qīngnián	名
1220	轻	qīng	形
1221	清楚	qīngchu	形
1222	情感	qínggǎn	名
1223	情况	qíngkuàng	名
1224	晴	qíng	形
1225	晴天	qíngtiān	名
1226	请	qǐng	动
1227	请假	qǐng//jià	
1228	请教	qǐngjiào	动
1229	请客	qǐng//kè	
1230	请求	qǐngqiú	动、名
1231	请问	qǐngwèn	动
1232	庆祝	qìngzhù	动
1233	秋天	qiūtiān	名
1234	求	qiú	动
1235	球	qiú	名
1236	球场	qiúchǎng	名
1237	球队	qiúduì	名
1238	球迷	qiúmí	名
1239	球鞋	qiúxié	名
1240	区	qū	名
1241	区别	qūbié	名、动
1242	取	qǔ	动
1243	取得	qǔdé	动
1244	取消	qǔxiāo	动
1245	去	qù	动
1246	去年	qùnián	名
1247	去世	qùshì	动
1248	全	quán	副、形
1249	全部	quánbù	名
1250	全场	quánchǎng	名
1251	全面	quánmiàn	形
1252	全年	quánnián	名
1253	全球	quánqiú	名
1254	全身	quánshēn	名
1255	全体	quántǐ	名
1256	缺	quē	动
1257	缺点	quēdiǎn	名
1258	缺少	quēshǎo	动
1259	确定	quèdìng	形、动
1260	确实	quèshí	形、副
1261	裙子	qúnzi	名
1262	群	qún	量
1263	然后	ránhòu	连
1264	让	ràng	动、介
1265	热	rè	形、动
1266	热爱	rè'ài	动
1267	热烈	rèliè	形
1268	热情	rèqíng	形、名
1269	人	rén	名
1270	人才	réncái	名
1271	人工	réngōng	名、形
1272	人口	rénkǒu	名

1273	人类	rénlèi	名
1274	人们	rénmen	名
1275	人民	rénmín	名
1276	人民币	rénmínbì	名
1277	人群	rénqún	名
1278	人生	rénshēng	名
1279	人数	rénshù	名
1280	人员	rényuán	名
1281	认得	rènde	动
1282	认可	rènkě	动
1283	认识	rènshi	动、名
1284	认为	rènwéi	动
1285	认真	rènzhēn	形
1286	任	rèn	动
1287	任	rèn	连
1288	任何	rènhé	代
1289	任务	rènwu	名
1290	仍	réng	副
1291	仍然	réngrán	副
1292	日	rì	名
1293	日报	rìbào	名
1294	日常	rìcháng	形
1295	日期	rìqī	名
1296	日子	rìzi	名
1297	容易	róngyì	形
1298	肉	ròu	名
1299	如果	rúguǒ	连
1300	如何	rúhé	代
1301	入口	rùkǒu	名
1302	三	sān	数
1303	散步	sàn//bù	
1304	沙发	shāfā	名
1305	沙子	shāzi	名
1306	山	shān	名
1307	伤	shāng	动、名
1308	伤心	shāng//xīn	
1309	商场	shāngchǎng	名
1310	商店	shāngdiàn	名
1311	商量	shāngliang	动
1312	商品	shāngpǐn	名
1313	商人	shāngrén	名
1314	商业	shāngyè	名
1315	上	shàng	名、动
1316	上班	shàng//bān	
1317	上边	shàngbian	名
1318	上课	shàng//kè	
1319	上来	shàng//·lái	
1320	上面	shàngmiàn	名
1321	上去	shàng//·qù	
1322	上升	shàngshēng	动
1323	上网	shàng//wǎng	
1324	上午	shàngwǔ	名
1325	上学	shàng//xué	
1326	上衣	shàngyī	名
1327	少	shǎo	形、动
1328	少数	shǎoshù	名
1329	少年	shàonián	名
1330	设备	shèbèi	名
1331	设计	shèjì	动、名
1332	设立	shèlì	动

1333	社会	shèhuì	名
1334	谁	shéi/shuí	代
1335	身边	shēnbiān	名
1336	身份证	shēnfènzhèng	名
1337	身上	shēnshang	名
1338	身体	shēntǐ	名
1339	深	shēn	形
1340	深刻	shēnkè	形
1341	深入	shēnrù	动、形
1342	什么	shénme	代
1343	升	shēng	动
1344	生	shēng	动
1345	生	shēng	形
1346	生病	shēng//bìng	
1347	生产	shēngchǎn	动
1348	生成	shēngchéng	动
1349	生存	shēngcún	动
1350	生动	shēngdòng	形
1351	生活	shēnghuó	名、动
1352	生命	shēngmìng	名
1353	生气	shēng//qì	
1354	生日	shēngrì	名
1355	生意	shēngyi	名
1356	生长	shēngzhǎng	动
1357	声明	shēngmíng	动、名
1358	声音	shēngyīn	名
1359	省	shěng	名
1360	省	shěng	动
1361	胜	shèng	动
1362	胜利	shènglì	动
1363	失去	shīqù	动
1364	十	shí	数
1365	十分	shífēn	副
1366	石头	shítou	名
1367	石油	shíyóu	名
1368	时	shí	名
1369	时代	shídài	名
1370	时候	shíhou	名
1371	时间	shíjiān	名
1372	时刻	shíkè	名、副
1373	实际	shíjì	名、形
1374	实际上	shíjì·shàng	副
1375	实力	shílì	名
1376	实习	shíxí	动、名
1377	实现	shíxiàn	动
1378	实行	shíxíng	动
1379	实验	shíyàn	动、名
1380	实验室	shíyànshì	名
1381	实在	shízài	副
1382	实在	shízai	形
1383	食品	shípǐn	名
1384	食物	shíwù	名
1385	使	shǐ	动
1386	使用	shǐyòng	动
1387	始终	shǐzhōng	副
1388	世纪	shìjì	名
1389	世界	shìjiè	名
1390	市	shì	名
1391	市场	shìchǎng	名
1392	市长	shìzhǎng	名

1393	事	shì	名
1394	事故	shìgù	名
1395	事件	shìjiàn	名
1396	事情	shìqing	名
1397	事实	shìshí	名
1398	事业	shìyè	名
1399	试	shì	动
1400	试题	shìtí	名
1401	试验	shìyàn	动
1402	是	shì	动
1403	适合	shìhé	动
1404	适应	shìyìng	动
1405	适用	shìyòng	形
1406	室	shì	名
1407	收	shōu	动
1408	收费	shōufèi	动
1409	收看	shōukàn	动
1410	收入	shōurù	动、名
1411	收听	shōutīng	动
1412	收音机	shōuyīnjī	名
1413	手	shǒu	名
1414	手表	shǒubiǎo	名
1415	手机	shǒujī	名
1416	手续	shǒuxù	名
1417	手指	shǒuzhǐ	名
1418	首都	shǒudū	名
1419	首先	shǒuxiān	副、代
1420	受	shòu	动
1421	受伤	shòu//shāng	
1422	书	shū	名
1423	书包	shūbāo	名
1424	书店	shūdiàn	名
1425	书架	shūjià	名
1426	舒服	shūfu	形
1427	输	shū	动
1428	输入	shūrù	动
1429	熟	shú	形
1430	熟人	shúrén	名
1431	属	shǔ	动
1432	属于	shǔyú	动
1433	数	shǔ	动
1434	束	shù	量
1435	树	shù	名
1436	数量	shùliàng	名
1437	数字	shùzì	名
1438	双	shuāng	量、形
1439	双方	shuāngfāng	名
1440	水	shuǐ	名
1441	水果	shuǐguǒ	名
1442	水平	shuǐpíng	名
1443	睡	shuì	动
1444	睡觉	shuì//jiào	
1445	顺利	shùnlì	形
1446	说	shuō	动
1447	说话	shuō//huà	
1448	说明	shuōmíng	动、名
1449	司机	sījī	名
1450	思想	sīxiǎng	名
1451	死	sǐ	动、形
1452	四	sì	数

1453	送	sòng	动
1454	速度	sùdù	名
1455	算	suàn	动
1456	虽然	suīrán	连
1457	随	suí	动
1458	随便	suíbiàn	形
1459	随时	suíshí	副
1460	岁	suì	量
1461	所	suǒ	名、量
1462	所以	suǒyǐ	连
1463	所有	suǒyǒu	形
1464	所长	suǒzhǎng	名
1465	他	tā	代
1466	他们	tāmen	代
1467	它	tā	代
1468	它们	tāmen	代
1469	她	tā	代
1470	她们	tāmen	代
1471	台	tái	名、量
1472	太	tài	副
1473	太太	tàitai	名
1474	太阳	tài·yáng	名
1475	态度	tài·dù	名
1476	谈	tán	动
1477	谈话	tán//huà	
1478	谈判	tánpàn	动、名
1479	汤	tāng	名
1480	糖	táng	名
1481	讨论	tǎolùn	动
1482	套	tào	量
1483	特别	tèbié	形、副
1484	特点	tèdiǎn	名
1485	特色	tèsè	名
1486	疼	téng	形
1487	提	tí	动
1488	提高	tí//gāo	
1489	提前	tíqián	动
1490	提问	tíwèn	动
1491	题	tí	名
1492	题目	tímù	名
1493	体会	tǐhuì	动、名
1494	体现	tǐxiàn	动
1495	体验	tǐyàn	动
1496	体育	tǐyù	名
1497	体育场	tǐyùchǎng	名
1498	体育馆	tǐyùguǎn	名
1499	天	tiān	名、量
1500	天空	tiānkōng	名
1501	天气	tiānqì	名
1502	天上	tiānshàng	名
1503	甜	tián	形
1504	条	tiáo	量
1505	条件	tiáojiàn	名
1506	调	tiáo	动
1507	调整	tiáozhěng	动
1508	跳	tiào	动
1509	跳高	tiàogāo	动
1510	跳舞	tiào//wǔ	
1511	跳远	tiàoyuǎn	动
1512	铁	tiě	名

1513	铁路	tiělù	名
1514	听	tīng	动
1515	听见	tīng//jiàn	
1516	听讲	tīng//jiǎng	
1517	听力	tīnglì	名
1518	听说	tīngshuō	动
1519	听写	tīngxiě	动
1520	听众	tīngzhòng	名
1521	停	tíng	动
1522	停车	tíng//chē	
1523	停车场	tíngchēchǎng	名
1524	停止	tíngzhǐ	动
1525	挺	tǐng	副
1526	通	tōng	动、形
1527	通常	tōngcháng	副、形
1528	通过	tōngguò	介、动
1529	通信	tōng//xìn	
1530	通知	tōngzhī	动、名
1531	同时	tóngshí	连、名
1532	同事	tóngshì	名
1533	同学	tóngxué	名
1534	同样	tóngyàng	形、连
1535	同意	tóngyì	动
1536	痛	tòng	形
1537	痛苦	tòngkǔ	形
1538	头	tóu	名、量、形
1539	头	tou	后缀
1540	头发	tóufa	名
1541	头脑	tóunǎo	名
1542	突出	tūchū	形、动
1543	突然	tūrán	形
1544	图	tú	名
1545	图画	túhuà	名
1546	图片	túpiàn	名
1547	图书馆	túshūguǎn	名
1548	土	tǔ	名
1549	团	tuán	名、量
1550	团结	tuánjié	动
1551	团体	tuántǐ	名
1552	推	tuī	动
1553	推动	tuī//dòng	
1554	推广	tuīguǎng	动
1555	推进	tuījìn	动
1556	腿	tuǐ	名
1557	退	tuì	动
1558	退出	tuìchū	动
1559	退休	tuì//xiū	
1560	外	wài	名
1561	外边	wàibian	名
1562	外地	wàidì	名
1563	外国	wàiguó	名
1564	外交	wàijiāo	名
1565	外卖	wàimài	名、动
1566	外面	wài·miàn	名
1567	外文	wàiwén	名
1568	外语	wàiyǔ	名
1569	完	wán	动
1570	完成	wán//chéng	
1571	完美	wánměi	形
1572	完全	wánquán	形、副

1573	完善	wánshàn	形、动
1574	完整	wánzhěng	形
1575	玩具	wánjù	名
1576	玩儿	wánr	动
1577	晚	wǎn	形
1578	晚安	wǎn’ān	动
1579	晚报	wǎnbào	名
1580	晚餐	wǎncān	名
1581	晚饭	wǎnfàn	名
1582	晚会	wǎnhuì	名
1583	晚上	wǎnshang	名
1584	碗	wǎn	名
1585	万	wàn	数
1586	网	wǎng	名
1587	网球	wǎngqiú	名
1588	网友	wǎngyǒu	名
1589	网站	wǎngzhàn	名
1590	往	wǎng	动、介
1591	往往	wǎngwǎng	副
1592	忘	wàng	动
1593	忘记	wàngjì	动
1594	危害	wēihài	动、名
1595	危险	wēixiǎn	形、名
1596	为	wéi	动
1597	为	wéi	介
1598	围	wéi	动
1599	伟大	wěidà	形
1600	卫生	wèishēng	形、名
1601	卫生间	wèishēngjiān	名
1602	为	wèi	介
1603	为了	wèile	介
1604	为什么	wèi shénme	
1605	位	wèi	量
1606	味道	wèi·dào	名
1607	喂	wèi	叹
1608	温度	wēndù	名
1609	温暖	wēnnuǎn	形、动
1610	文化	wénhuà	名
1611	文件	wénjiàn	名
1612	文明	wénmíng	名、形
1613	文学	wénxué	名
1614	文章	wénzhāng	名
1615	文字	wénzì	名
1616	闻	wén	动
1617	问	wèn	动
1618	问题	wèntí	名
1619	我	wǒ	代
1620	我们	wǒmen	代
1621	握手	wò//shǒu	
1622	屋子	wūzi	名
1623	五	wǔ	数
1624	午餐	wǔcān	名
1625	午饭	wǔfàn	名
1626	午睡	wǔshuì	名、动
1627	武器	wǔqì	名
1628	武术	wǔshù	名
1629	舞台	wǔtái	名
1630	西	xī	名
1631	西北	xīběi	名
1632	西边	xībian	名

1633	西部	xībù	名
1634	西餐	xīcān	名
1635	西方	xīfāng	名
1636	西南	xīnán	名
1637	西医	xīyī	名
1638	希望	xīwàng	动、名
1639	习惯	xíguàn	名、动
1640	洗	xǐ	动
1641	洗手间	xǐshǒujiān	名
1642	洗衣机	xǐyījī	名
1643	洗澡	xǐ//zǎo	
1644	喜欢	xǐhuan	动
1645	系	xì	名
1646	下	xià	名、动
1647	下	xià	量
1648	下班	xià//bān	
1649	下边	xiàbian	名
1650	下课	xià//kè	
1651	下来	xià//·lái	
1652	下面	xiàmiàn	名
1653	下去	xià//·qù	
1654	下午	xiàwǔ	名
1655	夏天	xiàtiān	名
1656	先	xiān	副
1657	先进	xiānjìn	形、名
1658	先生	xiānsheng	名
1659	显得	xiǎnde	动
1660	显然	xiǎnrán	形
1661	显示	xiǎnshì	动
1662	现场	xiànchǎng	名
1663	现代	xiàndài	名
1664	现金	xiànjīn	名
1665	现实	xiànshí	名
1666	现象	xiànxiàng	名
1667	现在	xiànzài	名
1668	线	xiàn	名
1669	相比	xiāngbǐ	动
1670	相当	xiāngdāng	副、动
1671	相关	xiāngguān	动
1672	相互	xiānghù	副
1673	相似	xiāngsì	形
1674	相同	xiāngtóng	形
1675	相信	xiāngxìn	动
1676	香	xiāng	形
1677	香蕉	xiāngjiāo	名
1678	响	xiǎng	形
1679	想	xiǎng	动
1680	想法	xiǎng·fǎ	名
1681	向	xiàng	介、动
1682	相机	xiàngjī	名
1683	像	xiàng	动
1684	消费	xiāofèi	动
1685	消失	xiāoshī	动
1686	消息	xiāoxi	名
1687	小	xiǎo	形
1688	小	xiǎo	前缀
1689	小孩儿	xiǎoháir	名
1690	小姐	xiǎojiě	名
1691	小朋友	xiǎopéngyǒu	名
1692	小时	xiǎoshí	名

1693	小时候	xiǎoshíhou	名
1694	小说	xiǎoshuō	名
1695	小心	xiǎoxīn	形、动
1696	小学	xiǎoxué	名
1697	小学生	xiǎoxuéshēng	名
1698	小组	xiǎozǔ	名
1699	校园	xiàoyuán	名
1700	校长	xiàozhǎng	名
1701	笑	xiào	动
1702	笑话	xiàohua	动
1703	笑话儿	xiàohuar	名
1704	效果	xiàoguǒ	名
1705	鞋	xié	名
1706	写	xiě	动
1707	写作	xiězuò	动
1708	血	xiě/xuè	名
1709	谢谢	xièxie	动
1710	心	xīn	名
1711	心里	xīn·lǐ	名
1712	心情	xīnqíng	名
1713	新	xīn	形
1714	新年	xīnnián	名
1715	新闻	xīnwén	名
1716	信	xìn	名
1717	信	xìn	动
1718	信封	xìnfēng	名
1719	信号	xìnhào	名
1720	信任	xìnrèn	动
1721	信息	xìnxī	名
1722	信心	xìnxīn	名
1723	信用卡	xìnyòngkǎ	名
1724	星期	xīngqī	名
1725	星期日	xīngqīrì	名
1726	星期天	xīngqītiān	名
1727	星星	xīngxing	名
1728	行	xíng	动、形
1729	行动	xíngdòng	动、名
1730	行李	xíngli	名
1731	行人	xíngrén	名
1732	行为	xíngwéi	名
1733	形成	xíngchéng	动
1734	形式	xíngshì	名
1735	形象	xíngxiàng	名、形
1736	形状	xíngzhuàng	名
1737	幸福	xìngfú	形、名
1738	幸运	xìngyùn	形
1739	性	xìng	后缀
1740	性别	xìngbié	名
1741	性格	xìnggé	名
1742	姓	xìng	名、动
1743	休假	xiū//jià	
1744	休息	xiūxi	动
1745	修	xiū	动
1746	修改	xiūgǎi	动
1747	需求	xūqiú	名
1748	需要	xūyào	动、名
1749	许多	xǔduō	数
1750	宣布	xuānbù	动
1751	宣传	xuānchuán	动、名
1752	选	xuǎn	动

1753	选手	xuǎnshǒu	名
1754	学	xué	动
1755	学费	xuéfèi	名
1756	学期	xuéqī	名
1757	学生	xué·shēng	名
1758	学习	xuéxí	动
1759	学校	xuéxiào	名
1760	学院	xuéyuàn	名
1761	雪	xuě	名
1762	训练	xùnliàn	动
1763	压	yā	动
1764	压力	yālì	名
1765	烟	yān	名
1766	颜色	yánsè	名
1767	眼	yǎn	名、量
1768	眼睛	yǎnjing	名
1769	眼前	yǎnqián	名
1770	演	yǎn	动
1771	演唱	yǎnchàng	动
1772	演唱会	yǎnchànghuì	名
1773	演出	yǎnchū	动、名
1774	演员	yǎnyuán	名
1775	羊	yáng	名
1776	阳光	yángguāng	名
1777	养	yǎng	动
1778	样子	yàngzi	名
1779	要求	yāoqiú	名、动
1780	药	yào	名
1781	药店	yàodiàn	名
1782	药片	yàopiàn	名
1783	药水	yàoshuǐ	名
1784	要	yào	动
1785	要是	yàoshi	连
1786	爷爷	yéye	名
1787	也	yě	副
1788	也许	yěxǔ	副
1789	页	yè	量
1790	夜	yè	名
1791	夜里	yè·lǐ	名
1792	一	yī	数
1793	衣服	yīfu	名
1794	衣架	yījià	名
1795	医生	yīshēng	名
1796	医院	yīyuàn	名
1797	一半	yíbàn	数
1798	一定	yídìng	形、副
1799	一共	yígòng	副
1800	一会儿	yíhuìr	数量、副
1801	一块儿	yíkuàir	名、副
1802	一切	yíqiè	代
1803	一下儿	yíxiàr	数量
1804	一样	yíyàng	形
1805	已	yǐ	副
1806	已经	yǐjīng	副
1807	以后	yǐhòu	名
1808	以来	yǐlái	名
1809	以前	yǐqián	名
1810	以上	yǐshàng	名
1811	以外	yǐwài	名
1812	以为	yǐwéi	动
1813	以下	yǐxià	名
1814	椅子	yǐzi	名

1815	一般	yìbān	形
1816	一边	yìbiān	名、副
1817	一点儿	yìdiǎnr	数量
1818	一起	yìqǐ	副、名
1819	一生	yìshēng	名
1820	一些	yìxiē	数量
1821	一直	yìzhí	副
1822	亿	yì	数
1823	艺术	yìshù	名
1824	意见	yì·jiàn	名
1825	意思	yìsi	名
1826	意外	yìwài	形、名
1827	意义	yìyì	名
1828	因此	yīncǐ	连
1829	因为	yīn·wèi	连、介
1830	阴	yīn	形
1831	阴天	yīntiān	名
1832	音乐	yīnyuè	名
1833	音乐会	yīnyuèhuì	名
1834	银	yín	名
1835	银行	yínháng	名
1836	银行卡	yínhángkǎ	名
1837	银牌	yínpái	名
1838	印象	yìnxiàng	名
1839	应当	yīngdāng	动
1840	应该	yīnggāi	动
1841	英文	Yīngwén	名
1842	英语	Yīngyǔ	名
1843	迎接	yíngjiē	动
1844	营养	yíngyǎng	名
1845	赢	yíng	动
1846	影片	yǐngpiàn	名
1847	影视	yǐngshì	名
1848	影响	yǐngxiǎng	动、名
1849	应用	yìngyòng	动
1850	永远	yǒngyuǎn	副
1851	用	yòng	动
1852	优点	yōudiǎn	名
1853	优势	yōushì	名
1854	由	yóu	介
1855	由于	yóuyú	介、连
1856	邮件	yóujiàn	名
1857	邮票	yóupiào	名
1858	邮箱	yóuxiāng	名
1859	油	yóu	名
1860	游	yóu	动
1861	游客	yóukè	名
1862	游戏	yóuxì	名
1863	游泳	yóu//yǒng	
1864	友好	yǒuhǎo	形
1865	有	yǒu	动
1866	有的	yǒude	代
1867	有的是	yǒudeshì	
1868	有（一）点儿	yǒu(yì)–diǎnr	副
1869	有利	yǒulì	形
1870	有名	yǒu//míng	
1871	有时 / 有时候	yǒushí/ yǒushíhou	副
1872	有效	yǒuxiào	动
1873	有些	yǒuxiē	代

1874	有意思	yǒu yìsi	
1875	又	yòu	副
1876	右	yòu	名
1877	右边	yòubian	名
1878	鱼	yú	名
1879	雨	yǔ	名
1880	语言	yǔyán	名
1881	预报	yùbào	动、名
1882	预防	yùfáng	动
1883	预计	yùjì	动
1884	预习	yùxí	动
1885	元	yuán	量
1886	员	yuán	后缀
1887	员工	yuángōng	名
1888	原来	yuánlái	形、副、名
1889	原因	yuányīn	名
1890	远	yuǎn	形
1891	院	yuàn	名
1892	院长	yuànzhǎng	名
1893	院子	yuànzi	名
1894	愿望	yuànwàng	名
1895	愿意	yuànyì	动
1896	约	yuē	动、副
1897	月	yuè	名
1898	月份	yuèfèn	名
1899	月亮	yuèliang	名
1900	乐队	yuèduì	名
1901	越	yuè	副
1902	云	yún	名
1903	运动	yùndòng	动、名
1904	运输	yùnshū	动
1905	杂志	zázhì	名
1906	再	zài	副
1907	再见	zàijiàn	动
1908	在	zài	动、介、副
1909	在家	zàijiā	动
1910	咱	zán	代
1911	咱们	zánmen	代
1912	脏	zāng	形
1913	早	zǎo	形、副
1914	早餐	zǎocān	名
1915	早晨	zǎochen	名
1916	早饭	zǎofàn	名
1917	早上	zǎoshang	名
1918	早已	zǎoyǐ	副
1919	造	zào	动
1920	造成	zàochéng	动
1921	责任	zérèn	名
1922	怎么	zěnme	代
1923	怎么样	zěnmeyàng	代
1924	怎样	zěnyàng	代
1925	增加	zēngjiā	动
1926	增长	zēngzhǎng	动
1927	展开	zhǎn//kāi	
1928	占	zhàn	动
1929	站	zhàn	动
1930	站	zhàn	名
1931	站住	zhàn//zhù	
1932	张	zhāng	量、动
1933	长	zhǎng	动

1934	找	zhǎo	动
1935	照	zhào	动、介
1936	照顾	zhào·gù	动
1937	照片	zhàopiàn	名
1938	照相	zhào//xiàng	
1939	者	zhě	后缀
1940	这	zhè	代
1941	这边	zhèbiān	代
1942	这里	zhè·lǐ	代
1943	这么	zhème	代
1944	这儿	zhèr	代
1945	这些	zhèxiē	代
1946	这样	zhèyàng	代
1947	着	zhe	助
1948	真	zhēn	副、形
1949	真实	zhēnshí	形
1950	真正	zhēnzhèng	形
1951	争	zhēng	动
1952	争取	zhēngqǔ	动
1953	整	zhěng	形、动
1954	整个	zhěnggè	形
1955	整理	zhěnglǐ	动
1956	整齐	zhěngqí	形
1957	整体	zhěngtǐ	名
1958	整天	zhěngtiān	名
1959	整整	zhěngzhěng	副
1960	正	zhèng	副
1961	正	zhèng	形
1962	正常	zhèngcháng	形
1963	正好	zhènghǎo	形、副
1964	正确	zhèngquè	形
1965	正式	zhèngshì	形
1966	正在	zhèngzài	副
1967	证	zhèng	名
1968	证件	zhèngjiàn	名
1969	证据	zhèngjù	名
1970	证明	zhèngmíng	动、名
1971	支	zhī	量
1972	支持	zhīchí	动
1973	支付	zhīfù	动
1974	只	zhī	量
1975	知道	zhī·dào	动
1976	知识	zhīshi	名
1977	直	zhí	形、动、副
1978	直播	zhíbō	动
1979	直到	zhídào	动
1980	直接	zhíjiē	形
1981	值	zhí	动
1982	值得	zhí//·dé	
1983	职工	zhígōng	名
1984	职业	zhíyè	名
1985	只	zhǐ	副
1986	只好	zhǐhǎo	副
1987	只是	zhǐshì	副、连
1988	只要	zhǐyào	连
1989	只有	zhǐyǒu	连
1990	纸	zhǐ	名
1991	指	zhǐ	动
1992	指出	zhǐchū	
1993	指导	zhǐdǎo	动

1994	至今	zhìjīn	副
1995	至少	zhìshǎo	副
1996	志愿	zhìyuàn	名
1997	志愿者	zhìyuànzhě	名
1998	制度	zhìdù	名
1999	制造	zhìzào	动
2000	制作	zhìzuò	动
2001	中	zhōng	名
2002	中部	zhōngbù	名
2003	中餐	zhōngcān	名
2004	中国	Zhōngguó	名
2005	中华民族	Zhōnghuá Mínzú	
2006	中级	zhōngjí	形
2007	中间	zhōngjiān	名
2008	中年	zhōngnián	名
2009	中文	Zhōngwén	名
2010	中午	zhōngwǔ	名
2011	中心	zhōngxīn	名
2012	中学	zhōngxué	名
2013	中学生	zhōngxuéshēng	名
2014	中医	zhōngyī	名
2015	终于	zhōngyú	副
2016	钟	zhōng	名
2017	种	zhǒng	量
2018	种子	zhǒngzi	名
2019	重	zhòng	形
2020	重大	zhòngdà	形
2021	重点	zhòngdiǎn	名、副
2022	重视	zhòngshì	动
2023	重要	zhòngyào	形
2024	周	zhōu	名、量
2025	周末	zhōumò	名
2026	周年	zhōunián	名
2027	周围	zhōuwéi	名
2028	猪	zhū	名
2029	主持	zhǔchí	动
2030	主动	zhǔdòng	形
2031	主人	zhǔ·rén	名
2032	主任	zhǔrèn	名
2033	主要	zhǔyào	形
2034	主意	zhǔyi	名
2035	主张	zhǔzhāng	动、名
2036	住	zhù	动
2037	住房	zhùfáng	名
2038	住院	zhù//yuàn	
2039	注意	zhù//yì	
2040	祝	zhù	动
2041	抓	zhuā	动
2042	专家	zhuānjiā	名
2043	专门	zhuānmén	副、形
2044	专题	zhuāntí	名
2045	专业	zhuānyè	名
2046	转	zhuǎn	动
2047	转变	zhuǎnbiàn	动
2048	装	zhuāng	动
2049	状况	zhuàngkuàng	名
2050	状态	zhuàngtài	名
2051	追	zhuī	动
2052	准	zhǔn	形、副
2053	准备	zhǔnbèi	动

2054	准确	zhǔnquè	形
2055	桌子	zhuōzi	名
2056	资格	zīgé	名
2057	资金	zījīn	名
2058	子女	zǐnǚ	名
2059	自从	zìcóng	介
2060	自动	zìdòng	副、形
2061	自己	zìjǐ	代
2062	自觉	zìjué	形
2063	自然	zìrán	名、形、副
2064	自身	zìshēn	名
2065	自行车	zìxíngchē	名
2066	自由	zìyóu	名、形
2067	字	zì	名
2068	字典	zìdiǎn	名
2069	子	zi	后缀
2070	总	zǒng	形、副
2071	总结	zǒngjié	动、名
2072	总是	zǒngshì	副
2073	走	zǒu	动
2074	走路	zǒu//lù	
2075	租	zū	动
2076	足够	zúgòu	动
2077	足球	zúqiú	名
2078	组	zǔ	名、动
2079	组成	zǔchéng	动
2080	组合	zǔhé	动
2081	组长	zǔzhǎng	名
2082	嘴	zuǐ	名
2083	最	zuì	副
2084	最好	zuìhǎo	副
2085	最后	zuìhòu	名
2086	最近	zuìjìn	名
2087	昨天	zuótiān	名
2088	左	zuǒ	名
2089	左边	zuǒbian	名
2090	左右	zuǒyòu	名、动
2091	作家	zuòjiā	名
2092	作品	zuòpǐn	名
2093	作文	zuòwén	名
2094	作业	zuòyè	名
2095	作用	zuòyòng	名
2096	作者	zuòzhě	名
2097	坐	zuò	动
2098	座	zuò	量
2099	座位	zuò·wèi	名
2100	做	zuò	动
2101	做法	zuò·fǎ	名
2102	做客	zuò//kè	

二级词汇表（新增 1973 个）

序号	词语	拼音	词性
1	阿姨	āyí	名
2	啊	à	叹
3	矮	ǎi	形
4	矮小	ǎixiǎo	形
5	爱国	ài//guó	
6	爱护	àihù	动
7	安	ān	动、形
8	安慰	ānwèi	动、形
9	安置	ānzhì	动
10	岸	àn	名
11	按摩	ànmó	动
12	按时	ànshí	副
13	暗	àn	形
14	暗示	ànshì	动
15	巴士	bāshì	名
16	拔	bá	动
17	白酒	báijiǔ	名
18	百货	bǎihuò	名
19	摆	bǎi	动
20	摆动	bǎidòng	动
21	摆脱	bǎituō	动
22	败	bài	动
23	拜访	bàifǎng	动
24	版	bǎn	名
25	办事	bàn//shì	
26	扮演	bànyǎn	动
27	棒	bàng	形
28	包裹	bāoguǒ	名、动
29	包含	bāohán	动
30	包括	bāokuò	动
31	包围	bāowéi	动
32	包装	bāozhuāng	动、名
33	薄	báo	形
34	宝	bǎo	名
35	宝宝	bǎobao	名
36	宝贝	bǎo·bèi	名
37	宝贵	bǎoguì	形
38	宝石	bǎoshí	名
39	保密	bǎo//mì	
40	保守	bǎoshǒu	动、形
41	保卫	bǎowèi	动
42	保养	bǎoyǎng	动
43	报答	bàodá	动
44	报警	bào//jǐng	
45	抱	bào	动
46	抱怨	bàoyuàn	动
47	背包	bēibāo	名
48	悲剧	bēijù	名
49	悲伤	bēishāng	形
50	北极	běijí	名
51	背景	bèijǐng	名
52	倍	bèi	量
53	被动	bèidòng	形
54	被迫	bèipò	动
55	辈	bèi	名
56	本科	běnkē	名
57	本人	běnrén	代

58	笨	bèn	形
59	鼻子	bízi	名
60	比方	bǐfang	名、动
61	比分	bǐfēn	名
62	比重	bǐzhòng	名
63	彼此	bǐcǐ	代
64	必	bì	副
65	必需	bìxū	动
66	毕竟	bìjìng	副
67	毕业	bì//yè	
68	闭幕	bì//mù	
69	闭幕式	bìmùshì	名
70	避	bì	动
71	避免	bìmiǎn	动
72	边境	biānjìng	名
73	编	biān	动
74	编辑	biānjí	动
75	编辑	biānji	名
76	变动	biàndòng	动
77	便利	biànlì	形、动
78	便条	biàntiáo	名
79	便于	biànyú	动
80	辩论	biànlùn	动、名
81	标志	biāozhì	动、名
82	表情	biǎoqíng	名
83	表扬	biǎoyáng	动
84	别	bié	动
85	宾馆	bīnguǎn	名
86	冰	bīng	名
87	冰箱	bīngxiāng	名
88	冰雪	bīngxuě	名、形
89	兵	bīng	名
90	饼	bǐng	名
91	饼干	bǐnggān	名
92	并	bìng	动
93	病毒	bìngdú	名
94	玻璃	bōli	名
95	博客	bókè	名
96	博览会	bólǎnhuì	名
97	博士	bóshì	名
98	博物馆	bówùguǎn	名
99	薄弱	bóruò	形
100	不顾	búgù	动
101	不利	búlì	形
102	不幸	búxìng	形
103	不要紧	búyàojǐn	形
104	不易	búyì	形
105	补偿	bǔcháng	动
106	补贴	bǔtiē	动、名
107	不曾	bùcéng	副
108	不得了	bùdéliǎo	形
109	不敢当	bùgǎndāng	动
110	不管	bùguǎn	连
111	不免	bùmiǎn	副
112	不然	bùrán	连
113	不时	bùshí	副
114	不许	bùxǔ	动
115	不止	bùzhǐ	动
116	不足	bùzú	形、动
117	布置	bùzhì	动

118	步行	bùxíng	动
119	部位	bùwèi	名
120	擦	cā	动
121	猜	cāi	动
122	猜测	cāicè	动
123	才	cái	名
124	材料	cáiliào	名
125	财产	cáichǎn	名
126	财富	cáifù	名
127	裁判	cáipàn	动、名
128	采访	cǎifǎng	动、名
129	采购	cǎigòu	动、名
130	彩票	cǎipiào	名
131	参考	cānkǎo	动
132	参与	cānyù	动
133	餐馆	cānguǎn	名
134	餐厅	cāntīng	名
135	餐饮	cānyǐn	名
136	操场	cāochǎng	名
137	操作	cāozuò	动
138	草原	cǎoyuán	名
139	册	cè	量
140	测	cè	动
141	测量	cèliáng	动
142	测试	cèshì	动、名
143	层次	céngcì	名
144	曾	céng	副
145	叉	chā	动
146	叉子	chāzi	名
147	差别	chābié	名
148	插	chā	动
149	茶叶	cháyè	名
150	查询	cháxún	动
151	差点儿	chàdiǎnr	副
152	拆	chāi	动
153	拆除	chāichú	动
154	产品	chǎnpǐn	名
155	产业	chǎnyè	名
156	长度	chángdù	名
157	长寿	chángshòu	形
158	长途	chángtú	形、名
159	肠	cháng	名
160	尝	cháng	动
161	尝试	chángshì	动、名
162	常识	chángshí	名
163	厂长	chǎngzhǎng	名
164	场面	chǎngmiàn	名
165	倡导	chàngdǎo	动
166	唱片	chàngpiàn	名
167	抄	chāo	动
168	抄写	chāoxiě	动
169	超越	chāoyuè	动
170	潮	cháo	名、形
171	潮流	cháoliú	名
172	潮湿	cháoshī	形
173	车主	chēzhǔ	名
174	彻底	chèdǐ	形
175	沉	chén	动、形
176	沉默	chénmò	形、动
177	沉重	chénzhòng	形

178	称	chēng	动
179	称号	chēnghào	名
180	称赞	chēngzàn	动
181	成本	chéngběn	名
182	成交	chéng//jiāo	
183	成人	chéngrén	名
184	成效	chéngxiào	名
185	成语	chéngyǔ	名
186	诚实	chéng·shí	形
187	诚信	chéngxìn	形
188	承办	chéngbàn	动
189	承担	chéngdān	动
190	承认	chéngrèn	动
191	承受	chéngshòu	动
192	城里	chénglǐ	名
193	乘	chéng	动
194	乘客	chéngkè	名
195	乘坐	chéngzuò	动
196	程序	chéngxù	名
197	吃惊	chī//jīng	
198	吃力	chīlì	形
199	池子	chízi	名
200	迟	chí	形
201	迟到	chídào	动
202	尺	chǐ	名、量
203	尺寸	chǐ·cùn	名
204	尺子	chǐzi	名
205	冲	chōng	动
206	冲动	chōngdòng	名、形
207	冲突	chōngtū	动、名
208	充电	chōng//diàn	
209	充分	chōngfèn	形
210	虫子	chóngzi	名
211	抽	chōu	动
212	抽奖	chōu//jiǎng	
213	抽烟	chōu//yān	
214	愁	chóu	动
215	丑	chǒu	形
216	臭	chòu	形
217	出版	chūbǎn	动
218	出差	chū//chāi	
219	出口	chū//kǒu	
220	出色	chūsè	形
221	出售	chūshòu	动
222	出席	chūxí	动
223	出于	chūyú	动
224	初期	chūqī	名
225	除非	chúfēi	连、介
226	除夕	chúxī	名
227	厨房	chúfáng	名
228	处罚	chǔfá	动、名
229	处分	chǔfèn	名、动
230	处于	chǔyú	动
231	处在	chǔzài	动
232	处	chù	名
233	传达	chuándá	动
234	传递	chuándì	动
235	传统	chuántǒng	名、形
236	传真	chuánzhēn	名、动
237	窗	chuāng	名

238	窗户	chuānghu	名
239	窗帘	chuānglián	名
240	窗台	chuāngtái	名
241	窗子	chuāngzi	名
242	闯	chuǎng	动
243	创立	chuànglì	动
244	春	chūn	名
245	春季	chūnjì	名
246	纯	chún	形
247	纯净水	chúnjìngshuǐ	名
248	词汇	cíhuì	名
249	辞典	cídiǎn	名
250	辞职	cí//zhí	
251	此	cǐ	代
252	此后	cǐhòu	名
253	此刻	cǐkè	名
254	此时	cǐshí	名
255	此外	cǐwài	连
256	次	cì	形
257	刺	cì	动、名
258	刺激	cìjī	动、名
259	聪明	cōng·míng	形
260	从此	cóngcǐ	副
261	从而	cóng'ér	连
262	从中	cóngzhōng	副
263	粗	cū	形
264	粗心	cūxīn	形
265	促进	cùjìn	动
266	促使	cùshǐ	动
267	促销	cùxiāo	动
268	脆	cuì	形
269	存款	cúnkuǎn	名
270	寸	cùn	量
271	措施	cuòshī	名
272	打	dá	量
273	达成	dáchéng	动
274	答	dá	动
275	答案	dá'àn	名
276	答复	dá·fù	动、名
277	打	dǎ	介
278	打败	dǎbài	动
279	打扮	dǎban	动
280	打包	dǎ//bāo	
281	打击	dǎjī	动
282	打架	dǎ//jià	
283	打扰	dǎrǎo	动
284	打扫	dǎsǎo	动
285	打折	dǎ//zhé	
286	打针	dǎ//zhēn	
287	大巴	dàbā	名
288	大胆	dàdǎn	形
289	大都	dàdū/dàdōu	副
290	大多	dàduō	副
291	大方	dàfang	形
292	大纲	dàgāng	名
293	大哥	dàgē	名
294	大会	dàhuì	名
295	大伙儿	dàhuǒr	代
296	大奖赛	dàjiǎngsài	名
297	大姐	dàjiě	名

298	大陆	dàlù	名
299	大妈	dàmā	名
300	大脑	dànǎo	名
301	大事	dàshì	名
302	大厅	dàtīng	名
303	大象	dàxiàng	名
304	大型	dàxíng	形
305	大熊猫	dàxióngmāo	名
306	大爷	dàye	名
307	大致	dàzhì	形、副
308	呆	dāi	形
309	待	dāi	动
310	代价	dàijià	名
311	代理	dàilǐ	动
312	代替	dàitì	动
313	贷款	dàikuǎn	动、名
314	待遇	dàiyù	名
315	袋	dài	名、量
316	戴	dài	动
317	担保	dānbǎo	动、名
318	担任	dānrèn	动
319	担心	dān//xīn	
320	单	dān	形、副
321	单纯	dānchún	形
322	单调	dāndiào	形
323	单独	dāndú	副
324	单一	dānyī	形
325	胆	dǎn	名
326	胆小	dǎnxiǎo	形
327	淡	dàn	形
328	蛋糕	dàngāo	名
329	当场	dāngchǎng	副
330	当代	dāngdài	名
331	当年	dāngnián	名
332	当前	dāngqián	名、动
333	当选	dāngxuǎn	动
334	挡	dǎng	动
335	导游	dǎoyóu	名、动
336	导致	dǎozhì	动
337	倒闭	dǎobì	动
338	倒车	dǎo//chē	
339	到来	dàolái	动
340	倒车	dào//chē	
341	倒是	dàoshì	副
342	道德	dàodé	名
343	得了	déle	动
344	得以	déyǐ	动
345	得意	déyì	形
346	得	děi	动
347	灯光	dēngguāng	名
348	登	dēng	动
349	登记	dēng//jì	
350	登录	dēnglù	动
351	登山	dēng//shān	
352	等候	děnghòu	动
353	等级	děngjí	名
354	的确	díquè	副
355	敌人	dírén	名
356	底	dǐ	名
357	地带	dìdài	名

358	地方	dìfāng	名	388	动员	dòngyuán	动
359	地面	dìmiàn	名	389	冻	dòng	动
360	地位	dìwèi	名	390	洞	dòng	名
361	地下	dìxià	名	391	豆腐	dòufu	名
362	地形	dìxíng	名	392	豆制品	dòuzhìpǐn	名
363	地震	dìzhèn	名、动	393	毒	dú	名、动、形
364	地址	dìzhǐ	名	394	独立	dúlì	动
365	递	dì	动	395	独特	dútè	形
366	典礼	diǎnlǐ	名	396	独自	dúzì	副
367	典型	diǎnxíng	名、形	397	堵	dǔ	动
368	点名	diǎn//míng		398	堵车	dǔ//chē	
369	点燃	diǎnrán	动	399	肚子	dùzi	名
370	电池	diànchí	名	400	度过	dùguò	动
371	电灯	diàndēng	名	401	锻炼	duànliàn	动
372	电饭锅	diànfànguō	名	402	堆	duī	动、名、量
373	电梯	diàntī	名	403	对比	duìbǐ	动、名
374	电源	diànyuán	名	404	对付	duìfu	动
375	电子	diànzǐ	名	405	对立	duìlì	动
376	电子版	diànzǐbǎn	名	406	对应	duìyìng	动
377	调动	diàodòng	动	407	对于	duìyú	介
378	顶	dǐng	名、动、量	408	吨	dūn	量
379	定	dìng	动	409	多样	duōyàng	形
380	丢	diū	动	410	朵	duǒ	量
381	冬	dōng	名	411	躲	duǒ	动
382	冬季	dōngjì	名	412	恶心	ěxin	形、动
383	动画片	dònghuàpiàn	名	413	儿女	érnǚ	名
384	动机	dòngjī	名	414	儿童	értóng	名
385	动手	dòng//shǒu		415	而	ér	连
386	动态	dòngtài	名	416	耳朵	ěrduo	名
387	动摇	dòngyáo	动	417	耳机	ěrjī	名

418	二手	èrshǒu	形
419	二维码	èrwéimǎ	名
420	发布	fābù	动
421	发挥	fāhuī	动
422	发觉	fājué	动
423	发票	fāpiào	名
424	发烧	fā//shāo	
425	发射	fāshè	动
426	发行	fāxíng	动
427	罚	fá	动
428	罚款	fákuǎn	名
429	法	fǎ	名
430	法官	fǎguān	名
431	法规	fǎguī	名
432	法律	fǎlǜ	名
433	法院	fǎyuàn	名
434	法制	fǎzhì	名
435	翻	fān	动
436	翻译	fānyì	动、名
437	烦	fán	形、动
438	繁荣	fánróng	形、动
439	反	fǎn	形、动、副
440	反而	fǎn'ér	副
441	反映	fǎnyìng	动、名
442	返回	fǎnhuí	动
443	方	fāng	形、名
444	方案	fāng'àn	名
445	方针	fāngzhēn	名
446	防治	fángzhì	动
447	放大	fàngdà	动
448	放弃	fàngqì	动
449	放松	fàngsōng	动
450	非	fēi	副
451	肥	féi	形
452	分布	fēnbù	动
453	分解	fēnjiě	动
454	分类	fēn//lèi	
455	分离	fēnlí	动
456	分散	fēnsàn	动、形
457	分手	fēn//shǒu	
458	分析	fēnxī	动
459	分享	fēnxiǎng	动
460	纷纷	fēnfēn	副
461	奋斗	fèndòu	动
462	丰收	fēngshōu	动
463	风度	fēngdù	名
464	风格	fēnggé	名
465	风光	fēngguāng	名
466	风景	fēngjǐng	名
467	风俗	fēngsú	名
468	封	fēng	动
469	封闭	fēngbì	动、形
470	疯	fēng	形
471	疯狂	fēngkuáng	形
472	否则	fǒuzé	连
473	夫妇	fūfù	名
474	夫妻	fūqī	名
475	夫人	fū·rén	名
476	扶	fú	动
477	服从	fúcóng	动

478	符号	fúhào	名
479	符合	fúhé	动
480	幅	fú	量
481	幅度	fúdù	名
482	福利	fúlì	名
483	辅助	fǔzhù	动
484	付出	fùchū	动
485	负担	fùdān	动、名
486	附件	fùjiàn	名
487	附近	fùjìn	名
488	复制	fùzhì	动
489	改革	gǎigé	动、名
490	改善	gǎishàn	动
491	改正	gǎizhèng	动
492	盖	gài	动
493	概括	gàikuò	动、形
494	干脆	gāncuì	形、副
495	干扰	gānrǎo	动
496	干预	gānyù	动
497	感想	gǎnxiǎng	名
498	感兴趣	gǎn xìngqù	
499	钢笔	gāngbǐ	名
500	钢琴	gāngqín	名
501	高潮	gāocháo	名
502	高大	gāodà	形
503	高度	gāodù	名、形
504	高跟鞋	gāogēnxié	名
505	高价	gāojià	名
506	高尚	gāoshàng	形
507	高铁	gāotiě	名
508	高温	gāowēn	名
509	高原	gāoyuán	名
510	搞	gǎo	动
511	歌曲	gēqǔ	名
512	格外	géwài	副
513	隔	gé	动
514	隔壁	gébì	名
515	个别	gèbié	形
516	个儿	gèr	名
517	个体	gètǐ	名
518	各个	gègè	代、副
519	根	gēn	量、名
520	根据	gēnjù	动、介、名
521	跟前	gēnqián	名
522	跟随	gēnsuí	动
523	更换	gēnghuàn	动
524	更新	gēngxīn	动
525	工程	gōngchéng	名
526	工艺	gōngyì	名
527	工作日	gōngzuòrì	名
528	公告	gōnggào	名
529	公认	gōngrèn	动
530	公式	gōngshì	名
531	公元	gōngyuán	名
532	公正	gōngzhèng	形
533	供应	gōngyìng	动
534	共	gòng	副
535	共计	gòngjì	动
536	共享	gòngxiǎng	动
537	沟	gōu	名

538	沟通	gōutōng	动
539	构成	gòuchéng	动
540	构造	gòuzào	名
541	购买	gòumǎi	动
542	购物	gòu//wù	
543	估计	gūjì	动
544	古老	gǔlǎo	形
545	鼓	gǔ	名、动
546	鼓励	gǔlì	动、名
547	鼓掌	gǔ//zhǎng	
548	固定	gùdìng	形、动
549	顾问	gùwèn	名
550	瓜	guā	名
551	怪	guài	形、副
552	怪	guài	动
553	关	guān	名
554	关闭	guānbì	动
555	关怀	guānhuái	动
556	关键	guānjiàn	名、形
557	关于	guānyú	介
558	官	guān	名
559	官方	guānfāng	名
560	冠军	guànjūn	名
561	光临	guānglín	动
562	光盘	guāngpán	名
563	光荣	guāngróng	形、名
564	光线	guāngxiàn	名
565	广	guǎng	形
566	广泛	guǎngfàn	形
567	逛	guàng	动
568	归	guī	动
569	规划	guīhuà	名、动
570	规律	guīlǜ	名
571	规模	guīmó	名
572	规则	guīzé	名、形
573	鬼	guǐ	名
574	柜子	guìzi	名
575	滚	gǔn	动
576	锅	guō	名
577	国籍	guójí	名
578	国民	guómín	名
579	果实	guǒshí	名
580	过度	guòdù	形
581	过分	guòfèn	形
582	过敏	guòmǐn	动、形
583	过于	guòyú	副
584	海水	hǎishuǐ	名
585	海鲜	hǎixiān	名
586	害	hài	名、动
587	含	hán	动
588	含量	hánliàng	名
589	含义	hányì	名
590	寒假	hánjià	名
591	寒冷	hánlěng	形
592	汗	hàn	名
593	行业	hángyè	名
594	航班	hángbān	名
595	航空	hángkōng	动
596	毫米	háomǐ	量
597	毫升	háoshēng	量

598	好友	hǎoyǒu	名
599	好运	hǎoyùn	名
600	号码	hàomǎ	名
601	号召	hàozhào	动、名
602	好	hào	动
603	合并	hébìng	动
604	合成	héchéng	动
605	合同	hé·tóng	名
606	盒	hé	名、量
607	盒饭	héfàn	名
608	盒子	hézi	名
609	贺卡	hèkǎ	名
610	黑暗	hēi’àn	形
611	恨	hèn	动
612	红包	hóngbāo	名
613	猴	hóu	名
614	后悔	hòuhuǐ	动
615	后头	hòutou	名
616	厚	hòu	形
617	呼吸	hūxī	动
618	忽视	hūshì	动
619	胡同儿	hútòngr	名
620	胡子	húzi	名
621	虎	hǔ	名
622	户	hù	量
623	护士	hùshi	名
624	花	huā	形
625	划	huá	动
626	华语	Huáyǔ	名
627	滑	huá	形、动
628	化石	huàshí	名
629	划	huà	动
630	划分	huàfēn	动
631	画面	huàmiàn	名
632	怀念	huáiniàn	动
633	怀疑	huáiyí	动
634	环节	huánjié	名
635	缓解	huǎnjiě	动
636	慌忙	huāngmáng	形
637	黄瓜	huáng·guā	名
638	黄金	huángjīn	名
639	灰色	huīsè	名、形
640	恢复	huīfù	动
641	回报	huíbào	动
642	回避	huíbì	动
643	回复	huífù	动
644	回顾	huígù	动
645	回收	huíshōu	动
646	回头	huítóu	副
647	回信	huíxìn	名
648	回忆	huíyì	动
649	汇	huì	动
650	汇报	huìbào	动、名
651	汇款	huì//kuǎn	
652	汇率	huìlǜ	名
653	会谈	huìtán	动、名
654	婚礼	hūnlǐ	名
655	活力	huólì	名
656	活泼	huó·pō	形
657	火	huǒ	形

658	火柴	huǒchái	名
659	火腿	huǒtuǐ	名
660	火灾	huǒzāi	名
661	伙	huǒ	量
662	伙伴	huǒbàn	名
663	或是	huòshì	连
664	或许	huòxǔ	副
665	货	huò	名
666	获	huò	动
667	获得	huòdé	动
668	获奖	huòjiǎng	动
669	获取	huòqǔ	动
670	几乎	jīhū	副
671	机构	jīgòu	名
672	机器人	jī·qìrén	名
673	机遇	jīyù	名
674	机制	jīzhì	名
675	肌肉	jīròu	名
676	积累	jīlěi	动
677	基地	jīdì	名
678	基金	jījīn	名
679	激动	jīdòng	形、动
680	激烈	jīliè	形
681	及格	jí//gé	
682	极	jí	副
683	极其	jíqí	副
684	即将	jíjiāng	副
685	即使	jíshǐ	连
686	急忙	jímáng	副
687	集合	jíhé	动
688	集团	jítuán	名
689	挤	jǐ	动、形
690	记忆	jìyì	动、名
691	记载	jìzǎi	动
692	纪律	jìlǜ	名
693	技能	jìnéng	名
694	技巧	jìqiǎo	名
695	系	jì	动
696	季	jì	名
697	季度	jìdù	名
698	季节	jìjié	名
699	既	jì	副、连
700	既然	jìrán	连
701	继承	jìchéng	动
702	寄	jì	动
703	加班	jiā//bān	
704	加热	jiā//rè	
705	加入	jiārù	动
706	加上	jiāshàng	连
707	加速	jiāsù	动
708	加以	jiāyǐ	动、连
709	加油站	jiāyóuzhàn	名
710	夹	jiā	动
711	家务	jiāwù	名
712	甲	jiǎ	名
713	假如	jiǎrú	连
714	价	jià	名
715	驾驶	jiàshǐ	动
716	驾照	jiàzhào	名
717	坚定	jiāndìng	形、动

718	坚固	jiāngù	形
719	肩	jiān	名
720	艰苦	jiānkǔ	形
721	艰难	jiānnán	形
722	检测	jiǎncè	动
723	检验	jiǎnyàn	动
724	减	jiǎn	动
725	减肥	jiǎn//féi	
726	减轻	jiǎnqīng	动
727	减少	jiǎnshǎo	动
728	剪	jiǎn	动
729	剪刀	jiǎndāo	名
730	剪子	jiǎnzi	名
731	简历	jiǎnlì	名
732	间接	jiànjiē	形
733	建造	jiànzào	动
734	建筑	jiànzhù	动、名
735	健身	jiànshēn	动
736	渐渐	jiànjiàn	副
737	键	jiàn	名
738	键盘	jiànpán	名
739	江	jiāng	名
740	将	jiāng	副、介
741	将要	jiāngyào	副
742	讲究	jiǎngjiu	动、形
743	讲座	jiǎngzuò	名
744	奖	jiǎng	动、名
745	奖金	jiǎngjīn	名
746	奖励	jiǎnglì	动、名
747	奖学金	jiǎngxuéjīn	名
748	降	jiàng	动
749	降低	jiàngdī	动
750	降价	jiàng//jià	
751	降落	jiàngluò	动
752	降温	jiàng//wēn	
753	交代	jiāodài	动
754	交换	jiāohuàn	动
755	交际	jiāojì	动
756	郊区	jiāoqū	名
757	胶带	jiāodài	名
758	胶水	jiāoshuǐ	名
759	脚步	jiǎobù	名
760	教授	jiàoshòu	名
761	教训	jiào·xùn	动、名
762	阶段	jiēduàn	名
763	接触	jiēchù	动
764	接连	jiēlián	副
765	街道	jiēdào	名
766	节省	jiéshěng	动
767	结构	jiégòu	名
768	结论	jiélùn	名
769	姐妹	jiěmèi	名
770	解除	jiěchú	动
771	解放	jiěfàng	动
772	解释	jiěshì	动
773	戒	jiè	动
774	届	jiè	量
775	今日	jīnrì	名
776	尽管	jǐnguǎn	副、连
777	紧密	jǐnmì	形

778	尽力	jìn//lì	
779	进化	jìnhuà	动
780	进口	jìnkǒu	动、名
781	近代	jìndài	名
782	近来	jìnlái	名
783	禁止	jìnzhǐ	动
784	经典	jīngdiǎn	名、形
785	经费	jīngfèi	名
786	精力	jīnglì	名
787	景象	jǐngxiàng	名
788	警告	jǐnggào	动、名
789	竞赛	jìngsài	动
790	竞争	jìngzhēng	动
791	竟然	jìngrán	副
792	镜头	jìngtóu	名
793	镜子	jìngzi	名
794	究竟	jiūjìng	副
795	酒吧	jiǔbā	名
796	酒店	jiǔdiàn	名
797	救灾	jiù//zāi	
798	居民	jūmín	名
799	居然	jūrán	副
800	居住	jūzhù	动
801	局	jú	名
802	局面	júmiàn	名
803	局长	júzhǎng	名
804	举动	jǔdòng	名
805	巨大	jùdà	形
806	拒绝	jùjué	动
807	具备	jùbèi	动
808	俱乐部	jùlèbù	名
809	剧本	jùběn	名
810	距离	jùlí	名、动
811	聚	jù	动
812	聚会	jùhuì	动
813	卷	juǎn	动、量
814	卷	juàn	量
815	角色	juésè	名
816	绝望	jué//wàng	
817	军人	jūnrén	名
818	开花	kāi//huā	
819	开幕	kāi//mù	
820	开幕式	kāimùshì	名
821	开水	kāishuǐ	名
822	看不起	kànbuqǐ	动
823	看待	kàndài	动
824	看来	kànlái	动
825	看望	kànwàng	动
826	考察	kǎochá	动、名
827	考核	kǎohé	动
828	考虑	kǎolǜ	动
829	烤鸭	kǎoyā	名
830	靠近	kàojìn	动
831	棵	kē	量
832	颗	kē	量
833	咳	ké	动
834	可	kě	副、连
835	可见	kějiàn	连
836	可怜	kělián	形、动
837	可惜	kěxī	形

838	渴望	kěwàng	动	868	落	là	动
839	刻	kè	动	869	辣	là	形
840	客户	kèhù	名	870	来不及	láibují	动
841	客气	kèqi	形、动	871	来得及	láidejí	动
842	客厅	kètīng	名	872	来信	láixìn	名
843	课题	kètí	名	873	来源	láiyuán	名
844	肯定	kěndìng	动、形、副	874	烂	làn	形
845	空间	kōngjiān	名	875	朗读	lǎngdú	动
846	空中	kōngzhōng	名	876	浪漫	làngmàn	形
847	空	kòng	动、形	877	劳动	láodòng	动、名
848	控制	kòngzhì	动	878	老公	lǎogōng	名
849	口袋	kǒudai	名	879	老家	lǎojiā	名
850	口号	kǒuhào	名	880	老婆	lǎopo	名
851	口语	kǒuyǔ	名	881	老实	lǎoshi	形
852	苦	kǔ	形	882	乐趣	lèqù	名
853	库	kù	名	883	泪	lèi	名
854	会计	kuài·jì	名	884	泪水	lèishuǐ	名
855	快递	kuàidì	名	885	类型	lèixíng	名
856	快活	kuàihuo	形	886	冷静	lěngjìng	形
857	宽	kuān	形	887	厘米	límǐ	量
858	宽度	kuāndù	名	888	梨	lí	名
859	宽广	kuānguǎng	形	889	礼	lǐ	名
860	狂	kuáng	形	890	礼拜	lǐbài	名、动
861	矿泉水	kuàngquánshuǐ	名	891	礼貌	lǐmào	名、形
862	亏	kuī	动	892	力气	lìqi	名
863	困扰	kùnrǎo	动	893	历史	lìshǐ	名
864	扩大	kuòdà	动	894	厉害	lìhai	形
865	扩展	kuòzhǎn	动	895	立	lì	动
866	括号	kuòhào	名	896	立场	lìchǎng	名
867	垃圾	lājī	名	897	立即	lìjí	副

898	利润	lìrùn	名
899	利息	lìxī	名
900	利益	lìyì	名
901	例外	lìwài	动、名
902	俩	liǎ	数量
903	连接	liánjiē	动
904	联络	liánluò	动
905	联想	liánxiǎng	动
906	脸盆	liǎnpén	名
907	脸色	liǎnsè	名
908	恋爱	liàn'ài	动、名
909	良好	liánghǎo	形
910	量	liáng	动
911	粮食	liángshi	名
912	两岸	liǎng'àn	名
913	两边	liǎngbiān	名
914	疗养	liáoyǎng	动
915	了不起	liǎobuqǐ	形
916	了解	liǎojiě	动
917	列	liè	动、量
918	列车	lièchē	名
919	列入	lièrù	动
920	邻居	línjū	名
921	临时	línshí	形、副
922	铃	líng	名
923	铃声	língshēng	名
924	零食	língshí	名
925	领带	lǐngdài	名
926	令	lìng	动
927	流传	liúchuán	动
928	流动	liúdòng	动
929	流通	liútōng	动
930	楼梯	lóutī	名
931	漏	lòu	动
932	漏洞	lòudòng	名
933	陆地	lùdì	名
934	陆续	lùxù	副
935	录取	lùqǔ	动
936	律师	lǜshī	名
937	轮	lún	名、动、量
938	轮船	lúnchuán	名
939	轮椅	lúnyǐ	名
940	轮子	lúnzi	名
941	论文	lùnwén	名
942	逻辑	luó·jí	名
943	落	luò	动
944	码头	mǎ·tóu	名
945	骂	mà	动
946	买卖	mǎimai	名
947	漫长	mànchàng	形
948	漫画	mànhuà	名
949	毛笔	máobǐ	名
950	毛巾	máojīn	名
951	毛衣	máoyī	名
952	矛盾	máodùn	名、形
953	冒	mào	动
954	贸易	màoyì	名
955	帽子	màozi	名
956	没法儿	méifǎr	动
957	煤	méi	名

958	煤气	méiqì	名	988	模仿	mófǎng	动
959	美金	měijīn	名	989	模糊	móhu	形
960	美女	měinǚ	名	990	模式	móshì	名
961	门诊	ménzhěn	动	991	模特儿	mótèr	名
962	梦	mèng	名、动	992	模型	móxíng	名
963	梦想	mèngxiǎng	动、名	993	摩擦	mócā	动、名
964	迷人	mírén	形	994	摩托	mótuō	名
965	迷信	míxìn	动、名	995	末	mò	名
966	秘密	mìmì	名、形	996	默默	mòmò	副
967	秘书	mìshū	名	997	模样	múyàng	名
968	密	mì	形	998	目光	mùguāng	名
969	密码	mìmǎ	名	999	哪怕	nǎpà	连
970	密切	mìqiè	形、动	1000	哪	na	助
971	免费	miǎn//fèi		1001	耐心	nàixīn	形、名
972	面临	miànlín	动	1002	男女	nánnǚ	名
973	面貌	miànmào	名	1003	男士	nánshì	名
974	面试	miànshì	动	1004	男性	nánxìng	名
975	面子	miànzi	名	1005	南北	nánběi	名
976	描述	miáoshù	动	1006	南极	nánjí	名
977	描写	miáoxiě	动	1007	难得	nándé	形
978	秒	miǎo	量	1008	难免	nánmiǎn	形
979	敏感	mǐngǎn	形	1009	难以	nányǐ	动
980	名牌儿	míngpáir	名	1010	脑袋	nǎodai	名
981	名片	míngpiàn	名	1011	脑子	nǎozi	名
982	名人	míngrén	名	1012	闹	nào	形、动
983	明亮	míngliàng	形	1013	闹钟	nàozhōng	名
984	明明	míngmíng	副	1014	内部	nèibù	名
985	命令	mìnglìng	名、动	1015	内科	nèikē	名
986	摸	mō	动	1016	内在	nèizài	形
987	模范	mófàn	名	1017	能干	nénggàn	形

1018	能量	néngliàng	名
1019	年度	niándù	名
1020	年龄	niánlíng	名
1021	年前	niánqián	名
1022	宁静	níngjìng	形
1023	牛	niú	形
1024	牛仔裤	niúzǎikù	名
1025	农产品	nóngchǎnpǐn	名
1026	浓	nóng	形
1027	女士	nǚshì	名
1028	女性	nǚxìng	名
1029	暖	nuǎn	形、动
1030	暖气	nuǎnqì	名
1031	偶尔	ǒu'ěr	副
1032	偶然	ǒurán	形
1033	偶像	ǒuxiàng	名
1034	拍摄	pāishè	动
1035	拍照	pāi//zhào	
1036	排除	páichú	动
1037	排列	páiliè	动
1038	牌	pái	名
1039	盘	pán	量、名
1040	盘子	pánzi	名
1041	旁	páng	名、代
1042	胖子	pàngzi	名
1043	陪	péi	动
1044	培训	péixùn	动
1045	培训班	péixùnbān	名
1046	培养	péiyǎng	动
1047	培育	péiyù	动
1048	赔	péi	动
1049	赔偿	péicháng	动
1050	配备	pèibèi	动
1051	配套	pèi//tào	
1052	喷	pēn	动
1053	盆	pén	名
1054	批	pī	量
1055	批	pī	动
1056	披	pī	动
1057	皮肤	pífū	名
1058	皮鞋	píxié	名
1059	脾气	píqi	名
1060	匹	pǐ	量
1061	片面	piànmiàn	形
1062	骗	piàn	动
1063	骗子	piànzi	名
1064	拼	pīn	动
1065	频道	píndào	名
1066	频繁	pínfán	形
1067	品	pǐn	动
1068	品	pǐn	后缀
1069	品质	pǐnzhì	名
1070	品种	pǐnzhǒng	名
1071	平方	píngfāng	名、量
1072	平静	píngjìng	形
1073	平均	píngjūn	形、动
1074	平坦	píngtǎn	形
1075	平稳	píngwěn	形
1076	平原	píngyuán	名
1077	评估	pínggū	动、名

1078	评论	pínglùn	动、名
1079	凭	píng	动、介
1080	泼	pō	动
1081	迫切	pòqiè	形
1082	破产	pò//chǎn	
1083	葡萄	pútao	名
1084	葡萄酒	pútaojiǔ	名
1085	妻子	qīzi	名
1086	期待	qīdài	动
1087	期间	qījiān	名
1088	期末	qīmò	名
1089	期望	qīwàng	动
1090	期限	qīxiàn	名
1091	期中	qīzhōng	名
1092	其	qí	代
1093	其余	qíyú	代
1094	企业	qǐyè	名
1095	启动	qǐdòng	动
1096	启发	qǐfā	动、名
1097	启事	qǐshì	名
1098	起码	qǐmǎ	形
1099	气球	qìqiú	名
1100	气体	qìtǐ	名
1101	气象	qìxiàng	名
1102	汽水	qìshuǐ	名
1103	汽油	qìyóu	名
1104	器官	qìguān	名
1105	签	qiān	动
1106	签订	qiāndìng	动
1107	签名	qiān//míng	
1108	签约	qiān//yuē	
1109	签证	qiānzhèng	动、名
1110	签字	qiān//zì	
1111	前提	qiántí	名
1112	前头	qiántou	名
1113	前途	qiántú	名
1114	浅	qiǎn	形
1115	欠	qiàn	动
1116	枪	qiāng	名
1117	强度	qiángdù	名
1118	墙壁	qiángbì	名
1119	抢	qiǎng	动
1120	抢救	qiǎngjiù	动
1121	强迫	qiǎngpò	动
1122	悄悄	qiāoqiāo	副
1123	敲	qiāo	动
1124	瞧	qiáo	动
1125	巧克力	qiǎokèlì	名
1126	切	qiē	动
1127	亲爱	qīn'ài	形
1128	亲密	qīnmì	形
1129	琴	qín	名
1130	勤奋	qínfèn	形
1131	青	qīng	形
1132	青春	qīngchūn	名
1133	轻松	qīngsōng	形
1134	轻易	qīngyì	形、副
1135	清晨	qīngchén	名
1136	清理	qīnglǐ	动
1137	清醒	qīngxǐng	形、动

1138	情节	qíngjié	名
1139	情景	qíngjǐng	名
1140	情形	qíngxing	名
1141	晴朗	qínglǎng	形
1142	穷	qióng	形
1143	穷人	qióngrén	名
1144	秋	qiū	名
1145	秋季	qiūjì	名
1146	区域	qūyù	名
1147	趋势	qūshì	名
1148	圈	quān	名、动
1149	权利	quánlì	名
1150	泉	quán	名
1151	劝	quàn	动
1152	缺乏	quēfá	动
1153	却	què	副
1154	确立	quèlì	动
1155	确认	quèrèn	动
1156	群体	qúntǐ	名
1157	群众	qúnzhòng	名
1158	然而	rán'ér	连
1159	燃料	ránliào	名
1160	燃烧	ránshāo	动
1161	染	rǎn	动
1162	绕	rào	动
1163	热量	rèliàng	名
1164	热门	rèmén	名
1165	热闹	rènao	形、动
1166	热心	rèxīn	形
1167	人家	rénjia	代
1168	人间	rénjiān	名
1169	人力	rénlì	名
1170	人士	rénshì	名
1171	人物	rénwù	名
1172	忍	rěn	动
1173	忍受	rěnshòu	动
1174	认	rèn	动
1175	认定	rèndìng	动
1176	扔	rēng	动
1177	仍旧	réngjiù	副
1178	日记	rìjì	名
1179	日历	rìlì	名
1180	如此	rúcǐ	代
1181	如今	rújīn	名
1182	如同	rútóng	动
1183	如下	rúxià	动
1184	入门	rù//mén	
1185	软	ruǎn	形
1186	软件	ruǎnjiàn	名
1187	弱	ruò	形
1188	洒	sǎ	动
1189	伞	sǎn	名
1190	散	sǎn	动
1191	散文	sǎnwén	名
1192	散	sàn	动
1193	扫	sǎo	动
1194	色	sè	名
1195	色彩	sècǎi	名
1196	森林	sēnlín	名
1197	杀	shā	动

1198	杀毒	shā//dú	
1199	沙漠	shāmò	名
1200	傻	shǎ	形
1201	晒	shài	动
1202	山区	shānqū	名
1203	扇	shān	动
1204	闪	shǎn	动
1205	闪电	shǎndiàn	名
1206	扇	shàn	量、名
1207	扇子	shànzi	名
1208	善良	shànliáng	形
1209	善于	shànyú	动
1210	伤害	shānghài	动
1211	商标	shāngbiāo	名
1212	商务	shāngwù	名
1213	赏	shǎng	动
1214	上海	Shànghǎi	名
1215	上级	shàngjí	名
1216	上门	shàng//mén	
1217	上下	shàngxià	名
1218	上涨	shàngzhǎng	动
1219	烧	shāo	动
1220	稍	shāo	副
1221	稍微	shāowēi	副
1222	蛇	shé	名
1223	舍不得	shěbude	动
1224	舍得	shěde	动
1225	设施	shèshī	名
1226	设想	shèxiǎng	动
1227	设置	shèzhì	动
1228	社	shè	名
1229	社区	shèqū	名
1230	射	shè	动
1231	射击	shèjī	动、名
1232	摄像	shèxiàng	动
1233	摄像机	shèxiàngjī	名
1234	摄影	shèyǐng	动
1235	摄影师	shèyǐngshī	名
1236	申请	shēnqǐng	动
1237	伸	shēn	动
1238	身材	shēncái	名
1239	身份	shēn·fèn	名
1240	身高	shēngāo	名
1241	深度	shēndù	名
1242	深厚	shēnhòu	形
1243	神	shén	名
1244	神话	shénhuà	名
1245	神经	shénjīng	名
1246	神秘	shénmì	形
1247	神奇	shénqí	形
1248	神情	shénqíng	名
1249	甚至	shènzhì	连
1250	生词	shēngcí	名
1251	声	shēng	名、量
1252	胜负	shèngfù	名
1253	剩	shèng	动
1254	失败	shībài	动、形
1255	失望	shīwàng	动、形
1256	失误	shīwù	动、名
1257	失业	shī//yè	

1258	师傅	shīfu	名
1259	诗	shī	名
1260	诗歌	shīgē	名
1261	诗人	shīrén	名
1262	湿	shī	形
1263	十足	shízú	形
1264	时常	shícháng	副
1265	时机	shíjī	名
1266	实惠	shíhuì	形、名
1267	实施	shíshī	动
1268	实用	shíyòng	形
1269	拾	shí	动
1270	食堂	shítáng	名
1271	使得	shǐde	动
1272	使劲	shǐ//jìn	
1273	士兵	shìbīng	名
1274	示范	shìfàn	动
1275	市区	shìqū	名
1276	式	shì	名
1277	似的	shìde	助
1278	势力	shìlì	名
1279	事物	shìwù	名
1280	事先	shìxiān	名
1281	试卷	shìjuàn	名
1282	试图	shìtú	动
1283	视频	shìpín	名
1284	是否	shìfǒu	副
1285	收购	shōugòu	动
1286	收回	shōu//huí	
1287	收获	shōuhuò	动、名
1288	收集	shōují	动
1289	收拾	shōushi	动
1290	收益	shōuyì	名
1291	手段	shǒuduàn	名
1292	手法	shǒufǎ	名
1293	手工	shǒugōng	名
1294	手术	shǒushù	名
1295	手套	shǒutào	名
1296	守	shǒu	动
1297	首	shǒu	量
1298	寿司	shòusī	名
1299	受不了	shòu bu liǎo	
1300	受灾	shòu//zāi	
1301	售货员	shòuhuòyuán	名
1302	瘦	shòu	形
1303	书法	shūfǎ	名
1304	书柜	shūguì	名
1305	书桌	shūzhuō	名
1306	叔叔	shūshu	名
1307	舒适	shūshì	形
1308	输出	shūchū	动
1309	蔬菜	shūcài	名
1310	熟练	shúliàn	形
1311	熟悉	shúxi	动
1312	暑假	shǔjià	名
1313	鼠	shǔ	名
1314	鼠标	shǔbiāo	名
1315	树林	shùlín	名
1316	树叶	shùyè	名
1317	数据	shùjù	名

1318	数码	shùmǎ	名
1319	数目	shùmù	名
1320	刷	shuā	动
1321	刷子	shuāzi	名
1322	摔	shuāi	动
1323	帅	shuài	形
1324	帅哥	shuàigē	名
1325	率领	shuàilǐng	动
1326	率先	shuàixiān	副
1327	水产品	shuǐchǎnpǐn	名
1328	水分	shuǐfèn	名
1329	水库	shuǐkù	名
1330	水灾	shuǐzāi	名
1331	睡眠	shuìmián	名
1332	顺序	shùnxù	名
1333	说不定	shuōbudìng	动、副
1334	说法	shuō·fǎ	名
1335	说服	shuōfú	动
1336	硕士	shuòshì	名
1337	私人	sīrén	名
1338	思考	sīkǎo	动
1339	思维	sīwéi	名
1340	四周	sìzhōu	名
1341	似乎	sìhū	副
1342	松	sōng	形、动
1343	松树	sōngshù	名
1344	搜	sōu	动
1345	搜索	sōusuǒ	动
1346	宿舍	sùshè	名
1347	塑料	sùliào	名
1348	塑料袋	sùliàodài	名
1349	酸	suān	形
1350	酸奶	suānnǎi	名
1351	随后	suíhòu	副
1352	随手	suíshǒu	副
1353	随意	suí//yì	
1354	随着	suízhe	介
1355	岁月	suìyuè	名
1356	碎	suì	形
1357	孙女	sūn·nǚ	名
1358	孙子	sūnzi	名
1359	损害	sǔnhài	动
1360	损失	sǔnshī	动、名
1361	缩短	suōduǎn	动
1362	缩小	suōxiǎo	动
1363	所在	suǒzài	名
1364	锁	suǒ	名、动
1365	台风	táifēng	名
1366	台阶	táijiē	名
1367	抬	tái	动
1368	抬头	tái//tóu	
1369	太空	tàikōng	名
1370	弹	tán	动
1371	躺	tǎng	动
1372	逃	táo	动
1373	逃跑	táopǎo	动
1374	逃走	táozǒu	动
1375	桃	táo	名
1376	桃花	táohuā	名
1377	桃树	táoshù	名

1378	讨厌	tǎo//yàn	
1379	套餐	tàocān	名
1380	特定	tèdìng	形
1381	特价	tèjià	名
1382	特殊	tèshū	形
1383	特性	tèxìng	名
1384	特有	tèyǒu	形
1385	特征	tèzhēng	名
1386	提倡	tíchàng	动
1387	提供	tígōng	动
1388	提起	tíqǐ	动
1389	提示	tíshì	动
1390	提醒	tí//xǐng	
1391	题材	tícái	名
1392	体操	tǐcāo	名
1393	体积	tǐjī	名
1394	体检	tǐjiǎn	动
1395	体力	tǐlì	名
1396	体重	tǐzhòng	名
1397	替	tì	动、介
1398	天才	tiāncái	名
1399	天然气	tiānránqì	名
1400	天文	tiānwén	名
1401	天真	tiānzhēn	形
1402	填	tián	动
1403	填空	tián//kòng	
1404	挑	tiāo	动
1405	挑选	tiāoxuǎn	动
1406	调节	tiáojié	动
1407	调解	tiáojiě	动
1408	调皮	tiáopí	形
1409	挑	tiǎo	动
1410	挑战	tiǎo//zhàn	
1411	贴	tiē	动
1412	厅	tīng	名
1413	停留	tíngliú	动
1414	挺	tǐng	动
1415	通用	tōngyòng	动
1416	通知书	tōngzhīshū	名
1417	同情	tóngqíng	动
1418	同屋	tóngwū	名
1419	童话	tónghuà	名
1420	童年	tóngnián	名
1421	统计	tǒngjì	动
1422	统一	tǒngyī	动、形
1423	痛快	tòng·kuài	形
1424	偷	tōu	动、副
1425	偷偷	tōutōu	副
1426	投	tóu	动
1427	投入	tóurù	动、名
1428	投诉	tóusù	动
1429	投资	tóuzī	名
1430	透	tòu	动
1431	透明	tòumíng	形
1432	突破	tūpò	动
1433	图案	tú'àn	名
1434	土地	tǔdì	名
1435	土豆	tǔdòu	名
1436	吐	tǔ	动
1437	吐	tù	动

1438	兔	tù	名
1439	团长	tuánzhǎng	名
1440	推迟	tuīchí	动
1441	推销	tuīxiāo	动
1442	推行	tuīxíng	动
1443	脱	tuō	动
1444	脱离	tuōlí	动
1445	袜子	wàzi	名
1446	外汇	wàihuì	名
1447	外交官	wàijiāoguān	名
1448	外界	wàijiè	名
1449	外套	wàitào	名
1450	弯	wān	形、动
1451	完了	wánle	连
1452	晚点	wǎn//diǎn	
1453	万一	wànyī	名、连
1454	王	wáng	名
1455	网络	wǎngluò	名
1456	网址	wǎngzhǐ	名
1457	微博	wēibó	名
1458	微笑	wēixiào	动、名
1459	微信	wēixìn	名
1460	为难	wéinán	形、动
1461	为期	wéiqī	动
1462	为止	wéizhǐ	动
1463	违法	wéi//fǎ	
1464	违反	wéifǎn	动
1465	违规	wéi//guī	
1466	围绕	wéirào	动
1467	唯一	wéiyī	形
1468	维持	wéichí	动
1469	维护	wéihù	动
1470	维修	wéixiū	动
1471	尾巴	wěiba	名
1472	委托	wěituō	动
1473	卫星	wèixīng	名
1474	未必	wèibì	副
1475	未来	wèilái	名
1476	位于	wèiyú	动
1477	位置	wèi·zhì	名
1478	味儿	wèir	名
1479	胃	wèi	名
1480	喂	wèi	动
1481	慰问	wèiwèn	动
1482	温和	wēnhé	形
1483	文艺	wényì	名
1484	稳	wěn	形
1485	稳定	wěndìng	形
1486	问候	wènhòu	动
1487	卧室	wòshì	名
1488	握	wò	动
1489	污染	wūrǎn	动
1490	污水	wūshuǐ	名
1491	屋	wū	名
1492	无	wú	动
1493	无法	wúfǎ	动
1494	无聊	wúliáo	形
1495	无论	wúlùn	连
1496	无奈	wúnài	动、连
1497	无数	wúshù	形

1498	无所谓	wúsuǒwèi	动
1499	无限	wúxiàn	形
1500	无疑	wúyí	动
1501	五颜六色	wǔyán-liùsè	
1502	舞	wǔ	名、动
1503	物价	wùjià	名
1504	物业	wùyè	名
1505	物质	wùzhì	名
1506	误会	wùhuì	动、名
1507	误解	wùjiě	动、名
1508	西瓜	xī·guā	名
1509	西红柿	xīhóngshì	名
1510	西装	xīzhuāng	名
1511	吸	xī	动
1512	吸管	xīguǎn	名
1513	吸收	xīshōu	动
1514	吸烟	xī//yān	
1515	吸引	xīyǐn	动
1516	喜爱	xǐ'ài	动
1517	喜剧	xǐjù	名
1518	戏	xì	名
1519	戏剧	xìjù	名
1520	系列	xìliè	名
1521	系统	xìtǒng	名、形
1522	细	xì	形
1523	细节	xìjié	名
1524	细致	xìzhì	形
1525	下降	xiàjiàng	动
1526	下载	xiàzài	动
1527	吓	xià	动
1528	夏	xià	名
1529	夏季	xiàjì	名
1530	先后	xiānhòu	名、副
1531	先前	xiānqián	名
1532	鲜	xiān	形
1533	鲜花	xiānhuā	名
1534	鲜明	xiānmíng	形
1535	鲜艳	xiānyàn	形
1536	闲	xián	形
1537	咸	xián	形
1538	显	xiǎn	动
1539	显著	xiǎnzhù	形
1540	县	xiàn	名
1541	现状	xiànzhuàng	名
1542	限制	xiànzhì	动、名
1543	线索	xiànsuǒ	名
1544	献	xiàn	动
1545	乡	xiāng	名
1546	乡村	xiāngcūn	名
1547	相处	xiāngchǔ	动
1548	相等	xiāngděng	动
1549	相反	xiāngfǎn	形、连
1550	相应	xiāngyìng	动
1551	香肠	xiāngcháng	名
1552	箱	xiāng	量
1553	箱子	xiāngzi	名
1554	详细	xiángxì	形
1555	享受	xiǎngshòu	动
1556	想念	xiǎngniàn	动
1557	想象	xiǎngxiàng	名、动

1558	向导	xiàngdǎo	名
1559	向上	xiàngshàng	动
1560	项	xiàng	量
1561	项目	xiàngmù	名
1562	相片	xiàngpiàn	名
1563	相声	xiàngsheng	名
1564	象征	xiàngzhēng	动、名
1565	消除	xiāochú	动
1566	消毒	xiāo//dú	
1567	消防	xiāofáng	动
1568	消费者	xiāofèizhě	名
1569	消化	xiāohuà	动
1570	消极	xiāojí	形
1571	销售	xiāoshòu	动
1572	小吃	xiǎochī	名
1573	小伙子	xiǎohuǒzi	名
1574	小偷儿	xiǎotōur	名
1575	小型	xiǎoxíng	形
1576	效率	xiàolǜ	名
1577	些	xiē	量
1578	歇	xiē	动
1579	协议	xiéyì	动、名
1580	协议书	xiéyìshū	名
1581	斜	xié	形
1582	心理	xīnlǐ	名
1583	心态	xīntài	名
1584	心疼	xīnténg	动
1585	辛苦	xīnkǔ	形、动
1586	欣赏	xīnshǎng	动
1587	新郎	xīnláng	名
1588	新娘	xīnniáng	名
1589	新鲜	xīn·xiān	形
1590	新型	xīnxíng	形
1591	信念	xìnniàn	名
1592	信箱	xìnxiāng	名
1593	兴奋	xīngfèn	形
1594	行驶	xíngshǐ	动
1595	形容	xíngróng	动
1596	形势	xíngshì	名
1597	形态	xíngtài	名
1598	型	xíng	名
1599	型号	xínghào	名
1600	醒	xǐng	动
1601	兴趣	xìngqù	名
1602	性能	xìngnéng	名
1603	性质	xìngzhì	名
1604	兄弟	xiōngdì	名
1605	胸部	xiōngbù	名
1606	熊	xióng	名
1607	休闲	xiūxián	动
1608	修复	xiūfù	动
1609	修建	xiūjiàn	动
1610	修理	xiūlǐ	动
1611	修养	xiūyǎng	名
1612	虚心	xūxīn	形
1613	许可	xǔkě	动
1614	选修	xuǎnxiū	动
1615	选择	xuǎnzé	动
1616	学分	xuéfēn	名
1617	学科	xuékē	名

1618	学年	xuénián	名
1619	学时	xuéshí	名
1620	学术	xuéshù	名
1621	学位	xuéwèi	名
1622	学问	xuéwen	名
1623	学者	xuézhě	名
1624	寻找	xúnzhǎo	动
1625	询问	xúnwèn	动
1626	迅速	xùnsù	形
1627	押金	yājīn	名
1628	鸭子	yāzi	名
1629	牙	yá	名
1630	牙刷	yáshuā	名
1631	亚军	yàjūn	名
1632	亚运会	Yàyùnhuì	名
1633	呀	ya	助
1634	延长	yáncháng	动
1635	延期	yán//qī	
1636	延伸	yánshēn	动
1637	延续	yánxù	动
1638	严	yán	形
1639	严格	yángé	形
1640	严厉	yánlì	形
1641	严肃	yánsù	形
1642	严重	yánzhòng	形
1643	言语	yányǔ	名
1644	研究	yánjiū	动
1645	研究生	yánjiūshēng	名
1646	研制	yánzhì	动
1647	盐	yán	名
1648	眼光	yǎnguāng	名
1649	眼镜	yǎnjìng	名
1650	眼泪	yǎnlèi	名
1651	眼里	yǎnli	名
1652	演讲	yǎnjiǎng	动
1653	阳台	yángtái	名
1654	养成	yǎngchéng	动
1655	腰	yāo	名
1656	邀请	yāoqǐng	动、名
1657	摇	yáo	动
1658	摇头	yáo//tóu	
1659	咬	yǎo	动
1660	药物	yàowù	名
1661	要	yào	连
1662	也好	yěhǎo	助
1663	业务	yèwù	名
1664	业余	yèyú	形
1665	叶子	yèzi	名
1666	夜间	yèjiān	名
1667	一流	yīliú	名、形
1668	医疗	yīliáo	动
1669	医学	yīxué	名
1670	依法	yīfǎ	副
1671	依旧	yījiù	动、副
1672	依据	yījù	动、名
1673	依靠	yīkào	动、名
1674	依然	yīrán	副
1675	依照	yīzhào	动、介
1676	一辈子	yíbèizi	名
1677	一带	yídài	名

1678	一旦	yídàn	名、副
1679	一路	yílù	名、副
1680	一律	yílǜ	副
1681	一下儿	yíxiàr	副
1682	一下子	yíxiàzi	副
1683	一向	yíxiàng	副
1684	一再	yízài	副
1685	一致	yízhì	形、副
1686	移	yí	动
1687	移动	yídòng	动
1688	移民	yímín	动、名
1689	遗传	yíchuán	动
1690	疑问	yíwèn	名
1691	乙	yǐ	名
1692	以便	yǐbiàn	连
1693	以及	yǐjí	连
1694	以内	yǐnèi	名
1695	以往	yǐwǎng	名
1696	一身	yìshēn	名
1697	义务	yìwù	名
1698	议论	yìlùn	动、名
1699	意识	yì·shí	名、动
1700	意味着	yìwèizhe	动
1701	意志	yìzhì	名
1702	因而	yīn'ér	连
1703	引	yǐn	动
1704	引导	yǐndǎo	动
1705	引进	yǐnjìn	动
1706	引起	yǐnqǐ	动
1707	饮料	yǐnliào	名
1708	饮食	yǐnshí	名
1709	印刷	yìnshuā	动
1710	应	yīng	动
1711	英勇	yīngyǒng	形
1712	营业	yíngyè	动
1713	赢得	yíngdé	动
1714	影子	yǐngzi	名
1715	应	yìng	动
1716	硬	yìng	形、副
1717	硬件	yìngjiàn	名
1718	拥抱	yōngbào	动
1719	拥有	yōngyǒu	动
1720	勇敢	yǒnggǎn	形
1721	勇气	yǒngqì	名
1722	用户	yònghù	名
1723	用途	yòngtú	名
1724	优惠	yōuhuì	形
1725	优良	yōuliáng	形
1726	优美	yōuměi	形
1727	优先	yōuxiān	动
1728	优秀	yōuxiù	形
1729	幽默	yōumò	形
1730	尤其	yóuqí	副
1731	邮局	yóujú	名
1732	犹豫	yóuyù	形
1733	友谊	yǒuyì	名
1734	有力	yǒulì	形
1735	有趣	yǒuqù	形
1736	有限	yǒuxiàn	形
1737	有着	yǒuzhe	动

1738	幼儿园	yòu'éryuán	名
1739	于是	yúshì	连
1740	羽毛球	yǔmáoqiú	名
1741	羽绒服	yǔróngfú	名
1742	雨水	yǔshuǐ	名
1743	语法	yǔfǎ	名
1744	语音	yǔyīn	名
1745	玉	yù	名
1746	玉米	yùmǐ	名
1747	预备	yùbèi	动
1748	预测	yùcè	动
1749	预订	yùdìng	动
1750	预科	yùkē	名
1751	预期	yùqī	动
1752	遇	yù	动
1753	遇见	yùjiàn	动
1754	元旦	Yuándàn	名
1755	园林	yuánlín	名
1756	原理	yuánlǐ	名
1757	原料	yuánliào	名
1758	原始	yuánshǐ	形
1759	原先	yuánxiān	名
1760	原则	yuánzé	名
1761	圆	yuán	形、名
1762	圆满	yuánmǎn	形
1763	怨	yuàn	动
1764	约会	yuē·huì	动、名
1765	约束	yuēshù	动
1766	月饼	yuèbing	名
1767	月底	yuèdǐ	名
1768	月光	yuèguāng	名
1769	月球	yuèqiú	名
1770	阅读	yuèdú	动
1771	阅览室	yuèlǎnshì	名
1772	晕	yūn	动、形
1773	运	yùn	动
1774	运动会	yùndònghuì	名
1775	运动员	yùndòngyuán	名
1776	运气	yùnqi	名
1777	运行	yùnxíng	动
1778	运用	yùnyòng	动
1779	灾	zāi	名
1780	灾害	zāihài	名
1781	灾难	zāinàn	名
1782	灾区	zāiqū	名
1783	再次	zàicì	副
1784	再三	zàisān	副
1785	在场	zàichǎng	动
1786	在乎	zàihu	动
1787	在内	zàinèi	动
1788	在于	zàiyú	动
1789	暂时	zànshí	形
1790	暂停	zàntíng	动
1791	赞成	zànchéng	动
1792	赞赏	zànshǎng	动
1793	赞助	zànzhù	动
1794	糟	zāo	形
1795	糟糕	zāogāo	形
1796	早点	zǎodiǎn	名
1797	早期	zǎoqī	名

1798	造型	zàoxíng	名
1799	增	zēng	动
1800	增产	zēng//chǎn	
1801	增大	zēngdà	动
1802	增多	zēngduō	动
1803	增强	zēngqiáng	动
1804	赠	zèng	动
1805	赠送	zèngsòng	动
1806	摘	zhāi	动
1807	展览	zhǎnlǎn	动
1808	展示	zhǎnshì	动
1809	展现	zhǎnxiàn	动
1810	占领	zhànlǐng	动
1811	占有	zhànyǒu	动
1812	战斗	zhàndòu	动、名
1813	战胜	zhànshèng	动
1814	战士	zhànshì	名
1815	战争	zhànzhēng	名
1816	涨	zhǎng	动
1817	涨价	zhǎng//jià	
1818	掌握	zhǎngwò	动
1819	丈夫	zhàngfu	名
1820	招呼	zhāohu	动
1821	招生	zhāo//shēng	
1822	招手	zhāo//shǒu	
1823	着	zháo	动
1824	着火	zháo//huǒ	
1825	着急	zháo//jí	
1826	召开	zhàokāi	动
1827	照相机	zhàoxiàngjī	名
1828	折	zhé	动
1829	针	zhēn	名
1830	针对	zhēnduì	动
1831	珍贵	zhēnguì	形
1832	珍惜	zhēnxī	动
1833	珍珠	zhēnzhū	名
1834	真诚	zhēnchéng	形
1835	真理	zhēnlǐ	名
1836	真相	zhēnxiàng	名
1837	诊断	zhěnduàn	动
1838	阵	zhèn	量
1839	振动	zhèndòng	动
1840	震惊	zhènjīng	形、动
1841	争论	zhēnglùn	动
1842	争议	zhēngyì	动
1843	征服	zhēngfú	动
1844	征求	zhēngqiú	动
1845	正版	zhèngbǎn	名
1846	正规	zhèngguī	形
1847	正义	zhèngyì	名、形
1848	证实	zhèngshí	动
1849	证书	zhèngshū	名
1850	政府	zhèngfǔ	名
1851	政治	zhèngzhì	名
1852	挣	zhèng	动
1853	之后	zhīhòu	名
1854	之间	zhījiān	名
1855	之类	zhīlèi	名
1856	之内	zhīnèi	名
1857	之前	zhīqián	名

1858	之外	zhīwài	名
1859	之下	zhīxià	名
1860	之一	zhīyī	名
1861	之中	zhīzhōng	名
1862	支	zhī	动
1863	支出	zhīchū	动、名
1864	支配	zhīpèi	动
1865	执行	zhíxíng	动
1866	直线	zhíxiàn	名、形
1867	值班	zhí//bān	
1868	职能	zhínéng	名
1869	职位	zhíwèi	名
1870	职务	zhíwù	名
1871	植物	zhíwù	名
1872	只不过	zhǐ búguò	
1873	指标	zhǐbiāo	名
1874	指挥	zhǐhuī	动、名
1875	指甲	zhǐjia	名
1876	指示	zhǐshì	动、名
1877	指责	zhǐzé	动
1878	至	zhì	动
1879	制订	zhìdìng	动
1880	制约	zhìyuē	动
1881	质量	zhìliàng	名
1882	治	zhì	动
1883	治安	zhì'ān	名
1884	治理	zhìlǐ	动
1885	治疗	zhìliáo	动
1886	智力	zhìlì	名
1887	智能	zhìnéng	名
1888	中断	zhōngduàn	动
1889	中介	zhōngjiè	名
1890	中秋节	Zhōngqiū Jié	名
1891	中央	zhōngyāng	名
1892	中药	zhōngyào	名
1893	终点	zhōngdiǎn	名
1894	终身	zhōngshēn	名
1895	终止	zhōngzhǐ	动
1896	种类	zhǒnglèi	名
1897	中毒	zhòng//dú	
1898	中奖	zhòng//jiǎng	
1899	众多	zhòngduō	形
1900	种	zhòng	动
1901	种植	zhòngzhí	动
1902	重量	zhòngliàng	名
1903	周期	zhōuqī	名
1904	竹子	zhúzi	名
1905	逐步	zhúbù	副
1906	逐渐	zhújiàn	副
1907	主办	zhǔbàn	动
1908	主导	zhǔdǎo	动、名
1909	主观	zhǔguān	形
1910	主管	zhǔguǎn	动、名
1911	主题	zhǔtí	名
1912	主体	zhǔtǐ	名
1913	主席	zhǔxí	名
1914	注册	zhù//cè	
1915	注射	zhùshè	动
1916	注视	zhùshì	动
1917	注重	zhùzhòng	动

1918	祝福	zhùfú	动
1919	祝贺	zhùhè	动
1920	著名	zhùmíng	形
1921	著作	zhùzuò	名
1922	抓紧	zhuā//jǐn	
1923	专辑	zhuānjí	名
1924	专利	zhuānlì	名
1925	专心	zhuānxīn	形
1926	转动	zhuǎndòng	动
1927	转告	zhuǎngào	动
1928	转化	zhuǎnhuà	动
1929	转换	zhuǎnhuàn	动
1930	转让	zhuǎnràng	动
1931	转身	zhuǎn//shēn	
1932	转弯	zhuǎn//wān	
1933	转向	zhuǎnxiàng	动
1934	转移	zhuǎnyí	动
1935	装饰	zhuāngshì	动、名
1936	装修	zhuāngxiū	动
1937	装置	zhuāngzhì	动、名
1938	撞	zhuàng	动
1939	追求	zhuīqiú	动
1940	准时	zhǔnshí	形
1941	资本	zīběn	名
1942	资产	zīchǎn	名
1943	资料	zīliào	名
1944	资源	zīyuán	名
1945	资助	zīzhù	动
1946	子弹	zǐdàn	名
1947	仔细	zǐxì	形
1948	紫	zǐ	形
1949	自	zì	介
1950	自豪	zìháo	形
1951	自杀	zìshā	动
1952	自信	zìxìn	动
1953	自愿	zìyuàn	动
1954	字母	zìmǔ	名
1955	综合	zōnghé	动
1956	总共	zǒnggòng	副
1957	总理	zǒnglǐ	名
1958	总数	zǒngshù	名
1959	总算	zǒngsuàn	副
1960	总体	zǒngtǐ	名
1961	总统	zǒngtǒng	名
1962	总之	zǒngzhī	连
1963	阻碍	zǔ'ài	动、名
1964	阻止	zǔzhǐ	动
1965	组织	zǔzhī	动、名
1966	嘴巴	zuǐba	名
1967	最初	zuìchū	名
1968	醉	zuì	动
1969	尊敬	zūnjìng	动、形
1970	尊重	zūnzhòng	动
1971	遵守	zūnshǒu	动
1972	作为	zuòwéi	介、动
1973	做梦	zuò//mèng	

三级词汇表（新增 1085 个）

序号	词语	拼音	词性
1	挨	ái	动
2	安检	ānjiǎn	动
3	罢工	bà//gōng	
4	罢了	bàle	助
5	白领	báilǐng	名
6	百分点	bǎifēndiǎn	名
7	办公	bàn//gōng	
8	办事处	bànshìchù	名
9	办学	bànxué	动
10	半决赛	bànjuésài	名
11	傍晚	bàngwǎn	名
12	保健	bǎojiàn	动
13	报刊	bàokān	名
14	报考	bàokǎo	动
15	抱歉	bàoqiàn	形
16	暴风雨	bàofēngyǔ	名
17	暴力	bàolì	名
18	暴露	bàolù	动
19	暴雨	bàoyǔ	名
20	爆	bào	动
21	爆发	bàofā	动
22	爆炸	bàozhà	动
23	悲惨	bēicǎn	形
24	背心	bèixīn	名
25	被告	bèigào	名
26	奔跑	bēnpǎo	动
27	本	běn	代、副
28	本地	běndì	名
29	本身	běnshēn	代
30	本土	běntǔ	名
31	本质	běnzhì	名
32	逼	bī	动
33	笔试	bǐshì	动
34	必将	bìjiāng	副
35	必修	bìxiū	形
36	闭	bì	动
37	边缘	biānyuán	名
38	编制	biānzhì	动
39	扁	biǎn	形
40	变更	biàngēng	动
41	变换	biànhuàn	动
42	变形	biàn//xíng	
43	便	biàn	副、连
44	遍地	biàndì	副
45	病房	bìngfáng	名
46	病情	bìngqíng	名
47	拨打	bōdǎ	动
48	波动	bōdòng	动
49	波浪	bōlàng	名
50	播	bō	动
51	不便	búbiàn	形、动
52	不料	búliào	连
53	不至于	búzhìyú	动
54	补考	bǔkǎo	动
55	补课	bǔ//kè	
56	补习	bǔxí	动
57	补助	bǔzhù	动、名

58	捕	bǔ	动
59	不成	bùchéng	动、形
60	不禁	bùjīn	副
61	不仅仅	bù jǐnjǐn	
62	不良	bùliáng	形
63	不通	bùtōng	动
64	部队	bùduì	名
65	采纳	cǎinà	动
66	踩	cǎi	动
67	参赛	cānsài	动
68	参展	cānzhǎn	动
69	餐	cān	量
70	残疾	cán·jí	名
71	残疾人	cán·jírén	名
72	残酷	cánkù	形
73	惨	cǎn	形
74	仓库	cāngkù	名
75	藏	cáng	动
76	操纵	cāozòng	动
77	厕所	cèsuǒ	名
78	侧	cè	名、动
79	测定	cèdìng	动
80	策划	cèhuà	动
81	策略	cèlüè	名
82	层面	céngmiàn	名
83	差距	chājù	名
84	差异	chāyì	名
85	查看	chákàn	动
86	拆迁	chāiqiān	动
87	产量	chǎnliàng	名
88	昌盛	chāngshèng	形
89	长短	chángduǎn	名
90	长假	chángjià	名
91	长久	chángjiǔ	形
92	长跑	chángpǎo	名
93	长远	chángyuǎn	形
94	常规	chángguī	名
95	常年	chángnián	副、名
96	厂商	chǎngshāng	名
97	场地	chǎngdì	名
98	场馆	chǎngguǎn	名
99	场景	chǎngjǐng	名
100	畅通	chàngtōng	形
101	超	chāo	动
102	超出	chāochū	动
103	炒	chǎo	动
104	炒股	chǎo//gǔ	
105	炒作	chǎozuò	动
106	车号	chēhào	名
107	车牌	chēpái	名
108	车展	chēzhǎn	名
109	撤离	chèlí	动
110	撤销	chèxiāo	动
111	撑	chēng	动
112	成	chéng	量
113	成分	chéngfèn	名
114	成品	chéngpǐn	名
115	承诺	chéngnuò	动
116	城区	chéngqū	名
117	城镇	chéngzhèn	名
118	持有	chíyǒu	动
119	冲击	chōngjī	动

120	充足	chōngzú	形
121	重建	chóngjiàn	动
122	重组	chóngzǔ	动
123	崇拜	chóngbài	动
124	宠物	chǒngwù	名
125	冲	chòng	介、动
126	出场	chū//chǎng	
127	出动	chūdòng	动
128	出访	chūfǎng	动
129	出路	chūlù	名
130	出面	chū//miàn	
131	出名	chū//míng	
132	出入	chūrù	动、名
133	出事	chū//shì	
134	出台	chū//tái	
135	出行	chūxíng	动
136	初等	chūděng	形
137	除	chú	介、动
138	厨师	chúshī	名
139	储存	chǔcún	动
140	处处	chùchù	副
141	处长	chùzhǎng	名
142	传媒	chuánméi	名
143	传输	chuánshū	动
144	传言	chuányán	名、动
145	船员	chuányuán	名
146	船长	chuánzhǎng	名
147	船只	chuánzhī	名
148	串	chuàn	量、动
149	窗口	chuāngkǒu	名
150	创办	chuàngbàn	动
151	创建	chuàngjiàn	动
152	创意	chuàngyì	名、动
153	此前	cǐqián	名
154	此事	cǐshì	名
155	此致	cǐzhì	动
156	次数	cìshù	名
157	从	cóng	副
158	醋	cù	名
159	村庄	cūnzhuāng	名
160	错过	cuòguò	动
161	搭	dā	动
162	搭档	dādàng	动、名
163	搭配	dāpèi	动
164	打动	dǎdòng	动
165	打断	dǎduàn	动
166	打发	dǎfa	动
167	打官司	dǎ guānsi	
168	打印机	dǎyìnjī	名
169	打造	dǎzào	动
170	大道	dàdào	名
171	大街	dàjiē	名
172	大力	dàlì	副
173	大米	dàmǐ	名
174	大批	dàpī	形
175	大赛	dàsài	名
176	大师	dàshī	名
177	大使	dàshǐ	名
178	担忧	dānyōu	动
179	单打	dāndǎ	名
180	诞生	dànshēng	动
181	党	dǎng	名

182	当	dàng	动
183	当成	dàngchéng	动
184	当天	dàngtiān	名
185	当作	dàngzuò	动
186	档	dàng	名
187	档案	dàng'àn	名
188	岛	dǎo	名
189	到期	dào//qī	
190	盗版	dàobǎn	名
191	道教	Dàojiào	名
192	道歉	dào//qiàn	
193	低头	dī//tóu	
194	低温	dīwēn	名
195	滴	dī	动、量
196	抵达	dǐdá	动
197	抵抗	dǐkàng	动
198	地板	dìbǎn	名
199	地名	dìmíng	名
200	地下室	dìxiàshì	名
201	电车	diànchē	名
202	电动	diàndòng	形
203	电力	diànlì	名
204	电器	diànqì	名
205	吊	diào	动
206	调研	diàoyán	动
207	跌	diē	动
208	定价	dìngjià	名
209	定时	dìngshí	动、名
210	定位	dìng//wèi	
211	动画	dònghuà	名
212	斗争	dòuzhēng	动、名
213	都市	dūshì	名
214	毒品	dúpǐn	名
215	赌	dǔ	动
216	赌博	dǔbó	动
217	渡	dù	动
218	端	duān	动
219	端午节	Duānwǔ Jié	名
220	队伍	duìwu	名
221	对抗	duìkàng	动
222	对外	duìwài	动
223	蹲	dūn	动
224	多半	duōbàn	数、副
225	多媒体	duōméitǐ	名
226	夺	duó	动
227	夺取	duóqǔ	动
228	恩人	ēnrén	名
229	儿科	érkē	名
230	发病	fā//bìng	
231	发电	fā//diàn	
232	发放	fāfàng	动
233	发怒	fā//nù	
234	发起	fāqǐ	动
235	发言人	fāyánrén	名
236	发炎	fāyán	动
237	法庭	fǎtíng	名
238	法语	Fǎyǔ	名
239	番	fān	量
240	番茄	fānqié	名
241	凡是	fánshì	副
242	繁殖	fánzhí	动
243	反抗	fǎnkàng	动

244	反问	fǎnwèn	动
245	反响	fǎnxiǎng	名
246	犯	fàn	动
247	犯规	fàn//guī	
248	犯罪	fàn//zuì	
249	防范	fángfàn	动
250	防守	fángshǒu	动
251	房价	fángjià	名
252	仿佛	fǎngfú	副
253	飞船	fēichuán	名
254	飞行员	fēixíngyuán	名
255	肺	fèi	名
256	分工	fēn//gōng	
257	分裂	fēnliè	动
258	分子	fènzǐ	名
259	愤怒	fènnù	形
260	风暴	fēngbào	名
261	峰会	fēnghuì	名
262	奉献	fèngxiàn	动
263	佛	fó	名
264	佛教	Fójiào	名
265	服	fú	动
266	浮	fú	动
267	父女	fùnǚ	名
268	父子	fùzǐ	名
269	负	fù	动、形
270	妇女	fùnǚ	名
271	复苏	fùsū	动
272	副	fù	量
273	副	fù	形
274	富人	fùrén	名
275	富有	fùyǒu	形、动
276	改装	gǎizhuāng	动
277	干涉	gānshè	动
278	肝	gān	名
279	杆	gǎn	名
280	赶忙	gǎnmáng	副
281	赶上	gǎn//·shàng	
282	敢于	gǎnyú	动
283	感人	gǎnrén	形
284	刚好	gānghǎo	副
285	岗位	gǎngwèi	名
286	港口	gǎngkǒu	名
287	高层	gāocéng	名、形
288	高档	gāodàng	形
289	高等	gāoděng	形
290	高峰	gāofēng	名
291	高考	gāokǎo	名
292	高科技	gāokējì	名
293	高手	gāoshǒu	名
294	稿子	gǎozi	名
295	歌唱	gēchàng	动
296	歌词	gēcí	名
297	歌星	gēxīng	名
298	革新	géxīn	动、名
299	工商	gōngshāng	名
300	公	gōng	形
301	公安	gōng'ān	名
302	公鸡	gōngjī	名
303	公众	gōngzhòng	名
304	公主	gōngzhǔ	名
305	攻击	gōngjī	动

306	供给	gōngjǐ	动
307	宫	gōng	名
308	巩固	gǒnggù	形、动
309	贡献	gòngxiàn	动、名
310	构建	gòujiàn	动
311	孤独	gūdú	形
312	孤儿	gū'ér	名
313	姑姑	gūgu	名
314	古典	gǔdiǎn	形
315	股	gǔ	量
316	股东	gǔdōng	名
317	股票	gǔpiào	名
318	故障	gùzhàng	名
319	顾	gù	动
320	刮	guā	动
321	拐	guǎi	动
322	关爱	guān'ài	动
323	关联	guānlián	动
324	观光	guānguāng	动
325	官司	guānsi	名
326	管道	guǎndào	名
327	光辉	guānghuī	名、形
328	广阔	guǎngkuò	形
329	轨道	guǐdào	名
330	跪	guì	动
331	国产	guóchǎn	形
332	国歌	guógē	名
333	国会	guóhuì	名
334	国旗	guóqí	名
335	国王	guówáng	名
336	果酱	guǒjiàng	名
337	果树	guǒshù	名
338	过渡	guòdù	动
339	过后	guòhòu	名
340	过时	guòshí	形
341	海报	hǎibào	名
342	海军	hǎijūn	名
343	海浪	hǎilàng	名
344	海外	hǎiwài	名
345	海湾	hǎiwān	名
346	海洋	hǎiyáng	名
347	好（不）容易	hǎo（bù）róngyì	形
348	好似	hǎosì	动
349	好转	hǎozhuǎn	动
350	好学	hàoxué	动
351	合约	héyuē	名
352	和谐	héxié	形
353	核心	héxīn	名
354	黑夜	hēiyè	名
355	狠	hěn	形
356	横	héng	动、形
357	衡量	héngliáng	动
358	宏大	hóngdà	形
359	洪水	hóngshuǐ	名
360	忽略	hūlüè	动
361	胡	hú	副
362	壶	hú	名、量
363	互动	hùdòng	动
364	户外	hùwài	名
365	护	hù	动
366	花费	huāfèi	动

367	花瓶	huāpíng	名
368	花生	huāshēng	名
369	化解	huàjiě	动
370	化学	huàxué	名
371	幻想	huànxiǎng	动、名
372	患者	huànzhě	名
373	皇帝	huángdì	名
374	回应	huíyìng	动
375	毁	huǐ	动
376	会话	huìhuà	动
377	会见	huìjiàn	动
378	会长	huìzhǎng	名
379	绘画	huìhuà	动
380	昏	hūn	动
381	混	hùn	动、副
382	混合	hùnhé	动
383	混乱	hùnluàn	形
384	活跃	huóyuè	形、动
385	火箭	huǒjiàn	名
386	机动车	jīdòngchē	名
387	机关	jīguān	名
388	机械	jīxiè	名
389	基督教	Jīdūjiào	名
390	激情	jīqíng	名
391	吉利	jílì	形
392	吉祥	jíxiáng	形
393	极端	jíduān	名、形
394	急救	jíjiù	动
395	疾病	jíbìng	名
396	集	jí	名、量
397	给予	jǐyǔ	动
398	加盟	jiāméng	动
399	家电	jiādiàn	名
400	家园	jiāyuán	名
401	嘉宾	jiābīn	名
402	假日	jiàrì	名
403	尖	jiān	形
404	监测	jiāncè	动
405	监督	jiāndū	动
406	捡	jiǎn	动
407	简介	jiǎnjiè	动、名
408	剑	jiàn	名
409	鉴定	jiàndìng	动、名
410	箭	jiàn	名
411	将军	jiāngjūn	名
412	讲课	jiǎng//kè	
413	酱	jiàng	名
414	酱油	jiàngyóu	名
415	骄傲	jiāo’ào	形、名
416	焦点	jiāodiǎn	名
417	脚印	jiǎoyìn	名
418	觉	jiào	名
419	教堂	jiàotáng	名
420	接收	jiēshōu	动
421	揭	jiē	动
422	街头	jiētóu	名
423	节	jié	动
424	节假日	jiéjiàrì	名
425	节能	jiénéng	动
426	节奏	jiézòu	名
427	杰出	jiéchū	形
428	结业	jié//yè	

429	截止	jiézhǐ	动
430	截至	jiézhì	动
431	解	jiě	动
432	解说	jiěshuō	动
433	界	jiè	名、后缀
434	借鉴	jièjiàn	动
435	金额	jīn'é	名
436	金钱	jīnqián	名
437	金融	jīnróng	名
438	尽	jìn	动、副
439	进攻	jìngōng	动
440	近日	jìnrì	名
441	近视	jìnshì	形
442	惊人	jīngrén	形
443	惊喜	jīngxǐ	形、名
444	精	jīng	形
445	精美	jīngměi	形
446	精品	jīngpǐn	名
447	井	jǐng	名
448	景	jǐng	名
449	景点	jǐngdiǎn	名
450	净	jìng	形、副
451	纠纷	jiūfēn	名
452	纠正	jiūzhèng	动
453	酒水	jiǔshuǐ	名
454	救命	jiù//mìng	
455	救援	jiùyuán	动
456	救助	jiùzhù	动
457	就算	jiùsuàn	连
458	局	jú	量
459	剧	jù	名

460	据	jù	介
461	捐	juān	动
462	捐款	juānkuǎn	名
463	捐赠	juānzèng	动
464	捐助	juānzhù	动
465	决	jué	副
466	决策	juécè	动、名
467	觉悟	juéwù	动、名
468	绝	jué	形、副
469	军队	jūnduì	名
470	军舰	jūnjiàn	名
471	军事	jūnshì	名
472	均	jūn	副
473	开创	kāichuàng	动
474	开关	kāiguān	名
475	开设	kāishè	动
476	开通	kāitōng	动
477	开头	kāitóu	名
478	开夜车	kāi yèchē	
479	看	kān	动
480	看管	kānguǎn	动
481	看得起	kàndeqǐ	动
482	看好	kànhǎo	动
483	看作	kànzuò	动
484	康复	kāngfù	动
485	抗议	kàngyì	动
486	考场	kǎochǎng	名
487	考题	kǎotí	名
488	科研	kēyán	动、名
489	客车	kèchē	名
490	肯	kěn	动

491	空军	kōngjūn	名
492	口试	kǒushì	动
493	扣	kòu	动
494	酷	kù	形
495	跨	kuà	动
496	快车	kuàichē	名
497	宽阔	kuānkuò	形
498	款	kuǎn	名、量
499	矿	kuàng	名
500	阔	kuò	形
501	啦	la	助
502	来往	láiwǎng	动
503	赖	lài	动、形
504	栏目	lánmù	名
505	蓝领	lánlǐng	名
506	懒	lǎn	形
507	牢	láo	形
508	老鼠	lǎoshǔ	名
509	老乡	lǎoxiāng	名
510	冷气	lěngqì	名
511	冷水	lěngshuǐ	名
512	礼堂	lǐtáng	名
513	里	lǐ	量
514	理	lǐ	动、名
515	理财	lǐ//cái	
516	理智	lǐzhì	名、形
517	力	lì	后缀
518	利	lì	名
519	联盟	liánméng	名
520	联赛	liánsài	名
521	联手	liánshǒu	动
522	凉鞋	liángxié	名
523	两手	liǎngshǒu	名
524	聊	liáo	动
525	聊天儿	liáo//tiānr	
526	料	liào	动
527	料	liào	名
528	裂	liè	动
529	灵活	línghuó	形
530	领取	lǐngqǔ	动
531	另	lìng	代、副
532	留言	liúyán	动、名
533	流感	liúgǎn	名
534	楼道	lóudào	名
535	楼房	lóufáng	名
536	陆军	lùjūn	名
537	录像	lùxiàng	动、名
538	录音机	lùyīnjī	名
539	路过	lùguò	动
540	露	lù	动
541	旅店	lǚdiàn	名
542	马车	mǎchē	名
543	嘛	ma	助
544	埋	mái	动
545	馒头	mántou	名
546	慢车	mànchē	名
547	盲人	mángrén	名
548	梅花	méihuā	名
549	美容	měiróng	动
550	美食	měishí	名
551	蒙	mēng	动
552	蒙	méng	动

553	猛	měng	形
554	棉	mián	名
555	免得	miǎnde	连
556	面向	miànxiàng	动
557	妙	miào	形
558	灭	miè	动
559	民歌	míngē	名
560	民工	míngōng	名
561	民警	mínjǐng	名
562	民意	mínyì	名
563	民主	mínzhǔ	名、形
564	名额	míng'é	名
565	名胜	míngshèng	名
566	名义	míngyì	名
567	名誉	míngyù	名、形
568	明日	míngrì	名
569	命	mìng	名
570	膜	mó	名
571	磨	mó	动
572	没收	mòshōu	动
573	墨水	mòshuǐ	名
574	母	mǔ	形、名
575	母鸡	mǔjī	名
576	母女	mǔnǚ	名
577	母子	mǔzǐ	名
578	墓	mù	名
579	奶粉	nǎifěn	名
580	奶牛	nǎiniú	名
581	难忘	nánwàng	动
582	内地	nèidì	名
583	内外	nèiwài	名
584	内衣	nèiyī	名
585	能否	néngfǒu	动
586	泥	ní	名
587	扭	niǔ	动
588	排行榜	páihángbǎng	名
589	判	pàn	动
590	盼望	pànwàng	动
591	泡	pào	动、名
592	炮	pào	名
593	陪同	péitóng	动
594	配置	pèizhì	动
595	皮球	píqiú	名
596	偏	piān	形、副
597	贫困	pínkùn	形
598	品牌	pǐnpái	名
599	聘请	pìnqǐng	动
600	平凡	píngfán	形
601	平方米	píngfāngmǐ	量
602	平衡	pínghéng	形
603	平台	píngtái	名
604	评	píng	动
605	评选	píngxuǎn	动
606	屏幕	píngmù	名
607	坡	pō	名
608	扑	pū	动
609	铺	pū	动
610	欺负	qīfu	动
611	奇妙	qímiào	形
612	企图	qǐtú	动、名
613	起点	qǐdiǎn	名
614	起诉	qǐsù	动

615	气氛	qì·fēn	名
616	恰当	qiàdàng	形
617	恰好	qiàhǎo	副
618	恰恰	qiàqià	副
619	牵	qiān	动
620	铅笔	qiānbǐ	名
621	谦虚	qiānxū	形
622	前方	qiánfāng	名
623	潜力	qiánlì	名
624	强盗	qiángdào	名
625	强化	qiánghuà	动
626	强势	qiángshì	名、形
627	强壮	qiángzhuàng	形
628	桥梁	qiáoliáng	名
629	巧妙	qiǎomiào	形
630	茄子	qiézi	名
631	切实	qièshí	形
632	侵犯	qīnfàn	动
633	亲属	qīnshǔ	名
634	亲眼	qīnyǎn	副
635	倾向	qīngxiàng	动、名
636	清	qīng	形、动
637	清洁	qīngjié	形
638	清洁工	qīngjiégōng	名
639	清明节	Qīngmíng Jié	名
640	清洗	qīngxǐ	动
641	情绪	qíngxù	名
642	求职	qiúzhí	动
643	球拍	qiúpāi	名
644	球星	qiúxīng	名
645	球员	qiúyuán	名
646	区分	qūfēn	动
647	渠道	qúdào	名
648	取款	qǔ//kuǎn	
649	取款机	qǔkuǎnjī	名
650	权	quán	名
651	权力	quánlì	名
652	全力	quánlì	名
653	全新	quánxīn	形
654	券	quàn	名
655	缺陷	quēxiàn	名
656	让座	ràng//zuò	
657	热点	rèdiǎn	名
658	热水	rèshuǐ	名
659	热水器	rèshuǐqì	名
660	热线	rèxiàn	名
661	人家	rénjiā	名
662	人权	rénquán	名
663	认同	rèntóng	动
664	日夜	rìyè	名
665	日语	Rìyǔ	名
666	融合	rónghé	动
667	如	rú	动、连
668	如一	rúyī	动
669	乳制品	rǔzhìpǐn	名
670	入	rù	动
671	入学	rù//xué	
672	若	ruò	连
673	塞	sāi	动
674	赛	sài	动
675	赛场	sàichǎng	名
676	三明治	sānmíngzhì	名

677	丧失	sàngshī	动
678	沙	shā	名
679	山峰	shānfēng	名
680	山谷	shāngǔ	名
681	山坡	shānpō	名
682	伤口	shāngkǒu	名
683	伤亡	shāngwáng	动、名
684	伤员	shāngyuán	名
685	商城	shāngchéng	名
686	上当	shàng//dàng	
687	上帝	Shàngdì	名
688	上市	shàng//shì	
689	上台	shàng//tái	
690	上演	shàngyǎn	动
691	勺	sháo	名
692	少儿	shào'ér	名
693	舌头	shétou	名
694	设计师	shèjìshī	名
695	涉及	shèjí	动
696	身	shēn	名、量
697	深化	shēnhuà	动
698	审查	shěnchá	动
699	升	shēng	量
700	升级	shēng//jí	
701	升学	shēng//xué	
702	升值	shēngzhí	动
703	生活费	shēnghuófèi	名
704	圣诞节	Shèngdàn Jié	名
705	盛行	shèngxíng	动
706	师父	shīfu	名
707	时而	shí'ér	副
708	时节	shíjié	名
709	时期	shíqī	名
710	时时	shíshí	副
711	时装	shízhuāng	名
712	识	shí	动
713	识字	shí//zì	
714	实践	shíjiàn	动、名
715	食欲	shíyù	名
716	市民	shìmín	名
717	事后	shìhòu	名
718	试点	shìdiǎn	动、名
719	适当	shìdàng	形
720	收藏	shōucáng	动
721	收取	shōuqǔ	动
722	收养	shōuyǎng	动
723	手续费	shǒuxùfèi	名
724	首	shǒu	名
725	首次	shǒucì	数量
726	首脑	shǒunǎo	名
727	首席	shǒuxí	名、形
728	首相	shǒuxiàng	名
729	书房	shūfáng	名
730	薯片	shǔpiàn	名
731	薯条	shǔtiáo	名
732	数学	shùxué	名
733	双打	shuāngdǎ	名
734	爽	shuǎng	形
735	水泥	shuǐní	名
736	税	shuì	名
737	顺	shùn	动、介、形
738	说明书	shuōmíngshū	名

739	司长	sīzhǎng	名
740	死亡	sǐwáng	动
741	四处	sìchù	名
742	寺	sì	名
743	送礼	sòng//lǐ	
744	送行	sòng//xíng	
745	素质	sùzhì	名
746	算了	suànle	动
747	虽	suī	连
748	岁数	suìshu	名
749	所	suǒ	助
750	踏实	tāshi	形
751	塔	tǎ	名
752	踏	tà	动
753	台灯	táidēng	名
754	太阳能	tàiyángnéng	名
755	叹气	tàn//qì	
756	探索	tànsuǒ	动
757	探讨	tàntǎo	动
758	趟	tàng	量
759	掏	tāo	动
760	特	tè	副
761	特地	tèdì	副
762	特快	tèkuài	形
763	特意	tèyì	副
764	疼痛	téngtòng	形
765	踢	tī	动
766	提交	tíjiāo	动
767	提升	tíshēng	动
768	天然	tiānrán	形
769	天堂	tiāntáng	名
770	天下	tiānxià	名
771	添	tiān	动
772	田	tián	名
773	田径	tiánjìng	名
774	田野	tiányě	名
775	跳水	tiàoshuǐ	动
776	听取	tīngqǔ	动
777	通报	tōngbào	动、名
778	通道	tōngdào	名
779	通红	tōnghóng	形
780	通话	tōng//huà	
781	通行	tōngxíng	动
782	通讯	tōngxùn	名
783	同	tóng	形、副、介
784	同胞	tóngbāo	名
785	同行	tóngháng	名
786	同期	tóngqī	名
787	同一	tóngyī	形
788	铜牌	tóngpái	名
789	头疼	tóuténg	形
790	投票	tóu//piào	
791	透露	tòulù	动
792	图书	túshū	名
793	徒弟	tú·dì	名
794	途径	tújìng	名
795	土	tǔ	形
796	团队	tuánduì	名
797	推出	tuīchū	动
798	退票	tuì//piào	
799	吞	tūn	动
800	托	tuō	动

801	拖	tuō	动
802	拖鞋	tuōxié	名
803	挖	wā	动
804	娃娃	wáwa	名
805	哇	wa	助
806	外币	wàibì	名
807	外部	wàibù	名
808	外出	wàichū	动
809	外观	wàiguān	名
810	外科	wàikē	名
811	外来	wàilái	形
812	外头	wàitou	名
813	外衣	wàiyī	名
814	外资	wàizī	名
815	弯曲	wānqū	形
816	顽皮	wánpí	形
817	顽强	wánqiáng	形
818	王后	wánghòu	名
819	王子	wángzǐ	名
820	网吧	wǎngbā	名
821	网页	wǎngyè	名
822	往后	wǎnghòu	名
823	往来	wǎnglái	动
824	往年	wǎngnián	名
825	危机	wēijī	名
826	威胁	wēixié	动
827	微波炉	wēibōlú	名
828	维生素	wéishēngsù	名
829	为何	wèihé	副
830	文娱	wényú	名
831	卧铺	wòpù	名
832	乌云	wūyún	名
833	无边	wúbiān	动
834	无关	wúguān	动
835	无效	wúxiào	动
836	舞蹈	wǔdǎo	名
837	物理	wùlǐ	名
838	物品	wùpǐn	名
839	误	wù	动
840	吸毒	xī//dú	
841	牺牲	xīshēng	动、名
842	洗衣粉	xǐyīfěn	名
843	戏曲	xìqǔ	名
844	细胞	xìbāo	名
845	细菌	xìjūn	名
846	先锋	xiānfēng	名
847	嫌	xián	动
848	险	xiǎn	形
849	线路	xiànlù	名
850	陷入	xiànrù	动
851	相	xiāng	副
852	响声	xiǎngshēng	名
853	想不到	xiǎngbudào	动
854	消耗	xiāohào	动、名
855	消灭	xiāomiè	动
856	小费	xiǎofèi	名
857	小麦	xiǎomài	名
858	小于	xiǎoyú	动
859	晓得	xiǎode	动
860	笑脸	xiàoliǎn	名
861	笑容	xiàoróng	名
862	笑声	xiàoshēng	名

863	协会	xiéhuì	名
864	协商	xiéshāng	动
865	协调	xiétiáo	动、形
866	协助	xiézhù	动
867	写字楼	xiězìlóu	名
868	写字台	xiězìtái	名
869	心灵	xīnlíng	名
870	心愿	xīnyuàn	名
871	心脏	xīnzàng	名
872	心脏病	xīnzàngbìng	名
873	新人	xīnrén	名
874	新兴	xīnxīng	形
875	薪水	xīnshui	名
876	信仰	xìnyǎng	动
877	信用	xìnyòng	名
878	兴旺	xīngwàng	形
879	行程	xíngchéng	名
880	形	xíng	名
881	凶	xiōng	形
882	凶手	xiōngshǒu	名
883	袖珍	xiùzhēn	形
884	悬	xuán	动
885	旋转	xuánzhuǎn	动
886	选拔	xuǎnbá	动
887	选举	xuǎnjǔ	动
888	学会	xuéhuì	名
889	学员	xuéyuán	名
890	血管	xuèguǎn	名
891	血液	xuèyè	名
892	循环	xúnhuán	动
893	压迫	yāpò	动
894	呀	yā	叹
895	烟花	yānhuā	名
896	沿	yán	介
897	沿海	yánhǎi	名
898	研发	yánfā	动
899	眼看	yǎnkàn	动、副
900	演奏	yǎnzòu	动
901	宴会	yànhuì	名
902	洋	yáng	形
903	仰	yǎng	动
904	养老	yǎng//lǎo	
905	氧气	yǎngqì	名
906	样	yàng	名、量
907	药品	yàopǐn	名
908	要不然	yàobùrán	连
909	要好	yàohǎo	形
910	要么	yàome	连
911	要素	yàosù	名
912	野	yě	形
913	野生	yěshēng	形
914	医药	yīyào	名
915	依次	yīcì	副
916	依赖	yīlài	动
917	一代	yídài	名
918	一道	yídào	副
919	一贯	yíguàn	形
920	仪器	yíqì	名
921	仪式	yíshì	名
922	遗憾	yíhàn	形、名
923	一齐	yìqí	副
924	一时	yìshí	名、副

925	一同	yìtóng	副
926	一行	yìxíng	名
927	艺人	yìrén	名
928	议题	yìtí	名
929	异常	yìcháng	形、副
930	意愿	yìyuàn	名
931	因	yīn	介、连
932	因素	yīnsù	名
933	阴谋	yīnmóu	名
934	阴影	yīnyǐng	名
935	音量	yīnliàng	名
936	音像	yīnxiàng	名
937	隐藏	yǐncáng	动
938	隐私	yǐnsī	名
939	印	yìn	动
940	英雄	yīngxióng	名
941	影迷	yǐngmí	名
942	影星	yǐngxīng	名
943	应对	yìngduì	动
944	应急	yìng//jí	
945	用处	yòngchù	名
946	用法	yòngfǎ	名
947	用品	yòngpǐn	名
948	用心	yòngxīn	名
949	优质	yōuzhì	形
950	游人	yóurén	名
951	游玩	yóuwán	动
952	游戏机	yóuxìjī	名
953	游行	yóuxíng	动
954	有关	yǒuguān	动
955	于	yú	介
956	娱乐	yúlè	动、名
957	愉快	yúkuài	形
958	与	yǔ	介、连
959	宇航员	yǔhángyuán	名
960	雨衣	yǔyī	名
961	预约	yùyuē	动
962	元素	yuánsù	名
963	园	yuán	名
964	园地	yuándì	名
965	原	yuán	形
966	原告	yuángào	名
967	原谅	yuánliàng	动
968	圆珠笔	yuánzhūbǐ	名
969	援助	yuánzhù	动
970	缘故	yuángù	名
971	远方	yuǎnfāng	名
972	约定	yuēdìng	动
973	乐曲	yuèqǔ	名
974	允许	yǔnxǔ	动
975	运作	yùnzuò	动
976	晕车	yùn//chē	
977	杂	zá	形
978	再生	zàishēng	动
979	再说	zàishuō	动、连
980	遭受	zāoshòu	动
981	遭遇	zāoyù	动、名
982	增进	zēngjìn	动
983	增值	zēngzhí	动
984	扎	zhā	动
985	扎实	zhāshi	形
986	炸	zhà	动

987	炸弹	zhàdàn	名
988	炸药	zhàyào	名
989	债	zhài	名
990	占据	zhànjù	动
991	战场	zhànchǎng	名
992	战略	zhànlüè	名
993	战术	zhànshù	名
994	战友	zhànyǒu	名
995	站台	zhàntái	名
996	章	zhāng	量
997	长	zhǎng	后缀
998	掌声	zhǎngshēng	名
999	丈	zhàng	量
1000	账	zhàng	名
1001	账户	zhànghù	名
1002	涨	zhàng	动
1003	障碍	zhàng'ài	名、动
1004	招	zhāo	动
1005	招聘	zhāopìn	动
1006	照样	zhàoyàng	副
1007	照耀	zhàoyào	动
1008	哲学	zhéxué	名
1009	镇	zhèn	动、名
1010	争夺	zhēngduó	动
1011	整顿	zhěngdùn	动
1012	整治	zhěngzhì	动
1013	正当	zhèngdàng	形
1014	政策	zhèngcè	名
1015	政党	zhèngdǎng	名
1016	政权	zhèngquán	名

1017	症状	zhèngzhuàng	名
1018	支撑	zhīchēng	动
1019	支援	zhīyuán	动、名
1020	枝	zhī	名、量
1021	知名	zhīmíng	形
1022	织	zhī	动
1023	职责	zhízé	名
1024	止	zhǐ	动
1025	只得	zhǐdé	副
1026	只顾	zhǐgù	副
1027	只管	zhǐguǎn	副
1028	指定	zhǐdìng	动
1029	指数	zhǐshù	名
1030	指头	zhǐtou	名
1031	至于	zhìyú	动、介
1032	智慧	zhìhuì	名
1033	中等	zhōngděng	形
1034	中华	Zhōnghuá	名
1035	中期	zhōngqī	名
1036	中外	zhōngwài	名
1037	忠心	zhōngxīn	名
1038	钟头	zhōngtóu	名
1039	肿	zhǒng	动
1040	种种	zhǒngzhǒng	代
1041	粥	zhōu	名
1042	珠宝	zhūbǎo	名
1043	诸位	zhūwèi	代
1044	主持人	zhǔchírén	名
1045	主角	zhǔjué	名
1046	主流	zhǔliú	名

1047	煮	zhǔ	动
1048	住宅	zhùzhái	名
1049	驻	zhù	动
1050	柱子	zhùzi	名
1051	专用	zhuānyòng	动
1052	转	zhuàn	动
1053	转动	zhuàndòng	动
1054	赚	zhuàn	动
1055	装备	zhuāngbèi	动、名
1056	壮观	zhuàngguān	形、名
1057	追究	zhuījiū	动
1058	捉	zhuō	动
1059	咨询	zīxún	动
1060	自来水	zìláishuǐ	名
1061	自我	zìwǒ	代
1062	自学	zìxué	动
1063	自言自语	zìyán-zìyǔ	
1064	宗教	zōngjiào	名
1065	总部	zǒngbù	名
1066	总监	zǒngjiān	名
1067	总经理	zǒngjīnglǐ	名
1068	总量	zǒngliàng	名
1069	奏	zòu	动
1070	租金	zūjīn	名
1071	足	zú	形、副
1072	足以	zúyǐ	动
1073	族	zú	名
1074	族	zú	后缀
1075	祖父	zǔfù	名
1076	祖国	zǔguó	名
1077	祖母	zǔmǔ	名
1078	钻	zuān	动
1079	最终	zuìzhōng	名
1080	罪	zuì	名
1081	罪恶	zuì'è	名
1082	作	zuò	动
1083	作废	zuòfèi	动
1084	作战	zuòzhàn	动
1085	座谈会	zuòtánhuì	名

附 4：基础中文语法等级大纲

一级

一、词类

（一）名词

【一 01】普通名词：妈妈、教室、词典、出租车、水平、精神

我爱妈妈。

他去教室。

我有一本词典。

他开出租车。

玛丽的中文水平很高。

他今天的精神不错。

【一 02】时间名词：年、月、日、小时、今天、星期、去年

2024 年 10 月 4 日　三个小时

今天星期二。

去年是 2023 年。

★时间表达

时点：今天上午十点半　周五下午两点一刻　晚上九点四十五

时段：一年　四个月　两天

【一 03】方位名词

（1）单音节方位名词：上、下、前、后、左、右、东、西、南、北、里、外、中

床上　楼下　山前　屋后　往左　往右　向东　向西　向南　向北　教室里　门外　心中

（2）双音节方位名词：上边、下边、前边、后边、左边、右边、东边、西边、南边、北边、里边、外边、中间、旁边、对面

桌子上边有一瓶水。

小狗在椅子下边。

小明在我前边，小丽在我后边。

银行在超市的左边。

图书馆右边是教学楼。

房子东边有一条小河，西边有一片菜地，南边有一个花园，北边有一座山。

衣服在包里边。

教室外边很冷。

他站在马克和田芳中间。

你坐在我旁边吧。

我要去对面的超市。

【一 04】名词重叠：人人、家家

这个字很简单，人人都会。

我们村发展得很好，家家都有车。

（二）动词

【一 05】普通动词：走、睡、病、出发、休息、看、写、打、喜欢、希望、参观、爱、想、像、姓、在、进行

下课了，我们走吧。

他很早就睡了。

奶奶病了。

你们什么时候出发？

咱们休息一会儿吧。

我看过这本小说。

他正在写作业呢。

你不能打人。

我喜欢游泳。

真希望妈妈能来中国看我。

我们下午去参观长城。

我爱我的家乡。

我想家了。

哥哥像妈妈，弟弟像爸爸。

我姓王，他姓李。

我在学校。

足球比赛正在进行。

【一 06】判断动词：是

山本是日本留学生。

他是我们的老师。

【一 07】能愿动词

（1）表示可能：会、能、可能

明天你会来吗？

一个小时能到吗？

今天不可能下雨。

（2）表示能够：可以

弟弟一次可以吃十个包子。

（3）表示必要：该、应该、需要

你该起床了。

学习应该认真。

我需要买一台新电脑。

（4）表示意愿：想、要、愿意、敢

我想去北京旅游。

我要跟你一起去。

山本不愿意去那里。

我不敢告诉爸爸这件事。

【一 08】动词重叠：AA、A 一 A、A 了 A、ABAB

看看　说说　试试　洗洗

看一看　说一说　试一试　洗一洗

看了看　说了说　试了试　洗了洗

参观参观　学习学习　介绍介绍　休息休息

（三）代词

【一 09】人称代词：我、你、您、他、她、我们、你们、他们、她们

我是中国人。

你好！

您贵姓？

他想去北京。

她很漂亮。

我们回学校，你们呢？

他们在打球。

她们都是学生。

【一 10】指示代词：这、那[1]、这儿、那儿、这里、那里、这些、那些、别的、有的、各、各位、每、任何

这是我的电脑。

那件衣服太贵了。

这儿风景很好。

我去那儿看看。

男同学站这里，女同学站那里。

这些水果很好吃。

那些书比较有意思。

你还买别的吗？

有的人在听歌，有的人在看手机。

各组都需要交一份报告。

各位，今天的会议每个人都要发言。

我每天早上都去公园跑步。

他不愿意和任何人联系。

【一 11】疑问代词：谁、什么、哪、哪儿、哪里、哪些、多[1]、多久、多少、几、怎么、怎么样、怎样

那个人是谁？
你喜欢什么水果？
他们在哪个班？
你去哪儿？
请问哪里有书店？
今天哪些同学没来上课？
这个房间有多大？
你们多久见一次？
有多少人参加比赛？
这支笔几块钱？
你怎么去学校？
那家饭馆怎么样？
你打算怎样做？

（四）形容词

【一 12】性质形容词：大、小、高、低、难、容易、安静、高兴、伤心、干净、漂亮

姐姐住大房间，妹妹住小房间。
哥哥很高，弟弟不太高。
那架飞机飞得很低。
这道题有点儿难。
这个汉字很容易写。
图书馆里边很安静。
他今天特别高兴。
奶奶去世了，她非常伤心。
她的房间很干净。
她买了一条漂亮的裙子。

【一 13】形容词重叠：AA、AABB

她的眼睛大大的，真好看。
大家都在安安静静地看书。

（五）数词

【一 14】零、一、二、三、四、五、六、七、八、九、十、百、千、万、亿、两、半、许多

十八　二百三十二　三千零五十　一万四千五百零六
三本书　四支笔　五辆车　六个小时　七个杯子　八张桌子　九台电脑　十把椅子
一百个学生　一千公里　一万块钱　十三亿人口　两斤半　许多作业
★序数表达：第一、第十、三楼、第七层、28 号楼、602 房间、47 路车
我今天是第一次爬长城。

这次考试，山本考了第十名。
教室在三楼。
老师们的办公室都在第七层。
28 号楼是教学楼。
玛丽住在 602 房间。
坐 47 路车可以到学校门口。

【一 15】概数表达：三十多岁、三个多小时、二三十个、一百来天
这个人三十多岁。
从这里到我家要三个多小时。
我们班有二三十个学生。
距离放假还有一百来天。

【一 16】分数表达：分之、百分之
我的收入只有他的四分之一。
我做完了三分之二的作业。
留学生人数占我校学生总人数的百分之十。

（六）量词

【一 17】名量词：杯、本、个、口、块、页、点、岁、家、间、层、封、件、条、位、门、句、辆、把、张、支、只、双、台、种、行、架、群、束、篇、份、座
一杯茶　一本杂志　一个包子　四口人　一块面包　一页纸　一点时间　一岁　一家饭店
一间办公室　一层楼　一封信　一件衣服　一条鱼　一位老师　一门课　一句话　一辆车
一把刀　一张纸　一支笔　一只猫　一双筷子　一台电视　一种运动　一行字　一架飞机
一群人　一束花　一篇文章　一份报纸　一座山

【一 18】度量衡量词：斤、公斤、米、公里
一斤苹果　一公斤鸡蛋　一米布　一公里路

【一 19】货币量词：元、角、分
一元钱　一角钱　一分钱

【一 20】时量词：分钟、年、天、周、刻
三分钟　两年　一天　五周　十点一刻

【一 21】动量词：次、回、下、遍、场、顿、眼
学一次　去一回　打三下　读一遍　看一场电影　吃一顿　看一眼

（七）副词

【一 22】否定副词：别、不、没、没有、不用
别忘了拿护照啊！

他不喝咖啡。
李华没去图书馆。
杰明没有带学生证。
银行的人不多，不用排队。

【一 23】**程度副词：很、太、非常、最、真、多[2]、多么、好、更、十分、特别、挺、有（一）点儿、比较、更加、相当**
今年冬天很冷。
那件衣服太贵了。
玛丽的中文说得非常标准。
我最喜欢吃苹果。
这家饭店的饭菜真便宜！
公园里空气多好啊！
桂林的景色多么美啊！
你弟弟好高啊！
他比姚明更高。
老师十分关心我的成绩。
这里的空气特别好。
我家离学校挺近的。
这个书包有（一）点儿大。
今年比较热。
他比以前更加认真了。
他的汉字写得相当好。

【一 24】**范围、协同副词：都[1]、一起、一块儿、全、一共、只、光、仅、仅仅、至少、到处**
孩子们都很可爱。
她和妈妈一起包饺子。
她们准备一块儿去公园。
我们班的同学全来了。
我们班一共有十六个人。
他只吃面条儿，不吃米饭。
他光吃饭不吃菜。
他们班仅有五名学生通过了 HSK 六级考试。
他仅仅用了一年的时间就学完了所有的课程。
他至少有五十岁了。
广场上到处都是人。

【一 25】**时间副词：马上、有时、在[1]、正、正在、刚、刚刚、还[1]、忽然、一直、已经、本来、曾经、从来、赶紧、赶快、立刻、连忙、始终、已、早已、先、然后、首先、永远、时刻**
我马上来。

他有时不吃早饭。
马可在写作业呢。
他正接电话呢。
王老师正在上课。
妈妈刚下飞机。
他刚刚从上海回来。
现在还在下雪呢。
刚才忽然停电了。
她一直在学中国画。
学校已经放假了。
我本来不打算假期去旅行，但是现在我改主意了。
白龙曾经来过中国。
艾力从来不请假。
你赶紧休息一下儿吧。
要下雨了，咱们赶快回去吧。
一开始上课，教室里立刻安静了。
听到孩子的哭声，妈妈连忙跑了过去。
她始终没有忘记他。
我们已做好了准备。
爷爷早已离开了我们。
我先去银行，然后去超市。
要想学好中文，首先得努力。
这件事你永远都不会明白的。
他在球场边时刻准备着参加比赛。

【一 26】**情态副词：必须、差不多、好像、一定、也许、大概、大约、恐怕**
要学好中文，必须多听多说多练。
他每个月差不多要花两千块钱。
田中好像感冒了。
你回国后一定要跟大家联系啊！
他明年也许会去美国留学。
奶奶大概因为年纪大了，最近经常忘事。
从我家走路到学校，大约需要 40 分钟。
已经九点了，他恐怕不会来了。

【一 27】**语气副词：才[1]、都[2]、就[1]、正好、白、并[1]、当然、到底、反正、根本、果然、简直、绝对、难道、其实、千万、确实、只好、终于、还是[1]、最好**
我昨天晚上十二点才睡。
都上午十一点了，你该起床了。
班长早上六点半就到教室了。

我和她的生日正好都是六月三号。
他没看我的信，我白写了。
他的中文水平并没有别人说的那么高。
妈妈当然爱自己的孩子。
你到底去不去旅游？
我不知道他们去不去，反正我去。
我根本不认识他。
你猜得没错，他果然报名了。
他的中文说得太好了，简直跟中国人一样。
他答应你的事绝对会去做的。
这件事难道大卫没告诉你吗？
我以为他是中国人，其实他是韩国人。
你明天千万不要忘了带护照。
今天的课文确实很难。
他的自行车坏了，只好走路回家。
经过多次努力，他终于成功了。
十多年过去了，他的性格还是没变。
明天学习新课，大家今天最好预习一下儿。

【一 28】**频率、重复副词：常（常）、再[1]、重新、经常、老、老是、又、还[2]、通常、往往、总、总是**

他常（常）去图书馆学习。
这儿的景色太美了，我们下个月再来吧。
这本小说我想重新看一遍。
我经常跟他一起吃饭。
他老（是）穿红色的衣服。
他又买了一个同样的手机。
我还想再看一遍这部电影。
他通常早上六点起床。
年轻人往往喜欢在网上买东西。
他总爱买一些实际上不需要的东西。
周末这个公园总是有很多人。

【一 29】**关联副词：还[3]、也、就[2]**

他会说英语，还会说中文。
他是留学生，我也是留学生。
如果明天下雨，我们就不去公园了。

【一 30】**方式副词：故意、互相、尽量、亲自、相互**

他故意没告诉大家这件事。
我们应该互相学习。

这两天天气不好，大家尽量少出门。
校长亲自打电话通知了我们活动的时间。
我们是朋友，应该相互理解、相互帮助。

（八）介词

【一 31】引出时间、处所、方向：当、在[2]、从、往、向、由[1]、朝、自从
当他赶到飞机场的时候，飞机已经起飞了。
我在武汉大学学中文。
从武汉到北京有一千多公里。
你往前走一百米就可以看到图书馆了。
那辆汽车向我们开来了。
请大家由北门进入学校。
这个大门是朝南的。
自从来到中国，我的中文越来越好了。

【一 32】引出目的、原因：为[1]、为了、由于[1]、因为[1]
老师为我们的好成绩高兴。
为了学好中文，他决定去中国留学。
由于身体原因，张老师提前退休了。
这场比赛因为天气原因取消了。

【一 33】引出对象：对、比、给、跟[1]、和[1]、离
爸爸对我要求很高。
他比我大两岁。
玛丽给妈妈买了一件礼物。
他在跟妈妈打电话。
哥哥准备今年和他的女朋友结婚。
图书馆离教室很近。

【一 34】引出工具、手段：通过
他终于通过自己的努力完成了这个任务。

【一 35】引出依据：按照、按
我们可以按照自己喜欢的方式生活。
我们必须按规定办理。

【一 36】引出施事、受事：把、被、让、叫
老师把作业放到了桌子上。
水被我喝完了。
自行车让田亮借走了。
手机叫我弄坏了。

【一 37】表示排除或加合：除了

除了山本，其他同学都来上课了。

李娜除了会说中文，还会说英语。

（九）连词

【一 38】连接词或短语：和[2]、跟[2]、或（者）、还是[2]

我买了面包和水果。

我爸爸跟妈妈都是医生。

我们可以星期六或（者）星期天去。

你去图书馆还是去教室？

【一 39】连接分句或句子：可是、但是、不过、但、如果、那么、因为[2]、所以、不但、不论、虽然、而且、只要、那[2]、要是、不仅、因此、并且、不光、另外、由于[2]、只有

我想去旅行，可是没时间。

这个公园虽然不大，但是很漂亮。

这个房间不太大，不过很舒服。

你的主意很好，但不是所有人都同意。

如果我去，那么他也会去。

因为天气不好，我们就不出去了。

他生病了，所以没来上课。

他不但会说中文，还会说英语。

不论做什么，他都很认真。

爷爷虽然七十多岁了，但走路很快。

我们不但要完成任务，而且要完成得很好。

你只要努力学习，就一定能取得好成绩。

如果你真的想去，那就去吧。

要是我能再努力一点儿，就能通过这次考试了。

他不仅喜欢唱歌，也喜欢跳舞。

他学习非常努力，因此成绩提高了很多。

我们讨论了这个问题，并且提出了解决办法。

不光我会开车，我妹妹也会开车。

我买了一些牛奶，另外还买了一些水果。

由于今天天气不好，我们决定下个星期六再去爬山。

只有多听多说，才能提高你的中文水平。

（十）助词

【一 40】结构助词

（1）的[1]：表示前边是定语

这是老师的书。

穿红衣服的那个女孩儿是我姐姐。

（2）地：表示前边是状语

小王大声地喊着他的名字。

妈妈高兴地说："周末我们去旅游。"

（3）得：表示后边是补语

你画得很不错。

他中文说得很流利。

【一 41】动态助词

（1）了[1]：表示动作的完成或实现

我吃了两个包子。

她买了一件衬衣。

（2）着：表示动作的进行或状态的持续

外边下着雨。

门关着，灯开着。

（3）过：表示经历

我去过北京。

他看过中文电影。

【一 42】语气助词

（1）了[2]：表示变化

天冷了。

我会骑自行车了。

（2）呢

①表示进行

我在吃饭呢。

他正忙着呢。

②表示询问

他是美国人，小李呢？

你去不去呢？

（3）吧：表示猜测、建议

他今天生病了吧？

我们去散步吧。

（4）吗：表示疑问

你是中国人吗？

她是王老师吗？

（5）啊：表示感叹

他的中文说得真好啊！

今天的作业真多啊！

（6）的²：表示强调

我是从湖南来的。

他是坐飞机来的。

【一43】其他助词：等、的话

我喜欢游泳、打球、跑步等运动。

明天天气好的话，我们就去爬山。

二、句类

【一44】陈述句

我们明天去公园。

爸爸不喝酒。

他不会不知道。

【一45】疑问句

（1）是非问

他是留学生吗？

你喝茶吗？

（2）选择问

你是北方人还是南方人？

你喝茶还是（喝）咖啡？

（3）正反问

小李去不去上海？

你吃没吃过饺子？

你昨天复习了没有？

昨天的考试难不难？

这件衣服漂（亮）不漂亮？

这双鞋合适不（合适）？

（4）特指问

你是哪国人？

你找谁？

你吃什么？

你几点下课？

你们什么时候放假？

你们去哪儿玩儿？

你们班有多少个女生？

他们是怎么去的？

【一46】祈使句

请坐！

咱们别去了！

【一47】**感叹句**

今天真冷啊！

多可爱的小朋友啊！

三、句子成分及句型

（一）句子成分

【一48】**主语：名词/代词/名词性短语作主语**

中文不难。

他今天有课。

这本书很有意思。

【一49】**谓语**

（1）动词/动词性短语/形容词/形容词性短语作谓语

她哭了。

你休息一会儿。

昨天热，今天冷。

这个苹果真甜。

（2）名词/代词/数词/数量短语/名词性短语作谓语

明天阴天。

这本书怎么样？

我三十，我妹妹二十八。

那个包八十块。

她高个子，大眼睛。

【一50】**宾语：名词/代词/名词性短语作宾语**

爸爸喝啤酒。

姐姐照顾他。

王老师教一班和三班。

【一51】**定语：名词性词语/形容词性词语/数量短语作定语**

这是中文词典。

新电脑有点儿重。

我买了三斤香蕉。

【一52】**状语**

（1）副词/形容词作状语

哥哥不喜欢她。

孩子们在认真学习呢。

（2）表示时间、处所的词语作状语

爸爸星期五不上班。

他在图书馆看书。

【一 53】补语

（1）状态补语 1：动词 + 得 + 形容词性词语

老师说得有点儿快。

他的汉字写得很好。

（2）结果补语 1：动词 + 错 / 懂 / 干净 / 好 / 会 / 清楚 / 完

对不起，我刚才说错了。

老师讲得很清楚，我们都听懂了。

这些衣服不太脏，我都洗干净了。

队员们已经准备好了，八点出发吧。

你学会骑自行车了吗？

你能看清楚黑板上的字吗？

我们已经学完第一课了。

（3）数量补语 1

①动词 + 动量补语

我吃过一次饺子。

请再读一遍。

②形容词 + 数量补语

她认识的词比我多一点儿。

今天的气温比昨天高三度。

（4）趋向补语 1

简单趋向补语：动词 + 来 / 去 / 上 / 下 / 进 / 出 / 回 / 过 / 起 / 开

张老师朝我们走来了。

玛丽给他带去了一封信。

我已经爬上楼了。

客人们都坐下了，晚会开始了。

老师走进教室了。

奶奶从钱包里拿出一块钱。

她跑回房间了。

车刚从我身边开过。

他拿起书包走了。

他跑开了。

（二）句型

【一 54】动词谓语句

妈妈喜欢做饭。

妹妹不想去医院。

【一55】**形容词谓语句**

教室很干净。

这个苹果甜，那个苹果不甜。

【一56】**名词谓语句**

明天周末。

他英国人。

【一57】**非主谓句**

上课了。

太好了！

四、特殊句式

【一58】**“是”字句**

（1）**表示等同或类属**

这是中文书。

他爸爸是老师，不是医生。

（2）**表示说明或特征**

我的笔是黑的。

这个杯子是干净的。

（3）**表示存在**

银行旁边是一家超市。

一号楼东边是图书馆。

【一59】**“有”字句1**

（1）**表示领有**

我有一个哥哥。

一年有十二个月。

（2）**表示存在**

学校西边有很多商店。

教室里没有人。

（3）**表示估计、达到**

这些苹果有十斤重。

这张桌子有一米长。

（4）**表示比较**

他有哥哥那么高。

这件衣服有那件好看吗？

【一 60】比较句 1

（1）A 比 B + 形容词

妹妹比我高。

这本书比那本好。

（2）A 没有 B + 形容词

我没有他高。

这个手机没有那个贵。

（3）A 比 B + 形容词 + 数量补语

弟弟比我重十斤。

他的电脑比我的贵得多。

（4）A 比 B + 更 / 还 + 形容词

他的车比我的更贵。

这儿的天气比你们那儿还热。

（5）A 不如 B（+ 形容词）

我的中文水平不如我朋友。

我这次考试的成绩不如上次好。

（6）A 有 B（+ 这么 / 那么）+ 形容词

你有爸爸高吗？

这本书有词典那么重。

（7）A 跟 B 相同 / 一样

我的爱好跟大卫的相同。

她跟我一样，都是这个大学的老师。

（8）A 跟 / 和 B 一样 + 形容词

这件衣服跟那件一样漂亮。

这个包和那个包不一样重。

【一 61】连动句 1：表示前后动作先后发生

王老师下班回家了。

妈妈开门进来了。

【一 62】双宾语句

（1）主语 + 动词 + 宾语 1 + 宾语 2

哥哥送我一辆自行车。

王老师教我们听力课。

（2）主语 + 动词 + 给 + 宾语 1 + 宾语 2

她借给同学一本词典。

朋友还给我两百块钱。

【一 63】“是……的”句 1：强调时间、地点、方式、动作者等

她是早上七点到教室的。

我是在网上买的电脑。
我爸爸是坐火车来的中国。
这件事是小张通知我的。

【一 64】**“把”字句 1**

（1）主语 + 把 + 宾语 + 动词 + 在 / 到 + 处所
他把银行卡放在钱包里了。
妈妈把孩子送到了学校。

（2）主语 + 把 + 宾语 1 + 动词（+ 给）+ 宾语 2
他把礼物送给玛丽了。
我把自行车借给大卫了。

【一 65】**被动句 1：主语 + 被 / 叫 / 让 + 宾语 + 动词 + 其他成分**
他被这部电影感动了。
杯子叫弟弟打破了。
自行车让他骑走了。

【一 66】**存现句 1：表示存在**

（1）处所 + 有 / 是（+ 数量短语）+ 名词
教室里有十几把椅子。
超市西边是一家银行。

（2）处所 + 动词 + 着（+ 数量短语）+ 名词
墙上挂着两张地图。
教室门口站着一位同学。

五、固定格式

【一 67】**越来越……**
他的中文越来越好。
天气越来越冷。
我越来越喜欢中国文化。

【一 68】**又……又……**
坐火车又快又便宜。
这个苹果又大又甜。
她的眼睛又大又亮。

【一 69】**当……时 / 的时候**
当我有困难时，他总是热情地帮助我。
当你过马路的时候，一定要注意安全。
当爸爸到家的时候，孩子已经睡了。

【一 70】要 / 快要 / 就要……了

要上课了。

春天快要来了。

我们下周就要考试了。

【一 71】边……边……

我们边走边说吧。

上课的时候，你应该边听边记。

你可以边看边想，不明白再问老师。

【一 72】挺……的

这部电影挺好看的。

这件衣服我挺喜欢的。

她中文说得挺流利的。

【一 73】对……有好处

喝酒对身体没有好处。

看中国电影对学习中文有好处。

长时间玩儿手机对眼睛没有好处。

【一 74】还是……吧

打车太贵了，你还是坐公共汽车吧。

明天有考试，我们还是赶快复习吧。

天气越来越冷了，你还是多穿点儿衣服吧。

【一 75】（在）……以前 / 以后 / 前 / 后

来中国以前，我不会说中文。

吃完晚饭以后，爷爷常常去外面散步。

他睡觉前喝了一杯牛奶。

我明天下班后去找你。

六、复句

（一）递进复句

【一 76】不但……，（而且）……

她不但会游泳，而且游得非常好。

不但我会说中文，我姐姐也会说中文。

【一 77】……，更 / 还……

这部手机很贵，那部更贵。

小时候哥哥很喜欢我，给我买好吃的，还经常带我一起玩儿。

【一 78】不用关联词语

我认识他，认识很久了。

我哥哥会游泳，游得非常好。

（二）转折复句

【一 79】虽然……，但是 / 可是……

这个公园虽然不大，但是环境很好。

他虽然年纪不大，可是个子很高。

【一 80】……，不过……

今天晚上有一个晚会，不过我没有时间参加。

他身体不舒服，不过还是来上课了。

【一 81】不用关联词语

他年纪不大，本事不小。

弟弟个子不高，力量不小。

（三）因果复句

【一 82】因为……，所以……

因为下雨，所以我不能去外边玩儿了。

他因为病了，所以没去上班。

【一 83】……，因此……

她今天身体不太舒服，因此没来上课。

我们学校有很多留学生，因此被叫作“小联合国”。

【一 84】不用关联词

我累了，不想出去跑步了。

没时间了，我们打车去吧。

（四）条件复句

【一 85】只要……，就……

只要你努力，就一定会成功。

只要有时间，我就去电影院看电影。

（五）假设复句

【一 86】如果 / 要是 ……（的话），就……

如果你今天没空儿（的话），我们就明天再一起吃饭吧。

要是你想去（的话），我就跟你一起去。

【一 87】不用关联词语

你不明白，可以去问老师。

你假期有时间，可以跟我一起去南方旅行。

（六）承接复句

【一 88】先……，再 / 然后 / 接着……，最后……

你先做完作业，再去玩儿。

我们先学生词，然后学课文，最后做练习。

昨天我和朋友去商场，我们先买了一些衣服，接着去看了一场电影，最后一起吃了饭。

【一 89】不用关联词语

他打开书包，拿出了一本中文书。

大卫吃了晚饭，去图书馆学习了。

（七）并列复句

【一 90】一边……，一边……

不要一边吃饭，一边玩儿手机。

她一边工作，一边学中文。

【一 91】不用关联词语

学校里有商店，没有银行。

我喜欢游泳，哥哥喜欢跑步。

（八）选择复句

【一 92】（是）……，还是……

你喝茶，还是喝咖啡？

今天是星期六，还是星期日？

【一 93】不用关联词语

你今天回来，明天回来？

你吃米饭，吃面条儿？

（九）紧缩复句

【一 94】一……就……

我一下飞机就给你打电话。

他一放假就回国了。

二级

一、词类

（一）动词

【二 01】**能愿动词**

表示必要：得

你得多准备几件衣服。

考试以前，我得好好复习复习。

【二 02】**动宾式离合动词：跑步、游泳、帮忙、点头、放假、干杯、见面、结婚、离婚、睡觉、考试、跳舞、洗澡、看病、理发、说话**

我跑完步就回宿舍了。

我想下班后去游个泳。

你能帮我一个忙吗？

她只是对我点了一下儿头，什么都没说。

公司给他放了一个长假。

咱们干一杯吧。

周末我和她见了一次面。

叔叔结过两次婚。

她离过一次婚。

我昨天晚上睡了一个好觉。

他考完试就走了。

玛丽跳了一支舞。

我洗完澡就去睡觉。

我在这个医院看过一次病。

他一个月理一次发。

我没有跟他说过话。

【二 03】**动补式离合词：打开、看见、离开、完成**

我打不开这扇门。

你看得见那个字吗？

小孩子离不开父母。

这项工作我们完得成。

（二）代词

【二 04】**疑问代词的非疑问用法**

（1）任指用法

①疑问代词 + 都

谁都认识她。
你说什么都是对的。
你什么时候找我都可以。
这个周末我哪儿都没去。
你让我怎么做都行。

②疑问代词＋疑问代词

你随便挑，喜欢哪件就买哪件。
你想给谁打电话就给谁打吧。
你几点下课咱们就几点出发。
你怎么教，我就怎么学。
他们各说各的，谁也不能说服谁。

（2）不定指用法

我们吃点儿什么再出发吧。
你出门这几天，请谁来照顾一下儿小狗吧。
我好像在哪儿见过他。

（三）数词

【二 05】倍数的表达：倍

今年爷爷的年龄是爸爸的两倍。
公司这个月的收入比上个月增加了一倍。

（四）量词

【二 06】名量词：些、棵、打、袋、根、卷、批、朵、幅、扇、届、颗、匹

一些东西　一棵白菜　一打鸡蛋　一袋面包　一根香蕉　一卷纸　一批货　一朵云
一幅字　一扇门　一届毕业生　一颗星星　一匹马

【二 07】度量衡量词：尺、寸、毫米、毫升、厘米、平方

一尺布　长一寸　多三毫米　一百毫升牛奶　五厘米宽　一百平方

【二 08】时量词：秒

两秒　一分三十秒

【二 09】动量词：口、刀、针、声

吃一口　切一刀　打两针　说一声

【二 10】量词重叠：个个、本本、句句、次次、件件、条条、回回、顿顿、天天、年年

同学们个个都很努力。
本本作业老师都看了。
田芳说的句句都是真话。
丁玲玲次次比赛跑第一。
这家店的衣服我件件都喜欢。

条条道路通北京。
回回都是马克请我看电影。
小白顿顿要吃肉。
李静天天运动。
我们年年都回农村老家过年。

【二 11】**借用名量词：碗、脸、手、屋子、桌子**
一碗面条儿　一脸汗　一手油　一屋子书　一桌子菜

（五）副词

【二 12】**否定副词：未必**
他说的未必都对。
今天未必下雨。

【二 13】**程度副词：还[4]、格外、极、极其、过于、可[1]、稍、稍微、尤其**
妈妈做饭不好吃，爸爸做饭还好吃一些。
今天天气格外好。
她说话的声音极小。
他今天极其开心。
这不是个大问题，你不要过于担心了。
她唱歌唱得可好听了
这件衣服有点儿短，有稍长一点儿的吗？
请大家稍微快一点儿啊，我们要迟到了。
我喜欢吃中国菜，尤其是北京烤鸭。

【二 14】**范围、协同副词：就[3]、共、大多、大都**
这个消息他就告诉了玛丽一个人。
这个村共有三百多人。
早上公园里的人大多是老人。
我们班的同学大都来自欧洲。

【二 15】**时间副词：才[2]、按时、即将、急忙、渐渐、不时、将[1]、将要、仍旧、时常、依旧、一向**
他才下班，还没到家。
他每天都按时起床。
电影即将开始。
李老师接到通知后，急忙去了学校。
我渐渐适应了这儿的生活。
玛丽上课不专心，不时往外看。
大学毕业后，他将去国外留学。
他们公司将要在上海开一家新公司。
这么多年过去了，他仍旧住在那间老房子里。

爷爷时常想起过去的事情。
明天我依旧在老地方等你。
他的发音一向很标准。

【二 16】**情态副词：几乎、似乎**
学过的语法我几乎都忘了。
她似乎对这部电影不感兴趣。

【二 17】**语气副词：的确、反而、还[5]、竟然、究竟、毕竟、不免、差（一）点儿、倒是、干脆、就[4]、居然、可[2]、明明、总算**
他说的的确是真的。
雨不但没停，反而越来越大。
他还真厉害，电脑很快就修好了。
她竟然不知道妈妈的生日。
你究竟想不想学中文？
不习惯很正常，你毕竟刚来中国。
女儿很晚还没回家，妈妈不免有些担心。
我差（一）点儿没赶上今天的飞机。
哥哥很粗心，弟弟倒是很细心。
这个人不讲道理，我们干脆不跟他合作了。
妈妈不让他去，他就要去。
他居然已经五十岁了。
你可不要忘了明天的聚会啊。
我的手机刚才明明放在这儿了，怎么不见了呢？
这个学期总算结束了。

【二 18】**频率、重复副词：一再、再三、偶尔、再次**
妈妈一再告诉孩子过马路要小心。
医生再三提醒病人要按时吃药。
我偶尔会在图书馆碰到他。
今天再次回到母校，我很激动。

【二 19】**关联副词：再[2]、却**
想清楚了再告诉我你的决定吧。
这家餐厅虽然不大，环境却很好。

【二 20】**方式副词：偷偷、默默**
妈妈偷偷把礼物放到了孩子的房间里。
他没说一句话，默默地离开了。

（六）介词

【二 21】**引出时间、处所、方向：自、随着**

自毕业后，我再也没见过她。

随着夏天的到来，天气越来越热了。

【二 22】**引出对象：为 ^{2}、对于、关于、替**

上课前，玛丽为老师准备了一瓶水。

对于他的家庭，我了解得很少。

关于幸福，不同的人有不同的理解。

你通过了考试，老师真替你高兴。

【二 23】**引出依据：根据、作为**

这本小说是根据真实的故事创作的。

作为家长，我们应该多鼓励孩子。

【二 24】**引出施事、受事：将 ^{2}、由 ^{2}**

他将这件事告诉了老师。

这次事故是由张东造成的。

（七）连词

【二 25】**连接词或短语：并 ^{2}、以及**

经理同意并支持他的做法。

王老师、张老师以及另外几名老师都谈了这个问题。

【二 26】**连接分句或句子：不管、即使、否则、尽管、然而、无论、于是、既然、而、甚至、此外、可见、假如、总之、从而、加上、完了**

不管你的决定是什么，我们都支持你。

即使生病了，她也要坚持工作。

你快点儿吧，否则我们就要迟到了。

尽管这次考试有点儿难，但大多数同学都通过了。

这个项目很难，然而我们都很有信心。

无论你做什么，我们都支持你。

这里没有咖啡，于是我点了一杯果汁。

既然你已经决定了，那就去做吧。

他喜欢安静，而我喜欢热闹。

这个汉字很难，甚至很多中国人都不认识。

我们要认真预习，此外还要认真复习。

他们一直在困难的时候相互帮助，可见他们是很好的朋友。

假如别人误会了你，你会怎么做？

总之，不管你选择什么专业，都要努力学习。

老师采取了新的教学方法，从而提高了学生的学习兴趣。

她本来就聪明，加上很努力，所以成绩一直很好。

大家快点儿干啊，完了还有别的任务。

（八）助词

【二 27】其他助词：似的、也好

你看他画的画儿，像真的似的。

你理解也好，不理解也好，都得按照规定去做。

二、句子成分及句型

（一）句子成分

【二 28】主语

（1）动词 / 动词性短语 / 形容词 / 形容词性短语作主语

笑是最美的语言。

打篮球是我的爱好。

诚实是做人的基本原则。

太着急容易出错。

（2）主谓短语作主语

大家都参加最好。

身体健康很重要。

（3）受事成分作主语

作业写完了。

房间打扫干净了。

【二 29】宾语：动词 / 动词性短语 / 形容词 / 形容词性短语 / 主谓短语作宾语

她很喜欢笑。

下个星期我打算去北京出差。

我喜欢热闹，他喜欢安静。

我觉得很幸福。

父母都希望孩子健康快乐。

【二 30】定语

（1）动词 / 动词性短语 / 主谓短语作定语

你认识那个跑步的小男孩儿吗?

参加考试的学生请不要迟到。

他讲的情况很常见。

（2）多项定语

桌子上有五个漂亮的彩色小蛋糕。

她刚买的那条红色裙子不见了。

【二 31】补语

（1）程度补语 1：形容词 / 心理动词 + 得很 / 极了 / 死了

他困得很。
这首歌好听极了。
这道题难死了。

（2）结果补语 2：动词 + 到 / 住 / 走

她收到了男朋友的礼物。
这个箱子很重，你一定要拿住。
请把你的东西拿走。

（3）可能补语 1

①动词 + 得 / 不 + 动词 / 形容词

黑板上的字我看得见。
这件事她一个人做得好吗？
老师说的话我听不明白。
这件衣服我洗不干净。

②动词 + 得 / 不 + 了

这么多水果，你吃得了吗？
下午的会议我参加不了。

（4）数量补语 2

①动词 + 动量补语：宾语和动量补语共现

老师批评了我两次。
小明写了三遍生词。

②动词 + 时量补语：表示动作持续的时间

我写了两个小时作业。
爸爸洗澡洗了二十分钟。

③动词 + 时量补语：表示动作结束后到某个时间点的间隔时间

我们来日本三个星期了。
我们认识十年了。

（5）趋向补语 2

复合趋向补语：动词 + 出来 / 出去 / 过来 / 过去 / 回来 / 回去 / 进来 / 进去 / 起来 / 上来 / 上去 / 下来 / 下去

老师从教室里走出来了。
小狗从家里跑出去了。
出租车马上开过来了。
看到妈妈后，孩子跑了过去。
你的作业本拿回来了吗？
天这么冷，赶快回房间去吧。
这是老师的办公室，你怎么跑进来了？
你帮我把包裹拿进房间去吧。

你能帮我把笔捡起来吗？
箱子都搬上来了。
老师在楼上等我，我得赶紧给他送上去。
他从山上走下来了。
手机从床上掉下去了。

（6）趋向补语 3

趋向补语的引申用法（表示动作、行为的实现）：动词 + 上 / 出 / 起 / 下

这件衣服你穿上试试。
我还没想出答案。
奶奶想起手机放在哪儿了。
请写下你的电话号码。

（二）句型

【二 32】主谓谓语句

哥哥个子很高。
这朵花儿颜色很特别。
那篇文章我读了两遍。

三、特殊句式

【二 33】比较句 2

（1）A 比 B + 动词 + 得 + 形容词

他比我跳得高。
我写汉字比妹妹写得好。

（2）A 不比 B + 形容词

这道菜不比那道菜好吃。
那儿的夏天不比这儿热。

（3）A + 动词 + 得 + 比 + B + 形容词

你读得比他流利。
这首歌姐姐唱得比妹妹好。

（4）A 比 B + 多 / 少 / 早 / 晚 + 动词 + 数量短语

她比我多买了五本书。
弟弟比我少吃一个包子。
马克比大卫早来中国一年。
他比同屋晚起床十分钟。

【二 34】连动句 2

（1）前一动作是后一动作的方式或工具

哥哥常常听着音乐跑步。
我明天坐火车去上海。

（2）后一动作是前一动作的目的

我来银行取钱。

他去大使馆办签证。

（3）前后两个动词性词语具有因果、转折、条件关系

王奶奶生病住院了。

这些面包她买了没吃。

你有办法买到票吗？

【二35】“是……的”句2：强调说话人的看法或态度

你这样做是不对的。

这个任务是不难完成的。

【二36】“把”字句2

（1）主语 + 把 + 宾语 + 动词 + 结果补语 / 趋向补语 / 状态补语

我把“得”写成“的”了。

我把你的包裹拿回来了。

弟弟把桌上的东西摆得整整齐齐的。

（2）主语 + 把 + 宾语 + 动词（+ 一 / 了）+ 动词

你先把课文复习复习。

你把水果洗一洗。

他回到家后，把地扫了扫，把窗户也擦了擦。

（3）主语 + 把 + 宾语（+ 给）+ 动词 + 了 / 着

我把朋友送的笔（给）丢了。

你把雨伞（给）带着。

（4）主语 + 把 + 宾语 + 动词 + 动量补语 / 时量补语

他把试卷检查了好几遍。

我们把会议时间延长了两天。

【二37】被动句2：主语 + 被 + 动词 + 其他成分

蛋糕被吃光了。

他的腿被撞伤了。

【二38】存现句2

（1）表示出现：处所词 + 动词 + 趋向补语 / 结果补语 + 动态助词（了）+ 数量短语 + 人 / 物

商店里走进来一位顾客。

屋里跑出来一只猫。

不久前，那儿建好了一座楼。

瓶子里装满了水。

（2）表示消失：处所词 + 动词 + 结果补语 + 动态助词（了）+ 数量短语 + 人 / 物

楼里搬走了一家人。

草原上跑丢了几只羊。

【二 39】**重动句：主语 + 动词 + 宾语 + 动词 + 补语**

他唱歌唱得不错。

妹妹看电影看了两个小时了。

【二 40】**兼语句 1**

（1）表使令义：主语 + 叫 / 派 / 请 / 让…… + 宾语 1 + 动词 + 宾语 2

经理叫他先了解一下儿公司的情况。

公司派他来中国学习中文。

我请同学们来参加我的生日晚会。

老师让大家说说自己的爱好。

（2）表爱憎义：主语 + 表扬 / 批评 + 宾语 1 + 动词 + 宾语 2

院长表扬李老师工作认真。

老师批评他上课迟到。

妈妈总是批评我不按时睡觉。

（3）表称谓或认定义：主语 + 叫 / 称（呼）/ 选 / 说 / 收 + 宾语 1+ 做 / 为 / 当 / 是 + 宾语 2

邻居们都叫他王师傅。

中国人也称爸爸为父亲。

同学们选他当班长。

大家都说她是一个好孩子。

孙教授收他做研究生了。

四、固定格式

【二 41】**越……越……**

雨越下越大。

他的汉字越写越好。

这件衣服我越看越喜欢。

【二 42】**一……也 / 都 + 不 / 没……**

弟弟今天很安静，一点儿也不闹。

今天下大雪，路上一辆车也没有。

学中文以前，我一个汉字都不认识。

南方的城市我一个都没去过。

【二 43】**连……也 / 都……**

她刚来中国时，连“你好”也不会说。

他连这个作者的名字都没听说过。

这个汉字很简单，连六岁的孩子都认识。

【二 44】**对……来说**

对她来说，汉字不难。

对大家来说，工作很重要，可是身体更重要。

对我来说，这次考试有点儿难。

【二 45】最好不要 / 别……

上课的时候，你最好不要玩儿手机。

你最好别吃完饭就跑步。

你最好别跟他说这件事。

【二 46】从来没有 / 不……

我从来没有去过北京。

我弟弟上课从来不迟到。

他从来没有吃过饺子。

【二 47】祝你……

祝你生日快乐！

祝你身体健康！

祝你一路平安！

【二 48】……极了

今天天气好极了！

妈妈做的饭好吃极了！

这朵花儿漂亮极了！

【二 49】对……感兴趣

我对京剧很感兴趣。

我们对中国文化非常感兴趣。

我对游戏不感兴趣。

【二 50】除了……（以外），……还 / 也 / 都……

除了电脑，他还买了一个手机。

除了教预科班，我也教普通班。

除了玛丽以外，其他同学都通过了这次考试。

【二 51】从……起

从下个月起，他负责这项工作。

麦克从 5 岁起就开始学中文了。

从明天起，我要每天运动半个小时。

【二 52】一 + 量词 + 比 + 一 + 量词

他们一个比一个聪明。

我们的日子一年比一年好。

我对他一天比一天熟悉。

【二 53】（自）……以来

自工作以来，哥哥每天都很忙。

开学以来，他很少跟家里人联系。

自认识了张明以来，我每天都用中文跟他聊天儿。

【二 54】由……组成

这支球队由 13 名队员组成。

HSK 四级考试由听力、阅读和书写三个部分组成。

这个汉字由左、中、右三个部分组成。

【二 55】在……方面

在学习方面，他一直对自己要求很高。

在工作方面，她表现很出色。

如果要买房，爸妈可以在资金方面支持你们。

【二 56】在……上 / 下 / 中

在这个问题上，你们需要多讨论一下儿。

在老师的鼓励下，他表演了一个节目。

在研究过程中，他发现了很多新问题。

五、复句

（一）递进复句

【二 57】不仅 / 不光……，而且 / 还……

不仅玛丽会说中文，而且玛丽的姐姐也会说中文。

我不光认识他，还认识他哥哥。

【二 58】……，并且……

他会说中文，并且说得非常好。

我们参加了这次比赛，并且得到了冠军。

【二 59】……，甚至……

爸爸工作很忙，有时甚至没时间吃饭。

这个问题太简单了，甚至连小孩子都知道。

（二）转折复句

【二 60】……，然而……

他一直觉得自己很好，然而大家都不太喜欢他。

他从没迟到过，然而今天却迟到了。

【二 61】X 是 X，就是 / 不过……

那个商场好是好，就是太远了。

今天晚上的电影我想看是想看，不过没有时间。

（三）因果复句

【二 62】**由于……，……**

由于他不习惯吃辣的，我就没点辣的菜。

由于堵车，我今天上班迟到了。

【二 63】**既然……，就……**

既然你这么喜欢这个杯子，就买了吧。

既然今天天气不好，我们就别去外边打球了。

【二 64】**……，因而……**

他平时不努力学习，因而这次考试又没通过。

我常常锻炼，因而身体特别棒。

【二 65】**……，可见……**

他每天都打扫房间，可见他多么爱干净。

他的房间里到处都是书，可见他一定很喜欢看书。

（四）条件复句

【二 66】**无论 / 不论 / 不管……，都 / 也……**

无论他有没有钱，我都爱他。

不论遇到什么困难，他也不会放弃。

不管去哪儿，我都带着手机。

【二 67】**只有……，才……**

只有努力学习，才能通过考试。

只有到了周末，我才有时间看看电影。

（五）假设复句

【二 68】**……，否则……**

快点儿起床吧，否则上课要迟到了。

我得认真复习今天学的生词，否则明天会忘记的。

【二 69】**假如……，（就）……**

假如我父母来中国，我一定会带他们参观长城。

假如能通过这次考试，我就可以申请奖学金了。

【二 70】**万一……，（就）……**

万一我没通过 HSK 考试，就得回国了。

护照万一丢了，就麻烦了。

（六）让步复句

【二 71】**哪怕……，也 / 还……**

哪怕会失败，我也要去试一试。

哪怕父母都不同意，他还要坚持这么做。

【二 72】**即使……，也……**

即使再忙，我也坚持每天跑步。

即使对手很强，我们也会勇敢地面对。

（七）承接复句

【二 73】**首先……，然后……**

张老师首先给我们介绍了大学的情况，然后带我们参观了校园。

她做事情总是首先想到别人，然后才想到自己。

【二 74】**首先……，其次……**

对我来说最重要的，首先是家庭，其次是事业。

今天我顺利毕业了，首先我想感谢父母的支持，其次我想感谢老师的帮助。

【二 75】**……，于是……**

小张知道自己错了，于是马上跟大家说：“对不起！”

他对中国书法很感兴趣，于是报名参加了书法班。

（八）并列复句

【二 76】**不是……，而是……**

这不是一本小说，而是一本词典。

孩子需要的不是钱，而是关心。

【二 77】**（也）……，也……**

他喜欢唱歌，也喜欢跳舞。

看书我也喜欢，听音乐我也喜欢。

【二 78】**一会儿……，一会儿……**

空调可能坏了，房间里一会儿冷，一会儿热。

那个孩子一会儿跑到这儿，一会儿跑到那儿，开心极了。

【二 79】**一方面……，另一方面……**

手机一方面给我们的生活带来了很多便利，另一方面也带来了很多问题。

和中国人交流一方面可以提高我们的中文水平，另一方面也可以让我们交到很多中国朋友。

【二 80】**又……，又……**

学中文又有用，又有意思，快来学吧！

我在中国朋友家做客的时候，他又给我洗水果，又给我做饭，非常热情。

【二 81】**既……，也 / 又……**

音乐既是我的专业，也是我的爱好。

王老师既是我们的老师，又是我们的朋友。

（九）选择复句

【二 82】**不是……，就是……**

今天不是三号，就是四号。

在我家不是妈妈做饭，就是奶奶做饭。

【二 83】**或者……，或者……**

这个周末我或者待在家里，或者去朋友家做客。

这件事或者你做，或者他做，谁都可以。

（十）目的复句

【二 84】**为了……，……**

为了找工作时能有更多机会，我学习了两门外语。

为了能给孩子们更好的生活，爸爸每天辛苦地工作。

【二 85】**……，好……**

老师准备了很多游戏，好让这节课更有意思。

妈妈辞掉了工作，好在家照顾孩子们。

（十一）紧缩复句

【二 86】**……了……（就）……**

你到家了给我打电话。

这个病吃了药就能好。

【二 87】**不……也……**

我不睡觉也要完成这项任务。

她不说我也明白她的意思。

【二 88】**无标记紧缩复句**

有事儿打电话。

你想去你去。

三级

一、词类

（一）量词

【三 01】**名量词：餐、串、滴、副、股、集、枝、壶**
一餐饭　一串葡萄　一滴水　一副眼镜　一股力量　一集电视剧　一枝花　一壶茶

【三 02】**度量衡量词：里、丈**
三十里路　一丈长

【三 03】**动量词：番、趟**
争论一番　去一趟

（二）副词

【三 04】**程度副词：特、异常**
我特喜欢看中国功夫电影。
听到星期三去参观博物馆的消息，同学们都异常激动。

【三 05】**范围、协同副词：尽、净、一齐、一同、一道**
他的房间里尽是书。
他净吃肉，不吃蔬菜。
请同学们一齐朗读课文。
我们一同努力，一定可以成功的。
我也要去那个地方，咱们一道走吧。

【三 06】**时间副词：时时、眼看**
学过的词应该时时复习，这样才能记住。
眼看就要九点了，他才来。

【三 07】**语气副词：刚好、偏、恰好**
我到张老师办公室的时候，她刚好上完课回办公室了。
我们都建议他别去，他偏要去。
我恰好有这本书，可以借给你，你不用买了。

【三 08】**方式副词：特意、特地、亲眼、赶忙**
我回国的时候，特意去看望了我的小学老师。
我今天参加游泳比赛，朋友们特地来为我加油。
我说的都是真的，是我亲眼见到的。
他一下课就赶忙去机场接朋友了。

（三）介词

【三 09】引出时间、处所、方向：于、沿

我出生于 2005 年。

我爸爸毕业于北京大学。

你沿这条路往东走，五分钟就到了。

【三 10】引出对象：与[1]、同、至于

哥哥与我不同，他很喜欢各种运动。

她同我一样，也学习中文专业。

我只知道他的名字，至于他的联系方式，我也没有。

（四）连词

【三 11】连接词或短语：与[2]

农村与城市的差距越来越小。

老师与学生都要参加今天的活动。

【三 12】连接分句或句子：不料、若、就算

我正要回家呢，不料外面下起了大雨。

明天这里有讲座，你若感兴趣，可以来听一听。

就算我想去，我也不一定有时间。

二、句子成分

（一）宾语

【三 13】施事宾语

教室里进来三位老师。

电影院里坐着很多人。

【三 14】受事宾语

妈妈打算去买点儿生活用品。

你先考虑一下儿这个问题。

（二）状语

【三 15】多项状语

他在宿舍用微信跟妈妈聊天儿。

同学们在晚会上都非常开心地唱起了中文歌。

（三）补语

【三 16】程度补语 2

（1）形容词 / 动词 + 得 +/ 不得了 / 慌 / 厉害

听了这个消息，她高兴得不得了。

我烦得慌，别理我。

我肚子疼得厉害。

（2）动词 / 形容词 + 坏 / 透 + 了

这件事把我气坏了。

爸爸工作了一整天，累坏了。

我今天的运气真的坏透了。

这个苹果熟透了。

【三 17】状态补语 2

（1）动词 / 形容词 + 得 + 动词短语

妈妈担心得睡不着觉。

他高兴得跳了起来。

（2）动词 / 形容词 + 得 + 主谓短语

她哭得眼睛都红了。

他累得腿都抬不起来了。

（3）动词 / 形容词 + 得 + 固定短语

毕业时，她激动得又唱又跳。

主人回家时，小狗开心得跑来跑去。

【三 18】可能补语 2：动词 + 得 / 不得

这样的话说不得，别人会误会的。

这笔生意做得还是做不得，我也不确定。

【三 19】趋向补语 4

（1）趋向补语的引申用法（表示动作、行为的开始）：动词 + 上 / 起来

大家开心地聊上了。

我还没说完，他就笑起来了。

（2）趋向补语的引申用法（表示动作、行为的持续）：动词 + 下去 / 下来

我越来越喜欢学中文了，我想继续学下去。

退休以后，他把这个习惯保持下来了。

三、特殊句式

【三 20】“有”字句 2

（1）表示存在、具有：主语 + 有 + 着 + 宾语

他们俩有着完全不同的性格。

这两家公司之间有着长期的合作关系。

（2）表示附着：主语 + 动词 + 有 + 宾语

门上贴有一幅画。

经理的名片上写有他的联系方式。

【三 21】**比较句 3**

（1）跟……相比

跟别的同学相比，我还不够努力。

跟以前相比，这个城市发展得更好了。

（2）A + 形容词 + B + 数量补语

昨天的跑步比赛，他快我三分钟。

我晚他几分钟到教室。

【三 22】**"把"字句 3**

（1）主语 + 把 + 宾语 + 状语 + 动词

孩子们正在把画儿往墙壁上贴。

请不要把重要的东西随便放。

（2）主语 + 把 + 宾语 + 一 + 动词

她把衣服一穿，就出门了。

妈妈把电脑一开，就开始工作了。

（3）主语 + 把 + 宾语 1 + 动词 + 宾语 2

他把自己的书送朋友了。

我把昨天买的酸奶都做了蛋糕。

【三 23】**被动句 3：意念被动句**

今天的作业写完了。

饭做好了。

【三 24】**兼语句 2**

表致使义：主语 + 叫 / 令 / 使 / 让 + 人称代词 + 动词短语

妈妈叫他快点儿开门。

这个消息令他睡不着觉。

张老师的做法使大家更尊敬他了。

他的话让我感到很温暖。

四、固定格式

【三 25】**从……来看**

从以往的经验来看，这件事基本上已经解决了。

从他平时的考试成绩来看，通过期末考试比较难。

从他的工作表现来看，他是一个认真负责的人。

【三 26】**到……为止**

到今天为止，我仍没有收到他的回复。
到现在为止，我还没有见过真正的大海。
到中午十二点为止，我们一共收到了三百四十封祝贺信。

【三 27】**够……的**

今天的天气够冷的，你最好多穿点儿衣服。
他个子够高的，应该很适合打篮球。
这个商店虽然不大，但商品的种类够丰富的。

【三 28】**拿……来说**

我们班的同学都很积极，拿上次比赛来说，报名的人特别多。
拿这道题来说，我们讲过很多遍，但是做错的人还是很多。
拿今天的活动来说，我们都从中学到了很多。

【三 29】**A 的 A，B 的 B**

今天的菜咸的咸，淡的淡，都不怎么好吃。
我们班的同学高的高，矮的矮，有很大的差别。
看到身边的朋友结婚的结婚，生孩子的生孩子，她心里十分着急。

【三 30】**在……看来**

你说你很着急，但在我看来，你一点儿也不着急。
在他看来，简单就是幸福。
在医生看来，每个病人都很重要。

五、复句

（一）转折复句

【三 31】**尽管……，可是……**

尽管我不那么聪明，可是我一直非常努力。
尽管他岁数不大，可是看上去却很显老。

（二）条件复句

【三 32】**除非……，才……**

除非你写完作业，爸妈才会让你下楼去玩儿。
除非你不爱我了，我才会离开你。

【三 33】**除非……，否则 / 不然……**

除非我犯了很严重的错误，否则妈妈是不会批评我的。
除非你抓紧时间，不然一定会迟到的。

（三）假设复句

【三 34】**一旦……，就……**

这个任务一旦完成，我们就不需要再担心了。

一旦停止努力，你就会离成功越来越远。

【三 35】**要是……，（就）……，否则……**

要是天气冷了，就要穿厚一点儿的衣服，否则会生病的。

要是你有问题，就一定得及时问老师，否则问题会越来越多。

（四）让步复句

【三 36】**就算……，也……**

就算她知道了这件事，也没有关系。

就算工作再忙，也要常常给父母打电话。

（五）解说复句

【三 37】**……换句话说 / 也就是说……**

爱一个人要爱他的全部，换句话说，爱一个人就要接受他的缺点。

人离不开水，也就是说，水对人很重要。

（六）选择复句

【三 38】**或是……，或是……**

他今天没来，或是忘了，或是因为有事儿来不了。

假期的时候，我或是去旅游，或是在北京打工。

（七）目的复句

【三 39】**……，为的是……**

他每天这么努力地学习，为的是能顺利通过 HSK 考试。

她买了最早的航班回家，为的是早一点儿见到父母。

【三 40】**……，以便……**

你应该把课堂笔记整理好，以便考前复习用。

老师说得很慢，以便所有的学生都能听清楚。

（八）紧缩复句

【三 41】**再……也……**

你再忙也要给家里打个电话。

他再聪明也解决不了所有问题。

【三 42】**没有……就没有……**

没有阳光就没有温暖。

没有平时的努力就没有现在的成绩。

（九）多重复句

【三 43】**单句 + 复句**

这是我自己的选择，即使再难，我也要坚持下去。

他这会儿心情不错，一边喝着咖啡，一边听着音乐。

【三 44】**复句 + 单句**

即使前面的路再艰难，也要坚持到底，这就是我的想法。

只要多练习，你的口语就一定会越来越好，这是我的经验。

文科中文

能够基本听懂中国普通高等学校文科类专业本科一年级课堂教学内容，以中文为媒介语有效获取知识信息并记录要点。能够看懂文科类专业性文章常用的书面语言表达形式，并能够运用阅读技巧进行寻读和略读，会找关键词。能够理解与文科专业相关的语言材料，能够抓准语篇的语义、逻辑线索及相关细节，并能够用正确的语言表达个人观点，能够就熟悉的相关专业话题进行交流和讨论。掌握基本、有效的专业学习策略，能够借助工具书读懂简单的专业书籍，正确理解专业概念、专业文本的中心大意。能够借助参考资料书写内容专业、结构清晰、文理通顺的短文。

1. 一级标准

- **专业学习能力** 从通识角度初步了解各文科类专业的背景知识及基本概念，建立专业认知，初步具备专业必需的人文素养和文化素质，并能够初步就自己所学的专业进行简短的交流。能够就入门级专业知识语篇进行有效的语言输入、输出加工，初步掌握专业学习所需的语言技能，尤其是通过听、读获取知识信息的能力。具备基本的专业学习策略及一定的专业课堂适应能力和自学能力，能够记笔记、整理笔记，能够阅读简单的专业文献。
- **话题任务内容** 话题涉及文学、哲学、法学、教育学、历史学、艺术学等各学科门类。能够基本理解话题主要内容，并就相关话题完成基本的交流任务，能够针对本人所学专业进行简单的提问。
- **语言量化指标** 词语 600 个，常用书面表达式 19 个，语言表达功能项目 15 个。

1.1 听

基本能够听懂生词量 5% 左右的文科专业中文语料，听力材料话题涵盖学生熟悉的各文科类专业，通识性较强；听力录音发音标准，吐字清晰，语速不低于 160 字 / 分钟。能够有效跳跃生词障碍，听懂大意，并能够把基础中文学习中积累的听力方法与技巧迁移到专业中文听力训练中，较准确地抓住主要信息，并进行即时反馈。

1.2 读

能够阅读本级话题任务内容相关的文科类专业材料，阅读速度不低于 100 字 / 分钟，阅读材料话题较为广泛，涉及文科类中通识性较强的专业，生词量不超过 10%。能够阅读专业相关的简单图表，例如表格、柱状图、饼状图等，能够理解图表的含义。初步掌握略读、寻读、找重点句、抓关键词、猜测联想、跳跃障碍等阅读技巧，对专业概念具备一定的敏感性，了解典型、常见的定义方式并能够准确理解。

1.3 说

掌握600个专业词语，发音准确，理解意义。能够运用一级常用书面表达式进行口头表达，能够就专业内容进行简单的对话。能够基于文科专业相关语料简单地阐述个人观点，与他人进行简单的交流讨论。初步掌握15个语言表达功能项目并能够进行相应的口头表达，如下定义、举例、罗列等。能够进行课堂提问，掌握一定的交际策略和口头表达技巧，对专业话题有初步的中文处理能力。

1.4 写

掌握600个专业词语和19个常用书面表达式，能够进行简单的书面表达。能够用中文做笔记，书写速度不低于15字/分钟。能够运用19个常用书面表达式进行简单的书面表达和交流，能够将口语转换成书面语。能够撰写专业内容的小文章，字数不低于200字。

2. 二级标准

- **专业学习能力** 基本了解各文科类专业的背景知识及基本概念，形成较为稳定、成熟的专业认知，具备较高的专业相关的人文素养和文化素质。能够就专业基础知识语篇进行有效的语言输入、输出加工，较好地掌握专业学习所需的语言技能，听、读、说、写全面发展，能够就所学专业话题与内容进行较为自如、流畅的交流。具备比较成熟、完善的专业学习策略，以及较好的专业课堂适应能力和自主学习意识与能力，能够参与专业相关的课上讨论和课下合作学习。具备较好的记笔记、整理笔记的能力，能够理解缩略语、连笔字等专业课常见的语言现象。具备较好的专业文献阅读适应能力和语段、语篇理解能力。
- **话题任务内容** 话题涉及文学、哲学、法学、教育学、历史学、艺术学等各学科门类，覆盖中国语言文学、哲学、法学、政治学、教育学、社会学、民族学、马克思主义理论、公安学、体育学、外国语言文学、新闻传播学、历史学、艺术学理论、音乐与舞蹈学、戏剧与影视学、美术学和设计学等专业类别。能够较好地理解话题主要内容，掌握语料主要信息，并在此基础上较好地完成相关话题交流任务，能够针对本人所学专业的基础理论内容进行提问，能够参与具有一定专业性的话题讨论。
- **语言量化指标** 词语1150个（新增550个），常用书面表达式46个（新增27个），语言表达功能项目25个（新增10个）。

2.1 听

基本能够听懂生词量5%～10%的文科专业中文语料（包括长对话和讲话），听力材料话题涵盖学生熟悉的各文科类专业，有较为集中的专业内容及一定的专业特色；听力录音发音自然，略带方音，语速不低于180字/分钟。能够基本理解对话或讲话中的专业词汇和专业基础知识，并能够在听后进行简单的口头或书面表达。掌握比较成熟、完善的专业中文听力策略、技巧与微技能。

2.2 读

能够阅读本级话题任务内容相关的文科类专业材料，阅读速度不低于120字/分钟，阅读材料话题广泛，涉及各文科类专业，生词量10%～15%。能够阅读专业相关的较为复杂的图表，能够理解图表的含义并转述图表内容。能够基于已有专业知识获取新的专业知识。比较熟悉专业语篇的文本样式，具备较强的专业阅读能力，能够基于语篇规律与特点略读、寻读、找重点句、抓关键词、猜测联想、跳跃障碍。

2.3 说

掌握1150个专业词语，发音准确，理解意义，并且能够熟练运用。能够运用二级常用书面表达式进行口头表达。能够基于文科专业相关语料提炼、阐述个人观点，与他人进行一般程度上的交流讨论，能够表明态度并在一定程度上深究问题、推进对话。较好地掌握25个语言表达功能项目，能够进行相应的口头表达，如解释、引述、评价、判断等。掌握比较完善、有效的交际策略和口头表达技巧，表达流利，用词准确，基本得体，有一定的逻辑性，对专业话题有一定的语言信息输入、输出加工与处理能力。

2.4 写

掌握1150个专业词语和46个常用书面表达式，能够进行书面语段表达。能够熟练地用中文做笔记，书写速度不低于20字/分钟。能够较好地使用符号和图表。能够运用46个常用书面表达式进行书面表达和交流。能够使用书面语基本范式撰写有一定专业性的小文章，用词较为恰当，句式基本正确，内容比较完整，表达较为通顺，字数不低于300字。

3. 三级标准

- **专业学习能力** 较为深入地了解各文科类专业的背景知识及基本概念，具备成熟、稳定且较为深入的专业认知，具备良好的专业相关的人文素养和文化素质。具备成熟、完善的中文信息输入与输出处理能力，专业语言技能全面发展，听、读、说、写完全达到入系学习需要，侧重笔头、口头输出能力，能够与专业人士进行规范、自如、流畅的交流，能够阅读难度较高的专业文献。具备较强的专业课堂适应能力和自学能力，具备良好的跨文化交际能力，能够基本无障碍地与中国学生同堂上课学习，能够快速记笔记、整理笔记。
- **话题任务内容** 话题涉及文学、哲学、法学、教育学、历史学、艺术学等各学科门类，覆盖中国语言文学、哲学、法学、政治学、教育学、社会学、民族学、马克思主义理论、公安学、体育学、外国语言文学、新闻传播学、历史学、艺术学理论、音乐与舞蹈学、戏剧与影视学、美术学和设计学等专业类别。能够全面、深入、准确地理解话题内容，掌握语料主要信息，并在此基础上完成相关话题交流任务，能够针对本人所学专业内容与他人进行长语段、多话轮的交流研讨。
- **语言量化指标** 词语1800个（新增650个），常用书面表达式70个（新增24个），语言表达功能项目30个（新增5个）。

3.1 听

能够听懂生词量 10%~15% 的文科专业中文语料（如专业讲座等），听力材料话题涵盖学生熟悉的各文科类专业，有较强的专业特色；听力录音发音自然，略带方音，语速不低于 200 字 / 分钟。能够理解听力材料中的专业词汇和专业基础知识，并能够在听后进行口头或书面概括性表达。掌握成熟、完善的专业中文听力策略、技巧与微技能，能够通过语料中语音、语调、语速的变化等辅助手段理解和获取主要信息。

3.2 读

能够阅读本级话题任务内容相关的文科类专业材料，阅读速度不低于 150 字 / 分钟，阅读材料话题广泛，涉及各文科类专业，专业性较强，生词量 15% 左右。全面掌握专业语篇的图文表达方式，能够阅读专业相关的复杂图表，理解图表的含义并转写或转述图表内容。能够读懂有一定理论性的议论文章，能够有意识地通过语篇分析准确抓取文章大意和细节信息，并进行相应的逻辑归纳、演绎和推理。能够熟练地利用专业类工具书加深、补全对专业知识的理解。能够认读有书写规律的连笔字。具备一定的语素构词能力，能够通过语素进行词汇的解读。熟练掌握寻读、略读、找重点句、抓关键词、猜测联想、跳跃障碍等阅读技巧。

3.3 说

掌握 1800 个专业词语，发音准确，理解意义，并且能够熟练运用。能够运用三级常用书面表达式和语言表达功能项目（如分析与论证、评价、概括等）进行口头表达，能够熟练运用专业词汇、书面表达式和语言表达功能项目进行与专业相关的讨论与对话。能够基于文科专业相关语料明确、充分地阐述个人观点，与他人进行较为深入的学术交流与讨论。能够组织语段进行中文思维和成段表达，表达流畅、得体，有较强的逻辑性、学术性。

3.4 写

掌握 1800 个专业词语和 70 个常用书面表达式，能够进行书面语段表达。具备较强的用中文做笔记的能力，书写速度不低于 30 字 / 分钟。能够熟练地使用符号和图表。能够运用 70 个常用书面表达式进行具有较高难度的书面表达和交流。具备构建词组和语段的语篇能力，能够撰写具有较强专业性的小论文，用词准确，语句通顺，格式正确，行文规范，表达清楚，字数不低于 400 字。

附 1：文科中文专业词汇

一级词汇表（600 个）

序号	词语	拼音	词性
1	摆	bǎi	动
2	包含	bāohán	动
3	包括	bāokuò	动
4	薄	báo	形
5	宝贝	bǎobèi	名
6	宝贵	bǎoguì	形
7	保存	bǎocún	动
8	保留	bǎoliú	动
9	报道	bàodào	动、名
10	报告	bàogào	动、名
11	报纸	bàozhǐ	名
12	北方	běifāng	名
13	倍	bèi	量
14	比例	bǐlì	名
15	比赛	bǐsài	动、名
16	必然	bìrán	形
17	必要	bìyào	形
18	毕业	bì//yè	
19	避免	bìmiǎn	动
20	编	biān	动
21	标题	biāotí	名
22	表达	biǎodá	动
23	表现	biǎoxiàn	动
24	表演	biǎoyǎn	动
25	并	bìng	副、连
26	不断	búduàn	副
27	部	bù	量
28	财产	cáichǎn	名
29	财富	cáifù	名
30	采用	cǎiyòng	动
31	参与	cānyù	动
32	产品	chǎnpǐn	名
33	产生	chǎnshēng	动
34	场合	chǎnghé	名
35	吵架	chǎo//jià	
36	称为	chēngwéi	
37	称赞	chēngzàn	动
38	成绩	chéngjì	名
39	成就	chéngjiù	名
40	成立	chénglì	动
41	成熟	chéngshú	动、形
42	成员	chéngyuán	名
43	程度	chéngdù	名
44	持续	chíxù	动
45	尺	chǐ	名、量
46	冲	chōng	动
47	充分	chōngfèn	形
48	充满	chōngmǎn	动
49	重复	chóngfù	动
50	传播	chuánbō	动
51	传说	chuánshuō	动、名
52	传统	chuántǒng	名、形
53	创新	chuàngxīn	动、名

54	创造	chuàngzào	动、名
55	创作	chuàngzuò	动、名
56	词典	cídiǎn	名
57	词语	cíyǔ	名
58	次	cì	形
59	从事	cóngshì	动
60	促进	cùjìn	动
61	存在	cúnzài	动
62	达到	dá//dào	
63	答案	dá'àn	名
64	大声	dà shēng	
65	大使馆	dàshǐguǎn	名
66	代	dài	动、名
67	代表	dàibiǎo	名、动
68	代表团	dàibiǎotuán	名
69	代替	dàitì	动
70	单位	dānwèi	名
71	导演	dǎoyǎn	动、名
72	导致	dǎozhì	动
73	道理	dào·lǐ	名
74	等	děng	名
75	等待	děngdài	动
76	的确	díquè	副
77	敌人	dírén	名
78	地区	dìqū	名
79	地位	dìwèi	名
80	电视剧	diànshìjù	名
81	电视台	diànshìtái	名
82	电子邮件	diànzǐ yóujiàn	
83	调查	diàochá	动、名
84	东方	dōngfāng	名
85	动画片	dònghuàpiàn	名
86	动人	dòngrén	形
87	独立	dúlì	动、形
88	独特	dútè	形
89	读音	dúyīn	名
90	读者	dúzhě	名
91	度	dù	名、量
92	度过	dùguò	动
93	短信	duǎnxìn	名
94	断	duàn	动
95	队	duì	名
96	队员	duìyuán	名
97	队长	duìzhǎng	名
98	对比	duìbǐ	动、名
99	对待	duìdài	动
100	对方	duìfāng	名
101	对话	duìhuà	动、名
102	对手	duìshǒu	名
103	对象	duìxiàng	名
104	对于	duìyú	介
105	儿童	értóng	名
106	发表	fābiǎo	动
107	发达	fādá	形
108	发挥	fāhuī	动
109	发明	fāmíng	动、名
110	发言	fāyán	动、名
111	发展	fāzhǎn	动、名
112	法官	fǎguān	名
113	法律	fǎlǜ	名
114	法院	fǎyuàn	名
115	反对	fǎnduì	动

116	反而	fǎn'ér	副
117	反应	fǎnyìng	动、名
118	反正	fǎn·zhèng	副
119	范围	fànwéi	名
120	方式	fāngshì	名
121	防止	fángzhǐ	动
122	费用	fèiyong	名
123	分别	fēnbié	动、副
124	奋斗	fèndòu	动
125	丰富	fēngfù	形、动
126	风格	fēnggé	名
127	风俗	fēngsú	名
128	否定	fǒudìng	动、形
129	否认	fǒurèn	动
130	服务	fúwù	动
131	符号	fúhào	名
132	付出	fùchū	动
133	负担	fùdān	动、名
134	改造	gǎizào	动
135	概念	gàiniàn	名
136	赶	gǎn	动
137	感到	gǎndào	动
138	感叹	gǎntàn	动
139	高速	gāosù	形
140	高速公路	gāosù gōnglù	
141	高铁	gāotiě	名
142	高中	gāozhōng	名
143	歌迷	gēmí	名
144	歌声	gēshēng	名
145	歌手	gēshǒu	名

146	各	gè	代、副
147	工夫	gōngfu	名
148	工具	gōngjù	名
149	公共	gōnggòng	形
150	公开	gōngkāi	形、动
151	公里	gōnglǐ	量
152	公民	gōngmín	名
153	公平	gōngpíng	形
154	公元	gōngyuán	名
155	功夫	gōngfu	名
156	功课	gōngkè	名
157	功能	gōngnéng	名
158	共同	gòngtóng	形
159	共有	gòng yǒu	
160	构成	gòuchéng	动、名
161	构造	gòuzào	名
162	古	gǔ	形
163	古代	gǔdài	名
164	关系	guān·xì	名、动
165	关心	guānxīn	动
166	关注	guānzhù	动
167	观察	guānchá	动
168	观点	guāndiǎn	名
169	观看	guānkàn	动
170	观念	guānniàn	名
171	观众	guānzhòng	名
172	官方	guānfāng	名
173	广播	guǎngbō	动、名
174	广告	guǎnggào	名
175	归	guī	动

176	规范	guīfàn	形、名、动	206	伙伴	huǒbàn	名
177	规律	guīlǜ	名	207	获得	huòdé	动
178	规模	guīmó	名	208	获奖	huòjiǎng	动
179	规则	guīzé	名	209	机构	jīgòu	名
180	国际	guójì	名	210	机遇	jīyù	名
181	果然	guǒrán	副	211	积极	jījí	形
182	含义	hányì	名	212	积累	jīlěi	动
183	行业	hángyè	名	213	基本	jīběn	形
184	好奇	hàoqí	形	214	基础	jīchǔ	名
185	合法	héfǎ	形	215	激动	jīdòng	形、动
186	合同	hé·tóng	名	216	激烈	jīliè	形
187	合作	hézuò	动	217	及格	jí//gé	
188	和平	hépíng	名	218	及时	jíshí	形
189	忽视	hūshì	动	219	计划	jìhuà	名、动
190	华人	huárén	名	220	记录	jìlù	名、动
191	画	huà	动、名	221	记载	jìzǎi	动
192	画家	huàjiā	名	222	记者	jìzhě	名
193	话剧	huàjù	名	223	纪录	jìlù	名
194	话题	huàtí	名	224	技巧	jìqiǎo	名
195	怀疑	huáiyí	动	225	家庭	jiātíng	名
196	坏处	huàichù	名	226	家长	jiāzhǎng	名
197	环保	huánbǎo	名、形	227	价值	jiàzhí	名
198	环境	huánjìng	名	228	建	jiàn	动
199	缓解	huǎnjiě	动	229	建立	jiànlì	动
200	黄金	huángjīn	名	230	建设	jiànshè	动
201	回复	huífù	动	231	讲究	jiǎngjiu	动、形
202	会议	huìyì	名	232	交际	jiāojì	动
203	婚礼	hūnlǐ	名	233	交流	jiāoliú	动、名
204	活	huó	形、动	234	交往	jiāowǎng	动
205	活动	huódòng	动、名	235	角度	jiǎodù	名

236	教练	jiàoliàn	名
237	教师	jiàoshī	名
238	教室	jiàoshì	名
239	教授	jiàoshòu	名
240	教学	jiàoxué	名
241	教育	jiàoyù	动、名
242	阶段	jiēduàn	名
243	接近	jiējìn	动
244	接受	jiēshòu	动
245	节目	jiémù	名
246	节气	jié·qì	名
247	节日	jiérì	名
248	节省	jiéshěng	动
249	节约	jiéyuē	动
250	解决	jiějué	动
251	解释	jiěshì	动
252	金牌	jīnpái	名
253	进行	jìnxíng	动
254	近代	jìndài	名
255	禁止	jìnzhǐ	动
256	京剧	jīngjù	名
257	经典	jīngdiǎn	名
258	经济	jīngjì	名
259	经营	jīngyíng	动
260	精彩	jīngcǎi	形
261	精神	jīngshén	名
262	警察	jǐngchá	名
263	居住	jūzhù	动
264	巨大	jùdà	形
265	句子	jùzi	名
266	具体	jùtǐ	形
267	具有	jùyǒu	动
268	决赛	juésài	动、名
269	看望	kànwàng	动
270	考生	kǎoshēng	名
271	靠	kào	动
272	可见	kějiàn	连
273	克服	kèfú	动
274	课堂	kètáng	名
275	空间	kōngjiān	名
276	快速	kuàisù	形
277	扩大	kuòdà	动
278	括号	kuòhào	名
279	来源	láiyuán	名、动
280	来自	láizì	动
281	类	lèi	名、量
282	类型	lèixíng	名
283	离婚	lí//hūn	
284	理论	lǐlùn	名
285	历史	lìshǐ	名
286	立刻	lìkè	副
287	利益	lìyì	名
288	例如	lìrú	动
289	例子	lìzi	名
290	连续	liánxù	动
291	列	liè	动、量
292	领导	lǐngdǎo	动、名
293	留学	liú//xué	
294	流	liú	动
295	流行	liúxíng	动、形

296	律师	lǜshī	名
297	落	luò	动
298	满足	mǎnzú	动
299	媒体	méitǐ	名
300	美好	měihǎo	形
301	秘书	mìshū	名
302	密码	mìmǎ	名
303	密切	mìqiè	形、动
304	面对	miànduì	动
305	面积	miànjī	名
306	描写	miáoxiě	动
307	民间	mínjiān	名
308	民族	mínzú	名
309	名称	míngchēng	名
310	名牌儿	míngpáir	名
311	明确	míngquè	形、动
312	明星	míngxīng	名
313	命运	mìngyùn	名
314	某	mǒu	代
315	目标	mùbiāo	名
316	目前	mùqián	名
317	那么	nàme	代
318	闹	nào	形、动
319	内部	nèibù	名
320	内容	nèiróng	名
321	年代	niándài	名
322	年级	niánjí	名
323	农民	nóngmín	名
324	农业	nóngyè	名
325	浓	nóng	形
326	女士	nǚshì	名
327	拍	pāi	动
328	拍照	pāi//zhào	
329	排	pái	动
330	排球	páiqiú	名
331	判断	pànduàn	动
332	培养	péiyǎng	动
333	批	pī	量
334	皮	pí	名
335	平等	píngděng	形
336	平方	píngfāng	名、量
337	平静	píngjìng	形
338	平均	píngjūn	动、形
339	评价	píngjià	动、名
340	破坏	pòhuài	动
341	普遍	pǔbiàn	形
342	普通话	pǔtōnghuà	名
343	期间	qījiān	名
344	期限	qīxiàn	名
345	前途	qiántú	名
346	强	qiáng	形
347	强调	qiángdiào	动
348	强烈	qiángliè	形
349	墙	qiáng	名
350	亲爱	qīn'ài	形
351	亲切	qīnqiè	形
352	青春	qīngchūn	名
353	穷人	qióngrén	名
354	区	qū	名
355	区别	qūbié	名、动

356	趋势	qūshì	名
357	取得	qǔdé	动
358	取消	qǔxiāo	动
359	去世	qùshì	动
360	圈	quān	名、动
361	权利	quánlì	名
362	全部	quánbù	名
363	全球	quánqiú	名
364	缺点	quēdiǎn	名
365	确保	quèbǎo	动
366	群	qún	量、名
367	热烈	rèliè	形
368	热心	rèxīn	形
369	人口	rénkǒu	名
370	人类	rénlèi	名
371	人民	rénmín	名
372	人生	rénshēng	名
373	认可	rènkě	动
374	日报	rìbào	名
375	日常	rìcháng	形
376	日期	rìqī	名
377	日子	rìzi	名
378	如何	rúhé	代
379	如今	rújīn	名
380	善于	shànyú	动
381	伤	shāng	动、名
382	商品	shāngpǐn	名
383	商业	shāngyè	名
384	少数	shǎoshù	名
385	设备	shèbèi	名
386	设计	shèjì	动、名
387	设施	shèshī	名
388	社会	shèhuì	名
389	申请	shēnqǐng	动
390	身份	shēn·fèn	名
391	身份证	shēnfèn-zhèng	名
392	深厚	shēnhòu	形
393	深刻	shēnkè	形
394	深入	shēnrù	动、形
395	神话	shénhuà	名
396	神秘	shénmì	形
397	升	shēng	动
398	生产	shēngchǎn	动
399	生存	shēngcún	动
400	生动	shēngdòng	形
401	生命	shēngmìng	名
402	声明	shēngmíng	动、名
403	省	shěng	名
404	胜	shèng	动
405	胜利	shènglì	动、名
406	失败	shībài	动、形
407	失去	shīqù	动
408	失望	shīwàng	动、形
409	诗	shī	名
410	诗人	shīrén	名
411	时代	shídài	名
412	时刻	shíkè	名、副
413	实际	shíjì	名、形
414	实施	shíshī	动

415	实习	shíxí	动、名
416	实现	shíxiàn	动
417	实行	shíxíng	动
418	实验	shíyàn	动、名
419	食物	shíwù	名
420	世纪	shìjì	名
421	市	shì	名
422	市场	shìchǎng	名
423	事件	shìjiàn	名
424	事实	shìshí	名
425	事物	shìwù	名
426	事业	shìyè	名
427	试卷	shìjuàn	名
428	试题	shìtí	名
429	试验	shìyàn	名
430	收看	shōukàn	动
431	收听	shōutīng	动
432	首	shǒu	量
433	输入	shūrù	动
434	属于	shǔyú	动
435	数	shǔ	动
436	数据	shùjù	名
437	率先	shuàixiān	副
438	双方	shuāngfāng	名
439	思想	sīxiǎng	名
440	台阶	táijiē	名
441	态度	tài·dù	名
442	谈判	tánpàn	动、名
443	特色	tèsè	名
444	特殊	tèshū	形
445	特征	tèzhēng	名
446	体会	tǐhuì	动、名
447	体现	tǐxiàn	动
448	挑战	tiǎozhàn	动、名
449	铁路	tiělù	名
450	听众	tīngzhòng	名
451	通常	tōngcháng	形、副
452	通信	tōng//xìn	
453	同样	tóngyàng	形、连
454	统计	tǒngjì	动
455	统一	tǒngyī	动、形
456	痛苦	tòngkǔ	形
457	痛快	tòng·kuài	形
458	投入	tóurù	动、名
459	投诉	tóusù	动
460	投资	tóuzī	名
461	突出	tūchū	形、动
462	团结	tuánjié	动
463	团体	tuántǐ	名
464	推动	tuī//dòng	
465	退休	tuì//xiū	
466	外交	wàijiāo	名
467	外卖	wàimài	名、动
468	完整	wánzhěng	形
469	网络	wǎngluò	名
470	伟大	wěidà	形
471	未来	wèilái	名
472	位于	wèiyú	动
473	位置	wèi·zhì	名
474	温暖	wēnnuǎn	形、动

475	文件	wénjiàn	名
476	文明	wénmíng	名、形
477	文学	wénxué	名
478	文字	wénzì	名
479	舞台	wǔtái	名
480	系列	xìliè	名
481	系统	xìtǒng	名、形
482	鲜明	xiānmíng	形
483	显然	xiǎnrán	形
484	显示	xiǎnshì	动
485	显著	xiǎnzhù	形
486	县	xiàn	名
487	现场	xiànchǎng	名
488	现代	xiàndài	名
489	现实	xiànshí	名
490	现象	xiànxiàng	名
491	限制	xiànzhì	动、名
492	相当	xiāngdāng	副、动
493	相关	xiāngguān	动
494	相近	xiāngjìn	形
495	相似	xiāngsì	形
496	想象	xiǎngxiàng	名、动
497	项	xiàng	量
498	项目	xiàngmù	名
499	消失	xiāoshī	动
500	小说	xiǎoshuō	名
501	笑话	xiàohua	动、名
502	心理	xīnlǐ	名
503	新郎	xīnláng	名
504	新娘	xīnniáng	名
505	新闻	xīnwén	名
506	新型	xīnxíng	形
507	信任	xìnrèn	动
508	行为	xíngwéi	名
509	形成	xíngchéng	动
510	形容	xíngróng	动
511	形式	xíngshì	名
512	形势	xíngshì	名
513	形象	xíngxiàng	名、形
514	形状	xíngzhuàng	名
515	性质	xìngzhì	名
516	兄弟	xiōngdì	名
517	修改	xiūgǎi	动
518	宣布	xuānbù	动
519	宣传	xuānchuán	动、名
520	学术	xuéshù	名
521	训练	xùnliàn	动、名
522	迅速	xùnsù	形
523	延续	yánxù	动
524	研究	yánjiū	动
525	养	yǎng	动
526	腰	yāo	名
527	移民	yímín	动、名
528	遗产	yíchǎn	名
529	疑问	yíwèn	名
530	以及	yǐjí	连
531	亿	yì	数
532	义务	yìwù	名
533	艺术	yìshù	名
534	议论	yìlùn	动、名

535	意义	yìyì	名
536	音节	yīnjié	名
537	引起	yǐnqǐ	动
538	迎接	yíngjiē	动
539	赢得	yíngdé	动
540	优良	yōuliáng	形
541	优美	yōuměi	形
542	优势	yōushì	名
543	由于	yóuyú	介、连
544	语法	yǔfǎ	名
545	语言	yǔyán	名
546	原则	yuánzé	名
547	圆	yuán	形、名
548	院	yuàn	名
549	愿望	yuànwàng	名
550	约	yuē	动、副
551	乐队	yuèduì	名
552	运输	yùnshū	动
553	运用	yùnyòng	动
554	造成	zàochéng	动
555	怎样	zěnyàng	代
556	增长	zēngzhǎng	动
557	展开	zhǎn//kāi	
558	占	zhàn	动
559	战争	zhànzhēng	名
560	召开	zhàokāi	动
561	这样	zhèyàng	代
562	真实	zhēnshí	形
563	阵	zhèn	量
564	争论	zhēnglùn	动
565	整个	zhěnggè	形
566	整齐	zhěngqí	形
567	整体	zhěngtǐ	名
568	政府	zhèngfǔ	名
569	政治	zhèngzhì	名
570	支付	zhīfù	动
571	指导	zhǐdǎo	动
572	制订	zhìdìng	动
573	制度	zhìdù	名
574	智能	zhìnéng	名
575	种类	zhǒnglèi	名
576	种植	zhòngzhí	动
577	逐渐	zhújiàn	副
578	主持	zhǔchí	动
579	主动	zhǔdòng	形
580	主席	zhǔxí	名
581	主张	zhǔzhāng	动、名
582	祝福	zhùfú	动
583	著作	zhùzuò	名
584	抓	zhuā	动
585	专家	zhuānjiā	名
586	专题	zhuāntí	名
587	专业	zhuānyè	名
588	装	zhuāng	动
589	装修	zhuāngxiū	动
590	追求	zhuīqiú	动
591	自然	zìrán	名、形、副
592	自由	zìyóu	名、形
593	字母	zìmǔ	名

594	综合	zōnghé	动
595	总理	zǒnglǐ	名
596	总统	zǒngtǒng	名
597	组成	zǔchéng	动
598	作家	zuòjiā	名
599	作品	zuòpǐn	名
600	作者	zuòzhě	名

二级词汇表（新增 550 个）

序号	词语	拼音	词性
1	暧昧	àimèi	形
2	安慰	ānwèi	动
3	奥秘	àomì	名
4	奥运会	Àoyùnhuì	名
5	拜访	bàifǎng	动
6	扮演	bànyǎn	动
7	报刊	bàokān	名
8	报社	bàoshè	名
9	爆发	bàofā	动
10	悲剧	bēijù	名
11	背景	bèijǐng	名
12	背面	bèimiàn	名
13	被告	bèigào	名
14	本科	běnkē	名
15	本土	běntǔ	名
16	笔画	bǐhuà	名
17	毕竟	bìjìng	副
18	边境	biānjìng	名
19	编辑	biānji	名
20	标记	biāojì	名
21	标志	biāozhì	动、名
22	宾语	bīnyǔ	名
23	博大	bódà	形
24	博士	bóshì	名
25	补语	bǔyǔ	名
26	不得	bùdé	动
27	采访	cǎifǎng	动、名
28	采纳	cǎinà	动
29	层次	céngcì	名
30	差异	chāyì	名
31	长篇小说	chángpiān xiǎoshuō	
32	厂长	chǎngzhǎng	名
33	倡导	chàngdǎo	动
34	超越	chāoyuè	动
35	称呼	chēnghu	动、名
36	成分	chéngfèn	名
37	成家	chéng//jiā	
38	成语	chéngyǔ	名
39	吃亏	chī//kuī	
40	持	chí	动
41	冲突	chōngtū	动、名
42	出自	chūzì	动
43	初等	chūděng	形
44	除去	chúqù	动
45	除夕	chúxī	名
46	处罚	chǔfá	动、名
47	传递	chuándì	动
48	传媒	chuánméi	名

49	传授	chuánshòu	动
50	串	chuàn	量、动
51	创始	chuàngshǐ	动
52	词汇	cíhuì	名
53	刺激	cìjī	动、名
54	从而	cóng'ér	连
55	村民	cūnmín	名
56	村子	cūnzi	名
57	搭配	dāpèi	动
58	达成	dáchéng	动
59	答复	dá·fù	动、名
60	打官司	dǎ guānsi	
61	打造	dǎzào	动
62	大使	dàshǐ	名
63	大战	dàzhàn	名、动
64	大众	dàzhòng	名
65	代价	dàijià	名
66	单打	dāndǎ	名
67	单独	dándú	副
68	诞生	dànshēng	动
69	淡出	dànchū	动
70	当代	dāngdài	名
71	当选	dāngxuǎn	动
72	党	dǎng	名
73	档	dàng	名
74	盗版	dàobǎn	动、名
75	道德	dàodé	名
76	道家	Dàojiā	名
77	道教	Dàojiào	名
78	抵抗	dǐkàng	动
79	地道	dìdao	形
80	地形	dìxíng	名
81	典礼	diǎnlǐ	名
82	典型	diǎnxíng	名、形
83	电子版	diànzǐbǎn	名
84	跌	diē	动
85	定位	dìng//wèi	
86	定义	dìngyì	名
87	定语	dìngyǔ	名
88	动画	dònghuà	名
89	动员	dòngyuán	动
90	冻	dòng	动
91	斗争	dòuzhēng	动、名
92	都市	dūshì	名
93	毒	dú	名、动、形
94	毒品	dúpǐn	名
95	赌	dǔ	动
96	赌博	dǔbó	动
97	端午节	Duānwǔ Jié	
98	短片	duǎnpiàn	名
99	对抗	duìkàng	动
100	对立	duìlì	动
101	对外	duìwài	动
102	多媒体	duōméitǐ	名
103	俄语	Éyǔ	名
104	儿女	érnǚ	名
105	发布	fābù	动
106	发行	fāxíng	动
107	发言人	fāyánrén	名

108	发音	fāyīn	名、动	138	干预	gānyù	动
109	法规	fǎguī	名	139	感人	gǎnrén	形
110	法庭	fǎtíng	名	140	感想	gǎnxiǎng	名
111	番	fān	量	141	钢琴	gāngqín	名
112	凡是	fánshì	副	142	高等	gāoděng	形
113	繁荣	fánróng	形	143	高度	gāodù	名、形
114	反抗	fǎnkàng	动	144	高考	gāokǎo	名
115	反映	fǎnyìng	动、名	145	高手	gāoshǒu	名
116	犯	fàn	动	146	歌唱	gēchàng	动
117	犯罪	fàn//zuì		147	歌词	gēcí	名
118	方言	fāngyán	名	148	歌曲	gēqǔ	名
119	方针	fāngzhēn	名	149	歌星	gēxīng	名
120	防范	fángfàn	动	150	公安	gōng'ān	名
121	防守	fángshǒu	动	151	公告	gōnggào	名
122	非法	fēifǎ	形	152	公正	gōngzhèng	形
123	分布	fēnbù	动	153	公众	gōngzhòng	名
124	分工	fēn//gōng		154	宫	gōng	名
125	分类	fēn//lèi		155	巩固	gǒnggù	形、动
126	分裂	fēnliè	动	156	共识	gòngshí	名
127	分析	fēnxī	动	157	共享	gòngxiǎng	动
128	分享	fēnxiǎng	动	158	贡献	gòngxiàn	动、名
129	愤怒	fènnù	形	159	沟通	gōutōng	动
130	峰会	fēnghuì	名	160	构建	gòujiàn	动
131	佛教	Fójiào	名	161	估计	gūjì	动
132	幅	fú	量	162	古典	gǔdiǎn	形
133	福气	fúqi	名	163	古文	gǔwén	名
134	辅导	fǔdǎo	动	164	鼓励	gǔlì	动、名
135	辅助	fǔzhù	动	165	关键	guānjiàn	名、形
136	改革	gǎigé	动、名	166	观赏	guānshǎng	动
137	干涉	gānshè	动	167	官司	guānsi	名

168	冠军	guànjūn	名	198	回忆	huíyì	动
169	广泛	guǎngfàn	形	199	会见	huìjiàn	动
170	规划	guīhuà	名、动	200	会谈	huìtán	动、名
171	贵重	guìzhòng	形	201	绘画	huìhuà	动
172	国歌	guógē	名	202	婚姻	hūnyīn	名
173	国会	guóhuì	名	203	混乱	hùnluàn	形
174	国籍	guójí	名	204	活力	huólì	名
175	国情	guóqíng	名	205	活泼	huó·pō	形
176	过奖	guòjiǎng	动	206	活跃	huóyuè	形、动
177	汗	hàn	名	207	机关	jīguān	名
178	好运	hǎoyùn	名	208	基地	jīdì	名
179	好客	hàokè	形	209	基督教	Jīdūjiào	名
180	好学	hàoxué	动	210	激情	jīqíng	名
181	合唱	héchàng	动	211	吉利	jílì	形
182	合影	hé//yǐng		212	吉祥	jíxiáng	形
183	和谐	héxié	形	213	极端	jíduān	名、形
184	核心	héxīn	名	214	给予	jǐyǔ	动
185	胡同儿	hútòngr	名	215	技能	jìnéng	名
186	壶	hú	名、量	216	继承	jìchéng	动
187	互访	hùfǎng	动	217	加以	jiāyǐ	动
188	互利	hùlì	动	218	嫁	jià	动
189	化学	huàxué	名	219	简称	jiǎnchēng	名、动
190	划分	huàfēn	动	220	简化	jiǎnhuà	动
191	画面	huàmiàn	名	221	见闻	jiànwén	名
192	环节	huánjié	名	222	建筑	jiànzhù	动、名
193	皇帝	huángdì	名	223	将	jiāng	介
194	恢复	huīfù	动	224	骄傲	jiāo'ào	形、名
195	回报	huíbào	动	225	焦点	jiāodiǎn	名
196	回避	huíbì	动	226	教育部	jiàoyùbù	名
197	回收	huíshōu	动	227	结构	jiégòu	名

228	解放	jiěfàng	动
229	解说	jiěshuō	动
230	界限	jièxiàn	名
231	金融	jīnróng	名
232	近年	jìnnián	名
233	精美	jīngměi	形
234	竞争	jìngzhēng	动
235	纠纷	jiūfēn	名
236	纠正	jiūzhèng	动
237	就近	jiùjìn	副
238	居室	jūshì	名
239	句式	jùshì	名
240	拒绝	jùjué	动
241	剧场	jùchǎng	名
242	据	jù	介
243	军事	jūnshì	名
244	开创	kāichuàng	动
245	开设	kāishè	动
246	看待	kàndài	动
247	可口	kěkǒu	形
248	课外	kèwài	名
249	肯定	kěndìng	动、形、副
250	恐	kǒng	副
251	控制	kòngzhì	动
252	酷	kù	形
253	浪漫	làngmàn	形
254	劳动	láodòng	动、名
255	冷落	lěngluò	动、形
256	利于	lìyú	动
257	量词	liàngcí	名
258	晾	liàng	动
259	临摹	línmó	动
260	灵活	línghuó	形
261	领袖	lǐngxiù	名
262	令	lìng	动
263	留恋	liúliàn	动
264	漫画	mànhuà	名
265	矛盾	máodùn	名、形
266	贸易	màoyì	名
267	面貌	miànmào	名
268	描画	miáohuà	动
269	民主	mínzhǔ	名、形
270	名词	míngcí	名
271	明明	míngmíng	副
272	模糊	móhu	形
273	模式	móshì	名
274	陌生	mòshēng	形
275	能否	néngfǒu	动
276	年龄	niánlíng	名
277	欧洲	Ōuzhōu	名
278	偶然	ǒurán	形、副
279	偶像	ǒuxiàng	名
280	拍摄	pāishè	动
281	旁听	pángtīng	动
282	陪同	péitóng	动
283	佩服	pèi·fú	动
284	盆	pén	名
285	匹	pǐ	量
286	拼	pīn	动
287	贫困	pínkùn	形

288	频道	píndào	名
289	频繁	pínfán	形
290	乒乓球	pīngpāngqiú	名
291	评论	pínglùn	动、名
292	屏幕	píngmù	名
293	扑	pū	动
294	铺	pū	动
295	期望	qīwàng	动
296	启发	qǐfā	动、名
297	起诉	qǐsù	动
298	谦辞	qiāncí	名
299	谦虚	qiānxū	形
300	签订	qiāndìng	动
301	签约	qiān//yuē	
302	签证	qiānzhèng	动、名
303	强化	qiánghuà	动
304	强势	qiángshì	名、形
305	抢购	qiǎnggòu	动
306	抢救	qiǎngjiù	动
307	强迫	qiǎngpò	动
308	桥梁	qiáoliáng	名
309	巧妙	qiǎomiào	形
310	侵犯	qīnfàn	动
311	亲属	qīnshǔ	名
312	清澈	qīngchè	形
313	情节	qíngjié	名
314	区域	qūyù	名
315	渠道	qúdào	名
316	取胜	qǔshèng	动
317	劝	quàn	动
318	劝说	quànshuō	动
319	缺乏	quēfá	动
320	确立	quèlì	动
321	群体	qúntǐ	名
322	群众	qúnzhòng	名
323	热点	rèdiǎn	名
324	热门	rèmén	名
325	热线	rèxiàn	名
326	人权	rénquán	名
327	人物	rénwù	名
328	认定	rèndìng	动
329	认同	rèntóng	动
330	日益	rìyì	副
331	融入	róngrù	
332	如此	rúcǐ	代
333	如下	rúxià	动
334	入学	rù//xué	
335	赛	sài	动
336	赛场	sàichǎng	名
337	散文	sǎnwén	名
338	丧失	sàngshī	动
339	杀	shā	动
340	沙漠	shāmò	名
341	扇	shàn	量、名
342	上当	shàng//dàng	
343	上帝	Shàngdì	名
344	上市	shàng//shì	
345	上演	shàngyǎn	动
346	少儿	shào'ér	名
347	射击	shèjī	动、名

348	涉及	shèjí	动
349	摄影	shèyǐng	动
350	深化	shēnhuà	动
351	神	shén	名
352	神奇	shénqí	形
353	升学	shēng//xué	
354	声调	shēngdiào	名
355	胜负	shèngfù	名
356	胜于	shèngyú	
357	盛行	shèngxíng	动
358	失眠	shī//mián	
359	失误	shīwù	动、名
360	师生	shī shēng	
361	诗歌	shīgē	名
362	时期	shíqī	名
363	实践	shíjiàn	动、名
364	示范	shìfàn	动
365	市民	shìmín	名
366	式	shì	名
367	试点	shìdiǎn	动、名
368	手段	shǒuduàn	名
369	首脑	shǒunǎo	名
370	首相	shǒuxiàng	名
371	书法	shūfǎ	名
372	输出	shūchū	动
373	数词	shùcí	名
374	衰亡	shuāiwáng	动
375	摔	shuāi	动
376	率领	shuàilǐng	动
377	说法	shuō·fǎ	名
378	私人	sīrén	名
379	思维	sīwéi	名
380	俗语	súyǔ	名
381	随意	suí//yì	
382	损害	sǔnhài	动
383	踏	tà	动
384	探索	tànsuǒ	动
385	桃花	táohuā	名
386	提倡	tíchàng	动
387	同音词	tóngyīncí	名
388	统称	tǒngchēng	动、名
389	头痛	tóutòng	形
390	途径	tújìng	名
391	团队	tuánduì	名
392	推行	tuīxíng	动
393	退还	tuìhuán	动
394	脱离	tuōlí	动
395	威胁	wēixié	动
396	违法	wéi//fǎ	
397	违反	wéifǎn	动
398	围绕	wéirào	动
399	唯一	wéiyī	形
400	谓语	wèiyǔ	名
401	文艺	wényì	名
402	闻名	wénmíng	动
403	问号	wènhào	名
404	武打	wǔdǎ	名
405	舞蹈	wǔdǎo	名
406	物理	wùlǐ	名
407	误解	wùjiě	动、名

408	西服	xīfú	名
409	喜剧	xǐjù	名
410	戏	xì	名
411	戏剧	xìjù	名
412	戏曲	xìqǔ	名
413	细化	xìhuà	动
414	线索	xiànsuǒ	名
415	献	xiàn	动
416	乡	xiāng	名
417	象征	xiàngzhēng	动、名
418	消极	xiāojí	形
419	消解	xiāojiě	动
420	孝顺	xiào·shùn	动
421	协商	xiéshāng	动
422	协议	xiéyì	动、名
423	心灵	xīnlíng	名
424	心脏	xīnzàng	名
425	欣赏	xīnshǎng	动
426	信仰	xìnyǎng	名、动
427	胸怀	xiōnghuái	名
428	休闲	xiūxián	动
429	修养	xiūyǎng	名
430	虚心	xūxīn	形
431	许可	xǔkě	动
432	选修	xuǎnxiū	动
433	学分	xuéfēn	名
434	学科	xuékē	名
435	学制	xuézhì	名
436	循环	xúnhuán	动
437	压迫	yāpò	动
438	押金	yājīn	名
439	亚洲	Yàzhōu	名
440	严禁	yánjìn	动
441	严厉	yánlì	形
442	言论	yánlùn	名
443	言语	yányǔ	名
444	沿	yán	介
445	沿用	yányòng	动
446	研发	yánfā	动
447	眼光	yǎnguāng	名
448	演变	yǎnbiàn	动
449	演化	yǎnhuà	动
450	演奏	yǎnzòu	动
451	阳	yáng	名
452	养老	yǎng//lǎo	
453	要点	yàodiǎn	名
454	要素	yàosù	名
455	业务	yèwù	名
456	夜晚	yèwǎn	名
457	衣柜	yīguì	名
458	依次	yīcì	副
459	一辈子	yíbèizi	名
460	仪式	yíshì	名
461	一行	yìxíng	名
462	议题	yìtí	名
463	异乡	yìxiāng	名
464	异域	yìyù	名
465	意境	yìjìng	名
466	意识	yì·shí	名、动
467	意志	yìzhì	名

468	阴	yīn	名
469	饮	yǐn	动
470	饮食	yǐnshí	名
471	印	yìn	动
472	印刷	yìnshuā	动
473	英雄	yīngxióng	名
474	应对	yìngduì	动
475	拥有	yōngyǒu	动
476	忧	yōu	名
477	忧虑	yōulǜ	动
478	悠久	yōujiǔ	形
479	有益	yǒuyì	形
480	幼	yòu	形
481	语气	yǔqì	名
482	语速	yǔsù	名
483	语文	yǔwén	名
484	语义	yǔyì	名
485	语音	yǔyīn	名
486	欲	yù	副
487	原告	yuángào	名
488	原状	yuánzhuàng	名
489	缘故	yuángù	名
490	约束	yuēshù	动
491	乐曲	yuèqǔ	名
492	运行	yùnxíng	动
493	再婚	zàihūn	动
494	造句	zào//jù	
495	则	zé	连
496	增强	zēngqiáng	动
497	赠	zèng	动
498	赠予	zèngyǔ	动
499	展示	zhǎnshì	动
500	章	zhāng	名
501	掌声	zhǎngshēng	名
502	掌握	zhǎngwò	动
503	障碍	zhàng'ài	名、动
504	哲学	zhéxué	名
505	珍贵	zhēnguì	形
506	真诚	zhēnchéng	形
507	镇	zhèn	动、名
508	争议	zhēngyì	动
509	正当	zhèngdàng	形
510	政策	zhèngcè	名
511	支撑	zhīchēng	动
512	纸媒	zhǐméi	名
513	指示	zhǐshì	名、动
514	指责	zhǐzé	动
515	至于	zhìyú	动、介
516	中等	zhōngděng	形
517	中断	zhōngduàn	动
518	中华	Zhōnghuá	名
519	终止	zhōngzhǐ	动
520	众多	zhòngduō	形
521	周到	zhōudào	形
522	主持人	zhǔchírén	名
523	主角	zhǔjué	名
524	主流	zhǔliú	名
525	主体	zhǔtǐ	名
526	主演	zhǔyǎn	动、名
527	主语	zhǔyǔ	名

528	煮	zhǔ	动
529	注重	zhùzhòng	动
530	柱子	zhùzi	名
531	祝贺	zhùhè	动
532	专科	zhuānkē	名
533	专利	zhuānlì	名
534	转让	zhuǎnràng	动
535	状语	zhuàngyǔ	名
536	咨询	zīxún	动
537	资本	zīběn	名
538	自治	zìzhì	动
539	字幕	zìmù	名
540	字形	zìxíng	名
541	宗教	zōngjiào	名
542	总部	zǒngbù	名
543	总称	zǒngchēng	动、名
544	租金	zūjīn	名
545	租赁	zūlìn	动
546	组织	zǔzhī	动、名
547	尊称	zūnchēng	动、名
548	尊严	zūnyán	名
549	尊重	zūnzhòng	动
550	遵守	zūnshǒu	动

三级词汇表（新增650个）

序号	词语	拼音	词性
1	案件	ànjiàn	名
2	案情	ànqíng	名
3	案子	ànzi	名
4	芭蕾舞	bālěiwǔ	名
5	版面	bǎnmiàn	名
6	版权	bǎnquán	名
7	保外就医	bǎo wài jiùyī	
8	保障	bǎozhàng	动、名
9	曝光	bào//guāng	
10	本族语	běnzúyǔ	名
11	闭卷	bìjuàn	动
12	编剧	biānjù	动、名
13	编年体	biānniántǐ	名
14	辩证	biànzhèng	动、形
15	标点符号	biāodiǎn fúhào	
16	标号	biāohào	名
17	表意文字	biǎoyì wénzì	
18	表音文字	biǎoyīn wénzì	
19	兵马俑	bīngmǎyǒng	名
20	秉承	bǐngchéng	动
21	不及	bùjí	动
22	不妥之处	bùtuǒzhīchù	
23	部件	bùjiàn	名
24	残缺	cánquē	动
25	草木	cǎo mù	
26	插曲	chāqǔ	名
27	长治久安	chángzhì–jiǔ'ān	
28	畅所欲言	chàngsuǒyùyán	
29	倡议	chàngyì	动、名
30	唱腔	chàngqiāng	名
31	抄袭	chāoxí	动

32	超标	chāo//biāo	
33	朝代	cháodài	名
34	撤诉	chèsù	动
35	称谓	chēngwèi	名
36	承租	chéngzū	动
37	初等教育	chūděng jiàoyù	
38	出乎意料	chūhūyìliào	
39	出人意料	chūrényìliào	
40	出使	chūshǐ	动
41	穿越	chuānyuè	动
42	传承	chuánchéng	动
43	传教	chuán//jiào	
44	床位	chuángwèi	名
45	词序	cíxù	名
46	瓷器	cíqì	名
47	匆匆	cōngcōng	形
48	凑合	còuhe	动
49	存现句	cúnxiànjù	名
50	打交道	dǎ jiāodao	
51	大臣	dàchén	名
52	大局	dàjú	名
53	大王	dàwáng	名
54	大选	dàxuǎn	动
55	逮捕	dàibǔ	动
56	担当	dāndāng	动
57	单边	dānbiān	形
58	单音节	dānyīnjié	名
59	当今	dāngjīn	名
60	当事人	dāngshìrén	名
61	当先	dāngxiān	动
62	刀锋	dāofēng	名
63	捣	dǎo	动
64	倒数	dàoshǔ	动
65	盗窃	dàoqiè	动
66	道法自然	dào fǎ zìrán	
67	道听途说	dàotīng-túshuō	
68	得当	dédàng	形
69	得体	détǐ	形
70	抵触	dǐchù	动
71	抵押	dǐyā	动
72	抵御	dǐyù	动
73	抵制	dǐzhì	动
74	底层	dǐcéng	名
75	底线	dǐxiàn	名
76	底蕴	dǐyùn	名
77	底子	dǐzi	名
78	地理	dìlǐ	名
79	地坛	Dì Tán	名
80	地域	dìyù	名
81	帝国	dìguó	名
82	帝国主义	dìguó zhǔyì	
83	递增	dìzēng	动
84	典范	diǎnfàn	名
85	点号	diǎnhào	名
86	点评	diǎnpíng	动、名
87	殿	diàn	名
88	顶峰	dǐngfēng	名
89	定居	dìng//jū	
90	定论	dìnglùn	名
91	动荡	dòngdàng	动、形

92	逗号	dòuhào	名
93	独唱	dúchàng	动
94	独家	dújiā	名
95	独生子	dúshēngzǐ	名
96	独体字	dútǐzì	名
97	短语	duǎnyǔ	名
98	断句	duàn//jù	
99	队形	duìxíng	名
100	对白	duìbái	名
101	对联	duìlián	名
102	敦促	dūncù	动
103	顿号	dùnhào	名
104	多边	duōbiān	形
105	多音字	duōyīnzì	名
106	多余	duōyú	动、形
107	多元	duōyuán	形
108	夺冠	duó//guàn	
109	夺魁	duó//kuí	
110	恶化	èhuà	动
111	恶劣	èliè	形
112	恶性	èxìng	形
113	恶意	èyì	名
114	遏制	èzhì	动
115	恩怨	ēnyuàn	名
116	发布会	fābùhuì	名
117	发酵	fā//jiào	
118	法人	fǎrén	名
119	法则	fǎzé	名
120	繁体字	fántǐzì	名
121	反驳	fǎnbó	动
122	反击	fǎnjī	动
123	范畴	fànchóu	名
124	贩卖	fànmài	动
125	防卫	fángwèi	动
126	妨碍	fáng'ài	动
127	妨害	fánghài	动
128	访谈	fǎngtán	动
129	诽谤	fěibàng	动
130	废除	fèichú	动
131	废墟	fèixū	名
132	分寸	fēncun	名
133	分隔号	fēngéhào	名
134	分号	fēnhào	名
135	分化	fēnhuà	动
136	分界线	fēnjièxiàn	名
137	氛围	fēnwéi	名
138	封建	fēngjiàn	名、形
139	封面	fēngmiàn	名
140	封锁	fēngsuǒ	动
141	讽刺	fěngcì	动
142	奉行	fèngxíng	动
143	服饰	fúshì	名
144	服刑	fú//xíng	
145	辅音	fǔyīn	名
146	附加	fùjiā	动
147	复仇	fù//chóu	
148	复辅音	fùfǔyīn	名
149	改版	gǎi//bǎn	
150	改编	gǎibiān	动
151	改革开放	gǎigé kāifàng	

152	盖子	gàizi	名
153	感染力	gǎnrǎnlì	名
154	高等教育	gāoděng jiàoyù	
155	高龄	gāolíng	名、形
156	稿件	gǎojiàn	名
157	告	gào	动
158	告状	gào//zhuàng	
159	歌剧	gējù	名
160	歌舞	gēwǔ	名
161	革命	gémìng	动、形
162	革新	géxīn	动
163	隔离	gélí	动
164	工地	gōngdì	名
165	公共场所	gōnggòng chǎngsuǒ	
166	公关	gōngguān	名
167	公开信	gōngkāixìn	名
168	公立	gōnglì	形
169	公示	gōngshì	动
170	公务	gōngwù	名
171	公证	gōngzhèng	动
172	宫殿	gōngdiàn	名
173	宫廷	gōngtíng	名
174	共鸣	gòngmíng	动
175	共同体	gòngtóngtǐ	名
176	构思	gòusī	动
177	构想	gòuxiǎng	动、名
178	估量	gūliang	动
179	骨	gǔ	名
180	骨气	gǔqì	名
181	鼓舞	gǔwǔ	动、形
182	官僚	guānliáo	名
183	官僚主义	guānliáo zhǔyì	
184	灌输	guànshū	动
185	广义	guǎngyì	名
186	归功	guīgōng	动
187	归纳	guīnà	动
188	龟甲	guījiǎ	名
189	贵宾	guìbīn	名
190	贵族	guìzú	名
191	国宝	guóbǎo	名
192	国画	guóhuà	名
193	国际组织	guójì zǔzhī	
194	国家元首	guójiā yuánshǒu	
195	国境	guójìng	名
196	国力	guólì	名
197	国土	guótǔ	名
198	果园	guǒyuán	名
199	捍卫	hànwèi	动
200	合体字	hétǐzì	名
201	和平共处	hépíng gòngchǔ	
202	河流	héliú	名
203	喝彩	hè//cǎi	
204	黑客	hēikè	名
205	厚德载物	hòudé zàiwù	
206	湖泊	húpō	名
207	划算	huásuàn	形
208	华裔	huáyì	名
209	划时代	huàshídài	形
210	画展	huàzhǎn	名

211	话筒	huàtǒng	名
212	话语	huàyǔ	名
213	环球	huánqiú	动
214	缓和	huǎnhé	动、形
215	荒诞	huāngdàn	形
216	皇宫	huánggōng	名
217	皇家	huángjiā	名
218	辉煌	huīhuáng	形
219	回归	huíguī	动
220	回味	huíwèi	名、动
221	回忆录	huíyìlù	名
222	会晤	huìwù	动
223	会意字	huìyìzì	名
224	贿赂	huìlù	动、名
225	混杂	hùnzá	动
226	获胜	huòshèng	动
227	获悉	huòxī	动
228	机密	jīmì	形、名
229	基层	jīcéng	名
230	激活	jīhuó	动
231	激励	jīlì	动
232	吉他	jítā	名
233	吉祥物	jíxiángwù	名
234	极限	jíxiàn	名
235	即	jí	动
236	纪录片	jìlùpiàn	名
237	纪年	jìnián	动
238	纪实	jìshí	动、名
239	纪传体	jìzhuàntǐ	名
240	继承人	jìchéngrén	名
241	祭	jì	动
242	祭祀	jìsì	动
243	寂寞	jìmò	形
244	家规	jiāguī	名
245	家喻户晓	jiāyù-hùxiǎo	
246	家族	jiāzú	名
247	甲方	jiǎfāng	名
248	甲骨文	jiǎgǔwén	名
249	监狱	jiānyù	名
250	减弱	jiǎnruò	动
251	减刑	jiǎn//xíng	
252	简体字	jiǎntǐzì	名
253	见识	jiànshi	动、名
254	见证	jiànzhèng	动、名
255	间隔号	jiàngéhào	名
256	浆	jiāng	名
257	降水量	jiàngshuǐliàng	名
258	交错	jiāocuò	动
259	交替	jiāotì	动
260	浇	jiāo	动
261	教科书	jiàokēshū	名
262	教育家	jiàoyùjiā	名
263	皆	jiē	副
264	接见	jiējiàn	动
265	近音	jìn yīn	
266	惊	jīng	动
267	精通	jīngtōng	动
268	沮丧	jǔsàng	形
269	举报	jǔbào	动
270	举世闻名	jǔshì-wénmíng	
271	巨变	jùbiàn	名

272	句读	jùdòu	名
273	句号	jùhào	名
274	剧烈	jùliè	形
275	剧情	jùqíng	名
276	聚居	jùjū	动
277	开办	kāibàn	动
278	科目	kēmù	名
279	口才	kǒucái	名
280	口头	kǒutóu	名、形
281	苦难	kǔnàn	名
282	困惑	kùnhuò	形、动
283	拉丁语	Lādīngyǔ	名
284	朗朗	lǎnglǎng	形
285	老伴儿	lǎobànr	名
286	乐意	lèyì	动、形
287	冷战	lěngzhàn	名
288	礼仪	lǐyí	名
289	理科	lǐkē	名
290	理念	lǐniàn	名
291	立法	lì//fǎ	
292	励志	lìzhì	动
293	连接号	liánjiēhào	名
294	两面性	liǎngmiànxìng	名
295	淋漓尽致	línlí-jìnzhì	
296	领土	lǐngtǔ	名
297	领域	lǐngyù	名
298	流派	liúpài	名
299	流向	liúxiàng	名
300	垄断	lǒngduàn	动
301	笼统	lǒngtǒng	形
302	绿豆	lǜdòu	名
303	掠夺	lüèduó	动
304	骆驼	luòtuo	名
305	落脚点	luòjiǎodiǎn	名
306	茂盛	màoshèng	形
307	冒号	màohào	名
308	貌美如花	màoměi-rúhuā	
309	眉目传情	méimù-chuánqíng	
310	美德	měidé	名
311	魅力	mèilì	名
312	盟友	méngyǒu	名
313	秘书长	mìshūzhǎng	名
314	面红耳赤	miànhóng-ěrchì	
315	苗	miáo	名
316	描绘	miáohuì	动
317	民办	mínbàn	形
318	民事	mínshì	形
319	民众	mínzhòng	名
320	名著	míngzhù	名
321	命名	mìng//míng	
322	墨家	Mòjiā	名
323	谋求	móuqiú	动
324	木板	mùbǎn	名
325	木桶	mù tǒng	
326	目	mù	名
327	南腔北调	nánqiāng-běidiào	
328	脑筋	nǎojīn	名
329	脑力	nǎolì	名

330	闹事	nào//shì	
331	内政	nèizhèng	名
332	宁愿	nìngyuàn	副
333	农作物	nóngzuòwù	名
334	奴隶	núlì	名
335	虐待	nüèdài	动
336	殴打	ōudǎ	动
337	偶数	ǒushù	名
338	拍戏	pāi//xì	
339	判处	pànchǔ	动
340	判断句	pànduànjù	名
341	判决	pànjué	动
342	判决书	pànjuéshū	名
343	抛弃	pāoqì	动
344	烹饪	pēngrèn	动
345	偏旁	piānpáng	名
346	篇幅	piān·fú	名
347	票房	piàofáng	名
348	频率	pínlǜ	名
349	平民	píngmín	名
350	评论员	pínglùnyuán	名
351	评委	píngwěi	名
352	破案	pò//àn	
353	破折号	pòzhéhào	名
354	普查	pǔchá	动
355	普法	pǔfǎ	动
356	奇迹	qíjì	名
357	祈祷	qídǎo	动
358	棋盘	qípán	名
359	起伏	qǐfú	动
360	起死回生	qǐsǐ-huíshēng	
361	起源	qǐyuán	动、名
362	强加	qiángjiā	动
363	强制	qiángzhì	动
364	抢夺	qiǎngduó	动
365	巧合	qiǎohé	形
366	窍门	qiàomén	名
367	侵害	qīnhài	动
368	侵权	qīnquán	动
369	勤劳	qínláo	形
370	清新	qīngxīn	形
371	庆典	qìngdiǎn	名
372	庆幸	qìngxìng	动
373	囚犯	qiúfàn	名
374	酋长	qiúzhǎng	名
375	球台	qiútái	名
376	曲折	qūzhé	形
377	取缔	qǔdì	动
378	取经	qǔ//jīng	
379	取决于	qǔjué yú	
380	取舍	qǔshě	动
381	圈子	quānzi	名
382	权益	quányì	名
383	全局	quánjú	名
384	全能	quánnéng	形
385	全球化	quánqiúhuà	动
386	拳	quán	名、动
387	劝告	quàngào	动
388	劝阻	quànzǔ	动
389	确信	quèxìn	动

390	确凿	quèzáo	形
391	饶	ráo	动
392	饶恕	ráoshù	动
393	饶有兴趣	ráoyǒu-xìngqù	
394	扰乱	rǎoluàn	动
395	热播	rèbō	动
396	人次	réncì	量
397	人气	rénqì	名
398	人身	rénshēn	名
399	人身权	rénshēnquán	名
400	刃	rèn	名
401	认知	rènzhī	动
402	日程	rìchéng	名
403	融	róng	动
404	儒家	Rújiā	名
405	儒学	rúxué	名
406	入法	rù fǎ	
407	入乡随俗	rùxiāng-suísú	
408	软实力	ruǎnshílì	名
409	骚乱	sāoluàn	动
410	骚扰	sāorǎo	动
411	擅长	shàncháng	动
412	赡养	shànyǎng	动
413	商讨	shāngtǎo	动
414	上场	shàng//chǎng	
415	上诉	shàngsù	动
416	上限	shàngxiàn	名
417	上映	shàngyìng	动
418	社会主义	shèhuì zhǔyì	
419	社交	shèjiāo	名
420	涉嫌	shèxián	动
421	申办	shēnbàn	动
422	申报	shēnbào	动
423	深远	shēnyuǎn	形
424	神圣	shénshèng	形
425	审	shěn	动
426	审稿	shěn gǎo	
427	审美	shěnměi	动
428	生机	shēngjī	名
429	生物	shēngwù	名
430	生效	shēng//xiào	
431	声旁	shēngpáng	名
432	声望	shēngwàng	名
433	声誉	shēngyù	名
434	绳子	shéngzi	名
435	省会	shěnghuì	名
436	省略	shěnglüè	动
437	省略号	shěnglüèhào	名
438	盛会	shènghuì	名
439	失利	shī//lì	
440	师范	shīfàn	名
441	师长	shīzhǎng	名
442	师资	shīzī	名
443	施行	shīxíng	动
444	时辰	shíchen	名
445	史官	shǐguān	名
446	使臣	shǐchén	名
447	使节	shǐjié	名
448	使命	shǐmìng	名
449	使者	shǐzhě	名

450	世代	shìdài	名
451	世界杯	shìjièbēi	名
452	事务	shìwù	名
453	视野	shìyě	名
454	收成	shōucheng	名
455	收视率	shōushìlǜ	名
456	手臂	shǒubì	名
457	守法	shǒu//fǎ	
458	受害	shòu//hài	
459	受贿	shòu//huì	
460	受理	shòulǐ	动
461	受骗	shòu//piàn	
462	受众	shòuzhòng	名
463	授人以鱼	shòurényǐyú	
464	授人以渔	shòurényǐyú	
465	书籍	shūjí	名
466	书记	shūjì	名
467	书面	shūmiàn	形
468	书面语	shūmiànyǔ	名
469	书名号	shūmínghào	名
470	书生	shūshēng	名
471	抒情	shūqíng	动
472	署名	shǔ//míng	
473	双边	shuāngbiān	形
474	双音节	shuāngyīnjié	名
475	双赢	shuāngyíng	动
476	顺应	shùnyìng	动
477	说辞	shuō·cí	名
478	司法	sīfǎ	动
479	丝绸	sīchóu	名
480	丝绸之路	sīchóu zhī lù	
481	私立	sīlì	动、形
482	私密	sīmì	形
483	思路	sīlù	名
484	思想家	sīxiǎngjiā	名
485	四合院	sìhéyuàn	名
486	诉讼	sùsòng	动
487	素材	sùcái	名
488	塑造	sùzào	动
489	算账	suàn//zhàng	
490	缩略	suōlüè	动
491	缩略语	suōlüèyǔ	名
492	所谓	suǒwèi	形
493	索赔	suǒpéi	动
494	贪污	tānwū	动
495	潭	tán	名
496	坦诚	tǎnchéng	形
497	叹号	tànhào	名
498	唐人街	tángrénjiē	名
499	套话	tàohuà	名
500	特别行政区	tèbié xíngzhèngqū	
501	提神	tí//shén	
502	体裁	tǐcái	名
503	体系	tǐxì	名
504	条款	tiáokuǎn	名
505	条约	tiáoyuē	名
506	庭审	tíngshěn	动
507	停顿	tíngdùn	动
508	通史	tōngshǐ	名
509	同等	tóngděng	形

510	统治	tǒngzhì	动
511	头条	tóutiáo	名
512	土质	tǔzhì	名
513	团聚	tuánjù	动
514	推陈出新	tuīchén-chūxīn	
515	外形	wàixíng	名
516	完备	wánbèi	形
517	违约	wéi//yuē	
518	维权	wéiquán	动
519	未知数	wèizhīshù	名
520	文本	wénběn	名
521	文科	wénkē	名
522	文体	wéntǐ	名
523	无动于衷	wúdòngyúzhōng	
524	无可奈何	wúkěnàihé	
525	无期徒刑	wúqī túxíng	
526	无穷	wúqióng	动
527	无为	wúwéi	动
528	昔日	xīrì	名
529	息息相关	xīxī-xiāngguān	
530	惜墨如金	xīmò-rújīn	
531	席子	xízi	名
532	媳妇	xífu	名
533	细腻	xìnì	形
534	现任	xiànrèn	动、形
535	相通	xiāngtōng	动
536	享有	xiǎngyǒu	动
537	向往	xiàngwǎng	动
538	象形字	xiàngxíngzì	名
539	销量	xiāoliàng	名
540	小贩	xiǎofàn	名
541	小提琴	xiǎotíqín	名
542	孝	xiào	动
543	笑眯眯	xiàomīmī	形
544	效应	xiàoyìng	名
545	歇后语	xiēhòuyǔ	名
546	谐音	xiéyīn	动
547	携手	xiéshǒu	动
548	星宿	xīngxiù	名
549	刑法	xíngfǎ	名
550	行为艺术	xíngwéi yìshù	
551	行为主体	xíngwéi zhǔtǐ	
552	形旁	xíngpáng	名
553	形声	xíngshēng	名
554	秀	xiù	名
555	虚词	xūcí	名
556	虚构	xūgòu	动
557	栩栩如生	xǔxǔ-rúshēng	
558	序幕	xùmù	名
559	宣告	xuāngào	动
560	宣言	xuānyán	名
561	学富五车	xuéfùwǔchē	
562	学前教育	xuéqián jiàoyù	
563	学说	xuéshuō	名
564	压岁钱	yāsuìqián	名
565	烟草	yāncǎo	名
566	严谨	yánjǐn	形
567	严峻	yánjùn	形
568	摇篮	yáolán	名
569	依附	yīfù	动

570	遗嘱	yízhǔ	名
571	疑问句	yíwènjù	名
572	乙方	yǐfāng	名
573	一无所知	yìwúsuǒzhī	
574	一语双关	yìyǔ-shuāngguān	
575	艺术品	yìshùpǐn	名
576	议会	yìhuì	名
577	屹立	yìlì	动
578	异议	yìyì	名
579	因材施教	yīncái-shījiào	
580	阴阳五行	yīnyáng wǔxíng	
581	茵	yīn	名
582	引号	yǐnhào	名
583	印刷术	yìnshuāshù	名
584	永久	yǒngjiǔ	形
585	与众不同	yǔzhòng-bùtóng	
586	语素	yǔsù	名
587	语体	yǔtǐ	名
588	语序	yǔxù	名
589	语言学	yǔyánxué	名
590	玉石	yùshí	名
591	预告	yùgào	动、名
592	预赛	yùsài	动
593	寓意	yùyì	名
594	元首	yuánshǒu	名
595	元音	yuányīn	名
596	原创	yuánchuàng	动
597	原始社会	yuánshǐ shèhuì	
598	源头	yuántóu	名
599	源源不断	yuányuán búduàn	
600	乐器	yuèqì	名
601	杂居	zájū	动
602	砸	zá	动
603	载歌载舞	zàigē-zàiwǔ	
604	载体	zàitǐ	名
605	造纸术	zàozhǐshù	名
606	增添	zēngtiān	动
607	战略伙伴关系	zhànlüè huǒbàn guān·xì	
608	张灯结彩	zhāngdēng-jiécǎi	
609	招待	zhāodài	动
610	证人	zhèng·rén	名
611	政府首脑	zhèngfǔ shǒunǎo	
612	政治犯	zhèngzhìfàn	名
613	之	zhī	助
614	知识分子	zhīshi fènzǐ	
615	直观	zhíguān	形
616	直辖市	zhíxiáshì	名
617	指事	zhǐshì	名
618	制裁	zhìcái	动
619	制片人	zhìpiànrén	名
620	质感	zhìgǎn	名
621	中等教育	zhōngděng jiàoyù	
622	中轴线	zhōngzhóuxiàn	
623	终生	zhōngshēng	名
624	种族隔离	zhǒngzú gélí	

625	种族歧视	zhǒngzú qíshì	
626	仲裁	zhòngcái	动
627	舟	zhōu	名
628	州	zhōu	名
629	咒骂	zhòumà	动
630	诸侯	zhūhóu	名
631	竹简	zhújiǎn	名
632	竹片	zhúpiàn	名
633	主	zhǔ	名
634	主权	zhǔquán	名
635	主义	zhǔyì	名
636	主宰	zhǔzǎi	动
637	注入	zhùrù	
638	著述	zhùshù	名
639	著作权	zhùzuòquán	名
640	专栏	zhuānlán	名
641	专名号	zhuānmínghào	名
642	专制	zhuānzhì	动
643	专著	zhuānzhù	名
644	转型	zhuǎnxíng	动
645	追捧	zhuīpěng	动
646	准则	zhǔnzé	名
647	着重号	zhuózhònghào	名
648	资本主义	zīběn zhǔyì	
649	资讯	zīxùn	名
650	总编辑	zǒngbiān·jí	名

附 2：文科中文常用书面表达式

一级书面表达式（19 个）

1. 于是

汤姆很喜欢中国文化，于是他来到了中国学习汉语言文化专业。

2. A……，而 B 却……

大家都说这家饭馆的菜好吃，而我却觉得味道很一般。

3. 跟……相比

跟老年人相比，年轻人更喜欢在网上买东西。

4.（1）A 与 / 跟 / 和 B 有关 / 相关

他的好成绩与他的努力有关。

（2）A 与 / 跟 / 和 B 相近 / 相似

英语的“silk”跟汉语的“丝”发音相近。

5. 将

（1）介词

我们应当将工作和休息结合起来。

（2）副词

飞机将在四十分钟后到达首都机场。

6. 称

中国人常常亲切地把外国人称为“老外”。

7. 以及

在这门课上，我们要学习中国的法律，以及一些与法律相关的知识。

8. 尤其（是）

我很喜欢中国文学，尤其是古代文学。

9. 引起

他的做法引起了大家的注意。

10. 对……来说

对日本和韩国学生来说，汉字不算难。

11. 与……相关的

我总喜欢跟朋友讨论与电影相关的话题。

12. 姓……，名……，又称 / 号 / 字……

《史记》的作者司马迁，姓司马，名迁，字子长。

13. 不是……，而是……

他最关注的不是孩子的考试成绩，而是孩子有没有学到做人的道理。

14. 善于

他善于思考，所以我一有问题就请教他。

15. 以来

自从上班以来，他工作一直非常认真。

16. 甚至

（1）副词

她今天非常忙，甚至连吃饭的时间都没有。

（2）连词

他的这部小说在中国甚至全世界都很受欢迎。

17. “的”字短语：动词 + 的

新闻学培养的是将来在媒体行业工作的人。

18. A 越……，(B) 越……

情况越紧急，我们越需要冷静。

19. 既……，也……

我们既学习中国文学，也学习中国历史。

二级书面表达式（新增 27 个）

1. 不得 + 动词

学校有规定，摩托车不得进入校园。

2. 名词 + 上

汤姆刚来中国，在饮食上还不太习惯。

3. 起（着 / 到 / 了）……的作用

声调在汉语音节中起着非常重要的作用。

4. 对……有贡献 / 为……做出贡献

这项研究对现代医学发展有重要贡献。

5. 动词 + 向

这条路通向国家图书馆。

6. 沿（着）

我特别喜欢沿着海边散步。

7. 依次

据调查，我们学校热门专业排行榜的前三名依次是软件工程、人工智能与经济学。

8. 动词 + 入 / 出

佛教在公元前就已经传入中国了。

9. 在……下

学生可以在老师的指导下，自己完成学习任务。

10. 表示

“夕”的古文字形像月亮似的，表示“晚上”。

11. 象征（着）

人们把“福”字贴在门上，象征着好运到了。

12. 则

这里的冬天比较冷，春天则比较温暖。

13. 连……都……

为了不打扰孩子学习，家长连走路、说话都不敢大声。

14. 向……（表示）祝贺

老王的儿子考上了大学，同事们都向他表示祝贺。

15. 数 + 位数词 + 量词

这家公司有数千名员工。

16. 其

孔子是中国伟大的教育家，其教育主张至今还在影响着中国人。

17. 凡是……都……

凡是世界上有名的地方，我都想去看看。

18. 用……来……

我们可以用多媒体来帮助教师教学。

19. 随着……而……

学生的阅读速度随着词汇量的增加而加快。

20. 为……而……

老师为大家的进步而感到高兴。

21. 在于

网络的优势在于数据资源共享。

22. 至于

我只知道他的名字，至于他的联系方式，我就不知道了。

23. 一行

这个代表团一行一共十人。

24. 难以

这些工作太多了，一个人难以完成。

25. 以便

老师要求我们做好课堂笔记，以便课后复习。

26. 令

几年没有回老家了，那里的变化令我们吃惊。

27. 加以

对于传统文化，我们要认真加以研究。

三级书面表达式（新增 24 个）

1. 以……为……

汉语语素以单音节为基本形式。

2. 由……构成

形声字由形旁和声旁两部分构成。

3. 动词 / 介词短语 + 来 + 动词短语

我打算用一个月的时间来写完这篇论文。

4. 形容词 + 于

他每天忙于工作，没有时间考虑结婚的事。

5. 以免

你说话的时候慢一点儿，以免别人听不清楚。

6. A 相当于 B

这台电脑的价格差不多相当于我一个月的工资。

7. 有……之处

虽然我们都是年轻人，但我们的想法有很多不同之处。

8. 动词 + 一 + 番

这个问题我们要好好儿研究一番。

9. 不仅……，反而……

我帮了她，她不仅不感谢我，反而还怪我。

10. 宁愿……，也……

我们宁愿每天加班，也要把这项任务完成。

11. 用……眼光（看待）/ 用……的态度（对待）

不要总是用批评的眼光看待孩子。

12. 别看……，但是 / 可是 / 其实……

别看这东西便宜，可是质量很好，我用了好多年都没坏。

13. 最为 / 更为 / 尤为 + 形容词 / 心理动词

互联网可以说是最近几年最为活跃的行业。

14. 谁料

眼看到了收获的季节，谁料一场洪水之后，什么都没有了。

15. 即

结婚前一年，即 1998 年，他换了一份新工作。

16. 归功于

我能取得这么好的成绩，要归功于老师的帮助。

17. 出自……之手

这些精美的丝绸出自苏州丝绸厂的工人之手。

18. 而言

对他这样的年轻人而言，一夜不睡根本不算什么。

19. 为 / 被……所 + 动词

这是一首为青年人所熟悉的歌曲。

20. 动词 + 为

这部小说分为三个部分。

21. 用 / 以……的方式 / 方法 + 动词

《史记》以纪传体的方式记录重要的人物。

22. A 仅次于 B

据统计，我校今年选择法律专业的学生人数仅次于汉语言专业的。

23. 有……的美称

唐代诗人李白有“诗仙”的美称。

24. 所 + 动词

这就是我所了解到的情况。

附 3：文科中文语言表达功能项目

一级功能项目（15 个）

1. 举例：如 / 例如 / 比如 / 比如说

我喜欢中国的古诗，例如李白的诗、杜甫的诗，我都特别喜欢。

2. 罗列（1）：首先，……；其次，……；第三（最后），……/ 第一，……；第二，……；第三（另外），……/ 一来，……；二来，……；三来，……

语音方面，首先，现代汉语的语音没有复辅音，因此，音节结构比较整齐，音节之间的界限比较清楚；其次，音节中可以没有辅音，但是不能没有元音；第三，每个音节都有声调，而且声调有高低升降的变化，形成一种音乐美。

3. 罗列（2）：像……，……，等等 / 有的……，有的……/ 有……，也有……/ 一方面……，另一方面……

中国人对待别人的称赞，习惯用一些谦辞，像“哪里，哪里”“还差得远呢”“马马虎虎”“不敢当”“过奖”，等等。

4. 询问：为什么……，而（反而、却）……呢？

为什么中国的名字不是“Han”或者“Tang”，而是“China”呢？

5. 比较（1）：与（同、和）……不同（不一样）/ 与（同、和）……没什么差别（差别不大、差别很大）

在中国，北方人和南方人的生活习惯差别很大。

6. 比较（2）：比 / 没有 / 不如 / 与（同、和）……比较（相比、比起来）/ 相比之下

社会教育与家庭教育和学校教育比起来，有很多不同。

7. 描述变化：本来（原来、原本）……，但是（可是、而、最后）……/没想到 / 谁想

她本来的理想是成为一名老师，可是由于种种原因，最后走上了音乐的道路。

8. 比喻：像……一样 / 好像 / 仿佛

人们常常会觉得，汉字，特别是古代汉字，就像是画儿一样。

9. 选择：不是……，就是……/ 或者……，或者……/ 要么……，要么……

大学毕业以后，同学们要么继续学习，要么找工作。

10. 谦虚：哪里哪里 / 不敢当 / 马马虎虎 / 过奖 / 请批评 / 请指教 / 谈不上 / 只不过……罢了

我只不过是学过两年汉语罢了，谈不上是汉语专家。

11. 引述（1）：数据（材料、研究、调查……）显示

数据显示，我们学校法律方面的专业非常受欢迎。

12. 下定义：（是）指 / 指的是 / 是 / 就是 / 叫（作）/ 把……称为……

外交通常指由国家元首、政府首脑、外交部长和外交机关代表国家进行的对外交往活动。

13. 叙述：先是……，又……/ 先……，再……/ 于是 / 接着 / 然后 / 本来 / 后来
来到中国以后，大卫先在北京学习了两年汉语，接着又到上海工作了两年。

14. 否认：并没 / 从（来）没……，怎么会……/ 连听都没听过，更别说（更不用说）……了
我从来没见过这个人，怎么会认识他呢？

15. 估计：将会 / 估计 / 大概 / 也许 / 可能 / 恐怕 / 说不定
由于媒体是满足人类基本需求的，而且行业越有变化，就越有意思，越有前途。因此，今后新闻传播估计还将是个热门专业。

二级功能项目（新增 10 个）

1. 解释：……是……的意思 / 意思是 / 就是 / 表示 / 实际上 / 其实 / 也就是说 / 指的是 / 不是……，而是……/ 我们这里所说的
“除”是“除去”的意思，“除夕”表示“过了这个晚上就迎来了新的一年”。

2. 推论：可见 / 由此可见 / 否则
你家里有这么多书，由此可见，你是个爱读书的人。

3. 说明：拿……来说 / 老实说 / 指出 / 表示 /……共……，分……，其中……
要想学好汉语得多练，就拿听力来说，天天听广播、看电视，才能迅速提高听力水平。

4. 要求或禁止：要（应、应该、应当）/ 一定要 / 得 / 所有……，都要（必须）……/ 不能（不得）/ 不准（不许）/ 别（少、禁止、严禁、请勿）
教学楼内禁止吸烟。

5. 说明起因：因为……的缘故 / 由于 / 鉴于……（的原因）/ 正因为 / 之所以……，是因为……
由于身体的原因，老李提前退休了。

6. 引述（2）：据……记载 / 据……说 / 据……报道
据记载，中国的汉字在 5000 多年前就出现了。

7. 承诺：保证 / 不管（无论）……，都（也）……/ 即使……，也……
无论付出多大代价，我们也要争取到这次难得的好机会。

8. 概括：简单而言 / 简而言之 / 一句话 / 总之 / 总而言之 / 归根到底 / 综上所述 / 概括起来说
什么是艺术？简单而言，艺术是人类创造的美。

9. 评价：值得 / 令人……的是……/ 具有……的价值（地位）/ 是 / 成为
《水浒传》以描写农民战争为主，情节曲折，语言生动，有很多生活场景描写，具有很高的艺术价值。

10. 判断：断定 / 根据……判定（判断）/ 从……判断 / 肯定（一定）……，不然（否则）……
大卫今天肯定身体不舒服，否则他一定会来上课的。

三级功能项目（新增 5 个）

1. **反对 / 不赞成：我不赞成（不同意、不接受）/ 对……持不同意见 / 我不这么认为 /A 是 A，不过（但是）……**

   有人说小孩子不需要那么早学习外语，对此，我持不同意见。

2. **引入话题：请你谈谈……/ 说实话，……/ 要我说呀，……/ 既然如此，那我们就来讨论一下儿……/ 我很想了解这方面的情况，……**

   我们已经读了《塞翁失马》这个故事，请你谈谈你的感想吧。

3. **插话：对不起，我可以打断一下儿吗 / 请允许我插一句 / 冒昧地问一句 / 等等 / 等一下儿**

   A：调查显示，外国观众最喜欢的中国电影类型依次是功夫片、历史战争片和喜剧片。

   B：对不起，我可以打断一下儿吗？您说的这份调查在哪里可以看到？

   A：这份调查的名字是《中国电影文化的国际传播研究调查报告》，你可以上网查一查。

4. **结束谈话：这次就谈到这儿吧 / 时间的关系，今天就到这儿吧 / 我说完了，谢谢**

   以上四种方法是我在学习汉语的过程中总结出来的，欢迎同学们和我一起讨论。我说完了，谢谢。

5. **分析与论证：**

   疑问句【提出问题】+ 首先，……；其次，……【分析问题】+【总结】

   陈述句【提出问题】+ 一方面，……；另一方面，……【分析问题】

   肯定句【总论】+ 论据 1、论据 2……【分论】+ 因此，……【结论】

   要从事媒体行业，需要学些什么呢？首先，要练习写作，学习访谈技能；其次，现在的新媒体基本是靠投资养大的，因此，媒体工作者需要掌握相关的金融知识；最后，经营非常重要，要学会推广自己媒体的产品，要学习互联网产品销售的有关知识。

经贸中文

能够基本听懂中国普通高等学校经贸类本科一年级课堂教学内容并记录重要信息。能够看懂经济类专业性文章常用的书面语言表达形式。能够借助工具书读懂简单的经济类专业书籍，正确理解中心大意，并能够运用阅读技巧进行寻读和略读，会找关键词。能够理解与日常经济生活相关的语言材料，抓住要点和相关细节，并能够用正确的语言表达个人观点，就熟悉的经贸类话题与他人进行交流和讨论。能够用书面语言对一些经济现象进行简单的描写和说明。能够借助参考资料写出与日常经济生活相关、结构清晰、文理通顺的短文。

1. 一级标准

- **专业学习能力** 具备基础的经贸中文听、读、说、写能力。理解并掌握经贸中文一级常用的词汇。能够用比较规范的经贸中文语体表述经贸专业的基本概念、描述日常经济现象，条理清楚，表达得体。
- **话题任务内容** 话题涉及收入与消费、价格与价值、供给与需求、垄断与竞争、GDP 与 GNP、成本与利润、经济危机与通货膨胀、恩格尔系数与消费结构、货币与汇率、保险等。能够完成与之相关的交际任务，能够与人谈论简单的经济现象，例如：读懂信用卡账单并按时还款，说明收入与消费的关系。
- **语言量化指标** 词语 250 个。

1.1 听

能够听懂涉及一级经贸话题任务内容、以较长单句和简单复句为主的对话或讲话，对话或讲话发音标准、吐字清晰、语速正常（不低于 160 字 / 分钟）。能够听懂大意，并较准确地抓住主要信息，意识到对话或讲话中涉及的经贸专业元素。

1.2 读

能够认读一级语言量化指标涉及的经贸专业词汇。能够读懂涉及一级经贸话题任务内容的语言材料，阅读速度不低于 100 字 / 分钟。能够理解简单复句，读懂描述经济现象的语言材料，掌握中心大意和相关细节。初步掌握略读、寻读、抓关键词、猜测联想、跳跃障碍等阅读技巧。

1.3 说

能够掌握一级语言量化指标涉及的经贸专业词汇，发音基本标准。能够使用一级经贸话题任务内容所涉及的专业词汇完成相关经贸话题的表达和交际任务。具备初步的成段表达能力，能够使用一些比较复杂的句式描述日常经济现象、简要陈述个人观点、进行一般性交谈，表达比较流利，用词比较准确。

1.4 写

能够熟练掌握一级语言量化指标涉及的专业词汇。能够使用一级所涉及的专业词汇就熟悉的经贸话题进行一定的书面表达，语言得体，表达流畅清楚，字数不低于200字。

2. 二级标准

- **专业学习能力** 具备一定的经贸中文听、读、说、写能力。能够就经贸中文二级范围内的专业问题进行比较完整、有效、顺畅的表达，较好地掌握经贸中文二级话题内容，具备一定的成段表达能力。
- **话题任务内容** 话题涉及经济全球化、宏观调控、社会保障、国际贸易、海关与关税、广告与营销、股份公司与跨国公司等。能够较好地掌握经贸领域的基本原理，能够表述与话题相关的经贸专业内容，例如：谈谈广告的重要性，说说对经济全球化的理解，介绍某个知名的跨国公司。
- **语言量化指标** 词语500个（新增250个）。

2.1 听

能够听懂涉及二级经贸话题任务内容的较长的对话或讲话，包括真实语境中涉及相关话题的行业简报或难度一般的专业课程和研讨报告，对话或讲话发音自然、略带方音、语速正常（不低于180字/分钟）。能够规避较嘈杂的环境、不必要的重复和停顿等因素的影响，准确获取主要信息及部分细节内容。能够基本理解对话或讲话中的经贸专业基础知识和专业词汇。

2.2 读

能够认读二级语言量化指标涉及的经贸专业词汇。能够读懂涉及二级经贸话题任务内容的语言材料，阅读速度不低于120字/分钟。能够理解复杂的句式，掌握所涉及的经贸专业术语，较好地理解经贸话题内容。能够在阅读的基础上进行相关的数字计算。基本掌握快速阅读、跳跃障碍、查找关键信息点等阅读技巧。

2.3 说

能够掌握二级语言量化指标涉及的经贸专业词汇，发音基本标准，语调自然。能够使用二级经贸话题任务内容所涉及的专业词汇完成相关经贸话题的表达和交际任务。具备成段表达能力，能够使用比较复杂的句式讨论二级范围内经贸领域的专业问题，能够就专业问题进行难度一般的汇报，表达流利，用词准确，基本得体，有一定的逻辑性。

2.4 写

能够熟练掌握二级语言量化指标涉及的专业词汇。能够使用较为复杂的句式进行语段表达，能够对二级范围内经贸领域的基本原理、观点和热点问题进行书面表达，用词较为恰当，句式基本正确，内容比较完整，表达较为通顺，字数不低于300字。能够模仿完成基础的经贸类应用文体写作，格式基本正确。

3. 三级标准

- **专业学习能力** 具备较好的经贸中文听、读、说、写能力。具备成段表达能力，能够就较为专业的经贸话题进行完整、有效、顺畅的交流。掌握经贸中文三级话题内容，能够表述自己对某些话题的理解和看法。
- **话题任务内容** 话题涉及经济贸易的各个方面，例如：市场机制、市场监督、消费者保护、自由贸易、世界经济体、资源产业链、泡沫经济、税收调节、实体经济、产权、股市等。能够就理论性较强的经贸类文章进行复述并表达自己的观点，能够对他人提出的专业问题进行回应，例如：用比较专业的经贸术语介绍自己国家的经济结构。
- **语言量化指标** 词语800个（新增300个）。

3.1 听

能够听懂涉及三级经贸话题任务内容的较正式的对话或讲话，包括真实语境中涉及相关话题的行业报道或有一定难度的专业课程和研讨报告，对话或讲话发音自然、略带方音、语速正常或稍快（不低于200字/分钟）。能够通过对话或讲话中语音、语调、语速的变化等辅助手段理解和获取主要经贸信息。能够较好地理解对话或讲话中的经贸专业基础知识和专业词汇。

3.2 读

能够认读三级语言量化指标涉及的经贸专业词汇。能够读懂涉及三级经贸话题任务内容的语言材料，阅读速度不低于150字/分钟。能够读懂经贸类的叙述性、说明性等语言材料，能够基本读懂经贸类有一定理论性的议论文章，能够理解文章大意和细节信息，并进行相关的逻辑推理。能够利用经贸专业字典、词典等理解生词意义。熟练掌握略读、跳读等阅读技巧。

3.3 说

能够掌握三级语言量化指标涉及的经贸专业词汇，发音比较标准，语调自然。能够使用三级经贸话题任务内容所涉及的专业词汇完成相关的话题表达和交际任务。具备良好的成段表达能力，能够使用复杂的句式比较深入地讨论三级范围内经贸领域的专业问题，能够就专业问题进行难度适中的汇报，表达流畅，用词丰富得体，逻辑性较强。

3.4 写

能够熟练掌握三级语言量化指标涉及的专业词汇。具备较好的书面表达能力，能够借助参考资料进行较专业的经贸中文书面交流。能够撰写与经贸话题相关的叙述性和说明性短文，用词准确，语句通顺，格式正确，行文规范，表达清楚，字数不低于400字。

附：经贸中文专业词汇

一级词汇表（250 个）

序号	词语	拼音	词性
1	包装	bāozhuāng	动、名
2	保持	bǎochí	动
3	保护	bǎohù	动
4	保险	bǎoxiǎn	名
5	保修	bǎoxiū	动
6	保证	bǎozhèng	动、名
7	比例	bǐlì	名
8	必不可少	bìbùkěshǎo	
9	必要	bìyào	形
10	必要条件	bìyào tiáojiàn	
11	边际成本	biānjì chéngběn	
12	贬值	biǎnzhí	动
13	表现	biǎoxiàn	动
14	不同	bù tóng	
15	部门	bùmén	名
16	采取	cǎiqǔ	动
17	差距	chājù	名
18	产量	chǎnliàng	名
19	产品	chǎnpǐn	名
20	长期	chángqī	名、形
21	成本	chéngběn	名
22	成立	chénglì	动
23	成员	chéngyuán	名
24	程度	chéngdù	名
25	持续	chíxù	动
26	出口	chū//kǒu	
27	处理	chǔlǐ	动
28	处于	chǔyú	动
29	储蓄	chǔxù	名、动
30	创造	chuàngzào	动
31	创造者	chuàngzàozhě	名
32	达到	dá//dào	
33	大量	dàliàng	形
34	大于	dàyú	动
35	单位	dānwèi	名
36	当前	dāngqián	名
37	等于	děngyú	动
38	地区	dìqū	名
39	地位	dìwèi	名
40	动荡	dòngdàng	动、形
41	动力	dònglì	名
42	短期	duǎnqī	名、形
43	对象	duìxiàng	名
44	反而	fǎn'ér	副
45	反之	fǎnzhī	连
46	范围	fànwéi	名
47	费	fèi	名
48	费用	fèiyong	名
49	分配	fēnpèi	动
50	风险	fēngxiǎn	名
51	付	fù	动
52	复苏	fùsū	动
53	概念	gàiniàn	名
54	高价	gāojià	名

55	个别劳动时间	gèbié láodòng shíjiān	
56	个人消费	gèrén xiāofèi	
57	工厂	gōngchǎng	名
58	工资	gōngzī	名
59	公布	gōngbù	动
60	公民	gōngmín	名
61	公平	gōngpíng	形
62	功能	gōngnéng	名
63	供给	gōngjǐ	动
64	供给量	gōngjǐliàng	名
65	供应商	gōngyìngshāng	名
66	构成	gòuchéng	动
67	购买	gòumǎi	动
68	固定	gùdìng	形、动
69	广告	guǎnggào	名
70	规定	guīdìng	动、名
71	规律	guīlǜ	名
72	国籍	guójí	名
73	国力	guólì	名
74	国民生产总值	guómín shēngchǎn zǒngzhí	
75	国内	guónèi	名
76	国内生产总值	guónèi shēngchǎn zǒngzhí	
77	过程	guòchéng	名
78	过剩	guòshèng	动
79	海关	hǎiguān	名
80	合理	hélǐ	形
81	合同	hé·tóng	名
82	环境	huánjìng	名
83	获得	huòdé	动
84	获胜	huòshèng	动
85	机器	jī·qì	名
86	基本	jīběn	副
87	计算	jìsuàn	动
88	技术	jìshù	名
89	季度	jìdù	名
90	加强	jiāqiáng	动
91	价格	jiàgé	名
92	价值	jiàzhí	名
93	价值规律	jiàzhí guīlǜ	
94	兼并	jiānbìng	动
95	减	jiǎn	动
96	减少	jiǎnshǎo	动
97	减小	jiǎnxiǎo	
98	建立	jiànlì	动
99	降低	jiàngdī	动
100	交通运输	jiāotōng yùnshū	
101	交易	jiāoyì	名、动
102	节省	jiéshěng	动
103	节约	jiéyuē	动
104	进口	jìn//kǒu	
105	进行	jìnxíng	动
106	经济危机	jīngjì wēijī	
107	经济学	jīngjìxué	名
108	经济学家	jīngjìxuéjiā	名
109	经理	jīnglǐ	名
110	经营	jīngyíng	动

111	竞争	jìngzhēng	动
112	竞争力	jìngzhēnglì	名
113	竞争者	jìngzhēngzhě	名
114	就业	jiù//yè	
115	就业率	jiùyèlǜ	名
116	具有	jùyǒu	动
117	决定	juédìng	动
118	均衡	jūnhéng	形
119	均衡市场	jūnhéng shìchǎng	
120	可支配收入	kězhīpèi shōurù	
121	快递	kuàidì	名
122	快件	kuàijiàn	名
123	快速	kuàisù	形
124	亏损	kuīsǔn	动
125	劳动	láodòng	动、名
126	劳动生产率	láodòng shēngchǎnlǜ	
127	劳动者	láodòngzhě	名
128	利用	lìyòng	动
129	联合	liánhé	动
130	联系	liánxì	动
131	粮食	liángshi	名
132	垄断	lǒngduàn	动
133	率	lǜ	后缀
134	买方	mǎifāng	名
135	买方市场	mǎifāng shìchǎng	
136	卖方	màifāng	名
137	卖方市场	màifāng shìchǎng	
138	满足	mǎnzú	动
139	矛盾	máodùn	名、形
140	美元	měiyuán	名
141	免费	miǎn//fèi	
142	免息	miǎn xī	
143	面积	miànjī	名
144	目标	mùbiāo	名
145	目的	mùdì	名
146	票价	piàojià	名
147	平均	píngjūn	形
148	普遍	pǔbiàn	形
149	企业	qǐyè	名
150	情感	qínggǎn	名
151	全球	quánqiú	名
152	全球化	quánqiúhuà	动
153	人民币	rénmínbì	名
154	如何	rúhé	代
155	商品	shāngpǐn	名
156	商人	shāngrén	名
157	上升	shàngshēng	动
158	上市	shàng//shì	
159	上涨	shàngzhǎng	动
160	社会必要劳动时间	shèhuì bìyào láodòng shíjiān	
161	升高	shēnggāo	
162	生产	shēngchǎn	动
163	生产力	shēngchǎnlì	名
164	生产者	shēngchǎnzhě	名
165	失业	shī//yè	
166	石油	shíyóu	名

167	时期	shíqī	名
168	实力	shílì	名
169	实行	shíxíng	动
170	市场	shìchǎng	名
171	市场经济	shìchǎng jīngjì	
172	市场竞争	shìchǎng jìngzhēng	
173	事实	shìshí	名
174	收费	shōufèi	动
175	收入	shōurù	名
176	收入预期	shōurù yùqī	
177	收益	shōuyì	名
178	水平	shuǐpíng	名
179	说明书	shuōmíngshū	名
180	速度	sùdù	名
181	随着	suízhe	介
182	提高	tí//gāo	
183	通货膨胀	tōnghuò péngzhàng	
184	统一	tǒngyī	形、动
185	投入	tóurù	动、名
186	投资	tóuzī	动、名
187	突出	tūchū	动、形
188	推动	tuī//dòng	
189	推广	tuīguǎng	动
190	物价	wùjià	名
191	下跌	xiàdiē	动
192	下降	xiàjiàng	动
193	现金	xiànjīn	名
194	相对	xiāngduì	形
195	相关	xiāngguān	动
196	项	xiàng	量、名
197	消费	xiāofèi	动
198	消费量	xiāofèiliàng	名
199	消费者	xiāofèizhě	名
200	小于	xiǎoyú	动
201	信用卡	xìnyòngkǎ	名
202	行为	xíngwéi	名
203	形式	xíngshì	名
204	需求	xūqiú	名
205	需求量	xūqiúliàng	名
206	需要	xūyào	动
207	宣传	xuānchuán	动
208	严重	yánzhòng	形
209	一致	yízhì	形、副
210	一般来说	yìbān lái shuō	
211	因而	yīn'ér	连
212	因素	yīnsù	名
213	银行	yínháng	名
214	应用	yìngyòng	动
215	优胜劣汰	yōushèng-liètài	
216	由	yóu	介
217	有利	yǒulì	形
218	有效	yǒuxiào	动
219	余额	yú'é	名
220	预支	yùzhī	动
221	元	yuán	量
222	原则	yuánzé	名
223	运输	yùnshū	动
224	遭到	zāodào	
225	造成	zàochéng	动

226	责任	zérèn	名
227	增幅	zēngfú	名
228	增加	zēngjiā	动
229	增强	zēngqiáng	动
230	增长	zēngzhǎng	动
231	增长率	zēngzhǎnglǜ	名
232	占	zhàn	动
233	折旧	zhéjiù	动
234	争取	zhēngqǔ	动
235	整体	zhěngtǐ	名
236	支付	zhīfù	动
237	值	zhí	名、动
238	制造	zhìzào	动
239	质量	zhìliàng	名
240	转移	zhuǎnyí	动
241	赚	zhuàn	动
242	状况	zhuàngkuàng	名
243	状态	zhuàngtài	名
244	资金	zījīn	名
245	自动	zìdòng	形、副
246	总	zǒng	形
247	总体	zǒngtǐ	名
248	总体收入	zǒngtǐ shōurù	
249	租	zū	动
250	组	zǔ	量

二级词汇表（新增 250 个）

序号	词语	拼音	词性
1	扮演	bànyǎn	动
2	保健	bǎojiàn	动
3	保障	bǎozhàng	动、名
4	本票	běnpiào	名
5	本身	běnshēn	代
6	比率	bǐlǜ	名
7	比重	bǐzhòng	名
8	必然趋势	bìrán qūshì	
9	必需	bìxū	动
10	变动	biàndòng	动
11	便利	biànlì	形、动
12	标的	biāodì	名
13	不利	búlì	形
14	补偿	bǔcháng	动
15	补贴	bǔtiē	名、动
16	不知不觉	bùzhī-bùjué	
17	财产	cáichǎn	名
18	财富	cáifù	名
19	财政	cáizhèng	名
20	采购	cǎigòu	动
21	产业	chǎnyè	名
22	长寿	chángshòu	形
23	常驻	cháng zhù	
24	承担	chéngdān	动
25	出售	chūshòu	动
26	储备	chǔbèi	动、名
27	传送	chuánsòng	动
28	刺激	cìjī	动
29	促进	cùjìn	动

30	促销	cùxiāo	动
31	存款	cúnkuǎn	名
32	打动	dǎdòng	动
33	大型	dàxíng	形
34	贷款	dàikuǎn	名、动
35	单一	dānyī	形
36	倒闭	dǎobì	动
37	典型	diǎnxíng	形
38	定位	dìngwèi	名、动
39	董事会	dǒngshìhuì	名
40	兑换	duìhuàn	动
41	恩格尔	Ēngé'ěr	名
42	恩格尔系数	Ēngé'ěr xìshù	
43	发挥	fāhuī	动
44	发行	fāxíng	动
45	罚款	fákuǎn	名
46	法规	fǎguī	名
47	反映	fǎnyìng	动
48	方案	fāng'àn	名
49	纺织	fǎngzhī	动
50	分销	fēnxiāo	动
51	分销商	fēnxiāoshāng	名
52	分支	fēnzhī	名
53	服从	fúcóng	动
54	浮动汇率	fúdòng huìlǜ	
55	符合	fúhé	动
56	福利	fúlì	名
57	负担	fùdān	动
58	富裕	fùyù	形
59	改革	gǎigé	动
60	改善	gǎishàn	动
61	根据	gēnjù	动、介、名
62	供求	gōngqiú	名
63	沟通	gōutōng	动
64	股东	gǔdōng	名
65	股份公司	gǔfèn gōngsī	
66	股票	gǔpiào	名
67	固定汇率	gùdìng huìlǜ	
68	关税	guānshuì	名
69	规格	guīgé	名
70	规模	guīmó	名
71	国际化	guójìhuà	动
72	国境	guójìng	名
73	国民经济	guómín jīngjì	
74	过于	guòyú	副
75	含	hán	动
76	行业	hángyè	名
77	合并	hébìng	动
78	合计	héjì	动
79	宏观经济	hóngguān jīngjì	
80	宏观调控	hóngguān tiáokòng	
81	花费	huāfèi	动
82	化工	huàgōng	名
83	环节	huánjié	名
84	回报	huíbào	动
85	汇	huì	动
86	汇付	huìfù	动
87	汇款	huìkuǎn	动、名
88	汇率	huìlǜ	名
89	汇票	huìpiào	名

90	货币	huòbì	名
91	货币供给	huòbì gōngjǐ	
92	货号	huòhào	名
93	机构	jīgòu	名
94	机遇	jīyù	名
95	机制	jīzhì	名
96	基金	jījīn	名
97	疾病	jíbìng	名
98	集团	jítuán	名
99	给付	jǐfù	动
100	加剧	jiājù	动
101	兼	jiān	动
102	检疫	jiǎnyì	动
103	结算	jiésuàn	动
104	金额	jīn'é	名
105	进出口	jìn-chūkǒu	
106	禁止	jìnzhǐ	动
107	角色	juésè	名
108	控制	kòngzhì	动
109	跨国公司	kuàguó gōngsī	
110	会计	kuài·jì	名
111	劳动力	láodònglì	名
112	劳务	láowù	名
113	利率	lìlǜ	名
114	利润	lìrùn	名
115	利息	lìxī	名
116	利益	lìyì	名
117	例外	lìwài	名、动
118	流动	liúdòng	动
119	流通	liútōng	动
120	贸易	màoyì	名
121	贸易差额	màoyì chā'é	
122	贸易额	màoyì'é	名
123	贸易纠纷	màoyì jiūfēn	
124	贸易量	màoyìliàng	名
125	贸易逆差	màoyì nìchā	
126	贸易平衡	màoyì pínghéng	
127	贸易顺差	màoyì shùnchā	
128	密切	mìqiè	形
129	免不了	miǎnbuliǎo	动
130	纳税	nà//shuì	
131	纳税人	nàshuìrén	名
132	难免	nánmiǎn	形
133	农产品	nóngchǎnpǐn	名
134	女性	nǚxìng	名
135	赔	péi	动
136	赔偿	péicháng	动
137	票据	piàojù	名
138	贫穷	pínqióng	形
139	品牌	pǐnpái	名
140	平衡	pínghéng	形
141	评估	pínggū	名、动
142	凭证	píngzhèng	名
143	期限	qīxiàn	名
144	其	qí	代
145	签订	qiāndìng	动
146	潜在	qiánzài	形
147	强度	qiángdù	名
148	亲情	qīnqíng	名
149	趋势	qūshì	名
150	缺乏	quēfá	动
151	日益	rìyì	副

152	伤残	shāngcán	动
153	审美	shěnměi	动
154	生育	shēngyù	动
155	剩余	shèngyú	动
156	实施	shíshī	动
157	实物	shíwù	名
158	世界贸易组织	Shìjiè Màoyì Zǔzhī	
159	收支	shōuzhī	名
160	手段	shǒuduàn	名
161	寿命	shòumìng	名
162	树立	shùlì	动
163	数据	shùjù	名
164	损害	sǔnhài	动
165	损失	sǔnshī	动、名
166	所谓	suǒwèi	形
167	特征	tèzhēng	名
168	体系	tǐxì	名
169	调节	tiáojié	动
170	通行	tōngxíng	动
171	通用	tōngyòng	动
172	统计	tǒngjì	动
173	统治	tǒngzhì	动
174	投保	tóu//bǎo	
175	投保人	tóubǎorén	
176	托付	tuōfù	动
177	脱离	tuōlí	动
178	维持	wéichí	动
179	维护	wéihù	动
180	委托	wěituō	动
181	温饱	wēnbǎo	名
182	稳定	wěndìng	形
183	无处不在	wúchùbúzài	
184	物品	wùpǐn	名
185	物质	wùzhì	名
186	息息相关	xīxī-xiāngguān	
187	限度	xiàndù	名
188	限制	xiànzhì	动、名
189	相应	xiāngyìng	动
190	消费结构	xiāofèi jiégòu	
191	消费类型	xiāofèi lèixíng	
192	销售	xiāoshòu	动
193	小康	xiǎokāng	形
194	效率	xiàolǜ	名
195	效益	xiàoyì	名
196	心理	xīnlǐ	名
197	信用证	xìnyòngzhèng	名
198	行政	xíngzhèng	名
199	养老	yǎng//lǎo	
200	样品	yàngpǐn	名
201	业务	yèwù	名
202	医疗	yīliáo	动
203	义务	yìwù	名
204	营销	yíngxiāo	动
205	营业	yíngyè	动
206	优化	yōuhuà	动
207	预期	yùqī	动
208	预算	yùsuàn	名
209	原料	yuánliào	名
210	约定	yuēdìng	动
211	约束	yuēshù	动
212	运行	yùnxíng	动

213	运用	yùnyòng	动	232	重心	zhòngxīn	名
214	灾害	zāihài	名	233	注册	zhù//cè	
215	暂时	zànshí	形	234	转化	zhuǎnhuà	动
216	赞助	zànzhù	动	235	壮大	zhuàngdà	形、动
217	债	zhài	名	236	追求	zhuīqiú	动
218	债权	zhàiquán	名	237	资本	zīběn	名
219	债券	zhàiquàn	名	238	资产	zīchǎn	名
220	债务	zhàiwù	名	239	资源	zīyuán	名
221	展示	zhǎnshì	动	240	子公司	zǐgōngsī	名
222	账户	zhànghù	名	241	自主权	zìzhǔquán	名
223	账目	zhàngmù	名	242	综合	zōnghé	动
224	征收	zhēngshōu	动	243	总成本	zǒng chéngběn	
225	支出	zhīchū	名、动	244	总额	zǒng'é	名
226	支配	zhīpèi	动	245	总公司	zǒnggōngsī	名
227	知名度	zhīmíngdù	名	246	总量	zǒngliàng	名
228	执行	zhíxíng	动	247	总收入	zǒng shōurù	
229	指标	zhǐbiāo	名	248	总收益	zǒng shōuyì	
230	制订	zhìdìng	动	249	租金	zūjīn	名
231	制定	zhìdìng	动	250	组织	zǔzhī	动、名

三级词汇表（新增 300 个）

序号	词语	拼音	词性	序号	词语	拼音	词性
1	按劳分配	àn láo fēnpèi		10	保险金	bǎoxiǎnjīn	名
2	按需分配	àn xū fēnpèi		11	保险人	bǎoxiǎnrén	名
3	颁布	bānbù	动	12	保险责任	bǎoxiǎn zérèn	
4	镑	bàng	名	13	报表	bàobiǎo	名
5	保费	bǎofèi	名	14	报酬	bàochou	名
6	保管	bǎoguǎn	动	15	报税	bào//shuì	
7	保险标的	bǎoxiǎn biāodì		16	被保险人	bèibǎoxiǎnrén	名
8	保险费	bǎoxiǎnfèi	名	17	本	běn	代
9	保险合同	bǎoxiǎn hé·tóng		18	本期	běn qī	
				19	拨款	bōkuǎn	动、名

20	波动	bōdòng	动
21	财产保险	cáichǎn bǎoxiǎn	
22	财力	cáilì	名
23	财务	cáiwù	名
24	财政收入	cáizhèng shōurù	
25	财政政策	cáizhèng zhèngcè	
26	仓库	cāngkù	名
27	策略	cèlüè	名
28	差异	chāyì	名
29	产权	chǎnquán	名
30	长期成本	chángqī chéngběn	
31	偿付	chángfù	动
32	偿债	cháng zhài	
33	厂商	chǎngshāng	名
34	筹集	chóují	动
35	筹资	chóu//zī	
36	出价	chū//jià	
37	创始人	chuàngshǐrén	名
38	纯利润	chúnlìrùn	名
39	存货	cúnhuò	名
40	存款额	cúnkuǎn'é	名
41	大幅度	dà fúdù	
42	大规模	dà guīmó	
43	代销	dàixiāo	动
44	贷	dài	动
45	贷方	dàifāng	名
46	单价	dānjià	名
47	单一经营	dānyī jīngyíng	
48	到期	dào//qī	
49	等价交换	děngjià jiāohuàn	
50	等价物	děngjiàwù	名
51	抵消	dǐxiāo	动
52	地产	dìchǎn	名
53	地租	dìzū	名
54	递减	dìjiǎn	动
55	递增	dìzēng	动
56	第一产业	dì-yī chǎnyè	
57	调配	diàopèi	动
58	订购	dìnggòu	动
59	定价	dìngjià	动、名
60	短期成本	duǎnqī chéngběn	
61	额外	éwài	形
62	发货	fā huò	
63	发展预期	fāzhǎn yùqī	
64	翻……番	fān……fān	
65	非价格竞争	fēijiàgé jìngzhēng	
66	非经营性	fēijīngyíngxìng	
67	分红	fēn//hóng	
68	分配权	fēnpèiquán	名
69	分权	fēn quán	
70	分支机构	fēnzhī jīgòu	
71	份额	fèn'é	名
72	负	fù	动
73	负债	fùzhài	动、名
74	负债表	fùzhàibiǎo	名
75	副产品	fùchǎnpǐn	名
76	赋税	fùshuì	名
77	富余	fùyu	动

78	改良	gǎiliáng	动
79	高效	gāoxiào	形
80	个人所得	gèrén suǒdé	
81	个人所得税	gèrén suǒdéshuì	
82	工商	gōngshāng	名
83	工资单	gōngzīdān	名
84	公共利益	gōnggòng lìyì	
85	公平交易	gōngpíng jiāoyì	
86	公债	gōngzhài	名
87	供不应求	gōngbúyìngqiú	
88	估算	gūsuàn	动
89	股市	gǔshì	名
90	固定资产	gùdìng zīchǎn	
91	雇佣	gùyōng	动
92	寡头	guǎtóu	名
93	国际交流	guójì jiāoliú	
94	国际贸易	guójì màoyì	
95	国际市场	guójì shìchǎng	
96	国库	guókù	名
97	国民收入	guómín shōurù	
98	国内市场	guónèi shìchǎng	
99	国有化	guóyǒuhuà	动
100	国债券	guózhàiquàn	名
101	国资	guózī	名
102	过账	guò//zhàng	
103	航运	hángyùn	名
104	耗费	hàofèi	动
105	核对	héduì	动
106	核算	hésuàn	动
107	衡量	héngliáng	动
108	宏观	hóngguān	形
109	汇总	huìzǒng	动
110	活跃	huóyuè	形
111	机关	jīguān	名
112	基本费用	jīběn fèiyong	
113	基本工资	jīběn gōngzī	
114	基本原则	jīběn yuánzé	
115	极大值	jídàzhí	名
116	计件工资	jìjiàn gōngzī	
117	计量	jìliàng	动
118	计量经济学	jìliàng jīngjìxué	
119	计入	jìrù	
120	记账	jì zhàng	
121	监督	jiāndū	动
122	交纳	jiāonà	动
123	交易商	jiāoyìshāng	名
124	缴	jiǎo	动
125	缴费	jiǎo//fèi	
126	缴纳	jiǎonà	动
127	阶级	jiējí	名
128	结存	jiécún	动
129	结账	jié//zhàng	
130	解雇	jiěgù	动
131	借方	jièfāng	名
132	借据	jièjù	名
133	借款	jièkuǎn	动、名
134	借条	jiètiáo	名
135	金融资本	jīnróng zīběn	
136	金融资产	jīnróng zīchǎn	
137	津贴	jīntiē	名

138	经济补偿	jīngjì bǔcháng	
139	经济收益	jīngjì shōuyì	
140	经济效益	jīngjì xiàoyì	
141	经济重心	jīngjì zhòngxīn	
142	经济总量	jīngjì zǒngliàng	
143	经商	jīng//shāng	
144	精神消费	jīngshén xiāofèi	
145	景气	jǐngqì	形
146	净利	jìnglì	名
147	净利润	jìnglìrùn	名
148	竞争性	jìngzhēngxìng	名
149	竞争优势	jìngzhēng yōushì	
150	局限	júxiàn	动
151	决策	juécè	名
152	绝对额	juéduì'é	名
153	课税	kè shuì	
154	控制价格	kòngzhì jiàgé	
155	会计师	kuàijìshī	名
156	会计学	kuàijìxué	名
157	框架	kuàngjià	名
158	扩张	kuòzhāng	动
159	滥用	lànyòng	动
160	劳动价值论	láodòng jiàzhílùn	
161	劳动密集型	láodòng mìjíxíng	
162	累计	lěijì	动
163	利己主义	lìjǐ zhǔyì	
164	利润率	lìrùnlǜ	名
165	零售商	língshòushāng	名
166	领域	lǐngyù	名
167	垄断市场	lǒngduàn shìchǎng	
168	垄断者	lǒngduànzhě	名
169	买主	mǎizhǔ	名
170	明细	míngxì	形
171	明细账	míngxìzhàng	名
172	目标市场	mùbiāo shìchǎng	
173	目标消费群	mùbiāo xiāofèiqún	
174	目标消费者	mùbiāo xiāofèizhě	
175	年产量	niánchǎnliàng	名
176	年增长率	nián zēng-zhǎnglǜ	
177	拍卖	pāimài	动
178	配置	pèizhì	动
179	批发价	pīfājià	名
180	平均增长	píngjūn zēngzhǎng	
181	欺诈	qīzhà	动
182	清查	qīngchá	动
183	清偿	qīngcháng	动
184	渠道	qúdào	名
185	权益	quányì	名
186	缺口	quēkǒu	名
187	缺陷	quēxiàn	名
188	人寿保险	rénshòu bǎoxiǎn	
189	融合	rónghé	动
190	入账	rù//zhàng	
191	锐减	ruìjiǎn	动
192	丧失	sàngshī	动
193	商业区	shāngyèqū	名
194	奢侈品	shēchǐpǐn	名

195	赊欠	shēqiàn	动
196	社会保险	shèhuì bǎoxiǎn	
197	社会保障	shèhuì bǎozhàng	
198	社会保障制度	shèhuì bǎozhàng zhìdù	
199	社会平均劳动强度	shèhuì píngjūn láodòng qiángdù	
200	社会平均劳动熟练程度	shèhuì píngjūn láodòng shúliàn chéngdù	
201	社会生产条件	shèhuì shēngchǎn tiáojiàn	
202	升值	shēngzhí	动
203	生产材料	shēngchǎn cáiliào	
204	生产费	shēngchǎnfèi	名
205	生产基金	shēngchǎn jījīn	
206	生产物	shēngchǎnwù	名
207	生产线	shēngchǎnxiàn	名
208	生产要素	shēngchǎn yàosù	
209	生育保险	shēngyù bǎoxiǎn	
210	实体	shítǐ	名
211	实业保险	shíyè bǎoxiǎn	
212	实业界	shíyèjiè	名
213	市场定位	shìchǎng dìngwèi	
214	市场机制	shìchǎng jīzhì	
215	市场价	shìchǎngjià	名
216	市场占有率	shìchǎng zhànyǒulǜ	
217	受益	shòuyì	动
218	售价	shòujià	名
219	输入国	shūrùguó	名
220	税	shuì	名
221	税法	shuìfǎ	名
222	税费	shuìfèi	名
223	税负	shuìfù	名
224	税赋	shuìfù	名
225	税款	shuìkuǎn	名
226	税率	shuìlǜ	名
227	税收	shuìshōu	名
228	税制	shuìzhì	名
229	私产	sīchǎn	名
230	私有制	sīyǒuzhì	名
231	所得税	suǒdéshuì	名
232	所有权	suǒyǒuquán	名
233	所有者	suǒyǒuzhě	名
234	态势	tàishì	名
235	弹性	tánxìng	名
236	体制	tǐzhì	名
237	替代品	tìdàipǐn	名
238	停业	tíng//yè	
239	投标	tóu//biāo	
240	投机商	tóujīshāng	名
241	推销员	tuīxiāoyuán	名
242	微观	wēiguān	形
243	微观经济	wēiguān jīngjì	
244	违约	wéi//yuē	
245	无偿	wúcháng	形
246	无息贷款	wúxī dàikuǎn	
247	物价波动	wùjià bōdòng	

248	物质补偿	wùzhì bǔcháng	
249	物质条件	wùzhì tiáojiàn	
250	物质消费	wùzhì xiāofèi	
251	现款	xiànkuǎn	名
252	限额	xiàn'é	名、动
253	消费品	xiāofèipǐn	名
254	消费群	xiāofèiqún	名
255	消费税	xiāofèishuì	名
256	消费总体	xiāofèi zǒngtǐ	
257	消耗	xiāohào	动
258	萧条	xiāotiáo	形
259	销售量	xiāoshòuliàng	名
260	小生产	xiǎoshēngchǎn	名
261	协调	xiétiáo	动、形
262	信贷资金	xìndài zījīn	
263	信息化	xìnxīhuà	动
264	行政手段	xíngzhèng shǒuduàn	
265	许可证	xǔkězhèng	名
266	削价	xuējià	动
267	养老保险	yǎnglǎo bǎoxiǎn	
268	要素	yàosù	名
269	医疗保险	yīliáo bǎoxiǎn	
270	遗产	yíchǎn	名
271	遗产税	yíchǎnshuì	名
272	抑制	yìzhì	动
273	盈利	yínglì	名
274	营销策略	yíngxiāo cèlüè	
275	营业税	yíngyèshuì	名
276	应付	yìngfu	动
277	优化配置	yōuhuà pèizhì	
278	原材料	yuáncáiliào	名
279	再生产	zàishēngchǎn	动
280	债权人	zhàiquánrén	名
281	战略	zhànlüè	名
282	账簿	zhàngbù	名
283	账面	zhàngmiàn	名
284	招标	zhāo//biāo	
285	招聘	zhāopìn	动
286	征税	zhēng shuì	
287	政策	zhèngcè	名
288	支付凭证	zhīfù píngzhèng	
289	职权	zhíquán	名
290	制造商	zhìzàoshāng	名
291	制造业	zhìzàoyè	名
292	周期性	zhōuqīxìng	形
293	主营业务	zhǔyíng yèwù	
294	资本家	zīběnjiā	名
295	资本主义	zīběn zhǔyì	
296	资金投入	zījīn tóurù	
297	资源配置	zīyuán pèizhì	
298	自由市场	zìyóu shìchǎng	
299	走私	zǒu//sī	
300	遵循	zūnxún	动

理工中文

能够区分理工中文表达与日常交际中文表达，了解理工中文在语法、词汇、语用以及语体方面的基本特点。掌握较丰富的理工中文词汇，能够听懂数学、物理、化学等课程知识和中国普通高等学校理工类公共课程的中文表达，具备对课堂所学知识要点进行记录的能力。能够独立阅读中国普通高等学校数学、物理、化学、计算机等公共基础课教材，能够借助工具书看懂理工专业的学术论文。基本具备和中国师生一起讨论专业知识的中文能力，能够使用较为规范的理工中文语体对基本理论及概念等进行表述。能够使用中文撰写实验报告等。

1. 一级标准

- **专业学习能力** 能够区分理工中文表达与日常交际中文表达，了解理工中文在语法、词汇、语用以及语体方面的基本特点。能够听懂有关科技知识的简单的中文表述，能够借助工具书基本看懂简单的科技文章。能够与专业课教师、中国学生简单交流专业问题。
- **话题任务内容** 话题涉及简单的科技文章，与高中数学、物理、化学等课程相关的基本内容，例如数理符号及关系、常用表达式、常用数学图形及图形间的关系、定义与说明、位置与方向、运算与操作、指令与要求、分类与举例、变换解释（说明）等。
- **语言量化指标** 词语 350 个，常用表达式 30 个。

1.1 听

能够大致听懂数学、物理、化学课堂上发音标准、吐字清晰、语速正常（不低于 160 字 / 分钟）的教学语言。能够听懂涉及理工中文一级话题任务内容的以较长单句和简单复句为主的材料，能够运用基本的听力技巧理解所听内容的中心大意并抓住要点。

1.2 读

能够认读一级语言量化指标涉及的理工专业词汇。能够借助工具书基本读懂内容简单的中文科技文章和中学数学、物理、化学教材。能够运用有效的阅读方法阅读科普材料并获取主要信息，阅读速度不低于 100 字 / 分钟。

1.3 说

能够掌握一级语言量化指标涉及的理工专业词汇，发音基本标准，语调比较自然。能够在学习过程中用中文交流所学内容，能够就科技话题进行简单交谈。经准备后，能够就所熟悉的科技话题做简短发言，表达比较清楚，语音、语调基本正确。

1.4 写

能够掌握一级专业词汇和常用表达式。能够用比较规范的科技中文语体表述数学、物理、化学等课程中的基本概念、定理以及解题或实验过程，内容基本正确。能够使用汉字记录笔记、作业要求或摘抄重要内容，在测试时能够使用中文简单作答。

2. 二级标准

- **专业学习能力** 熟悉理工中文的表达形式，能够听懂数学、物理、化学等课程知识的中文表述。能够借助工具书看懂一般科普题材的文章及中国普通高等学校公共课教材，能够使用较为规范的理工中文语体对基本理论及概念等进行表述。具备与中国师生简单讨论专业课相关内容的能力。
- **话题任务内容** 话题涉及一般性科技文章，与高中数学、物理、化学等课程相关的基本内容，例如异同与比例、运算与操作、事物的构成、事物的变化、因果关系、条件限制、推论总结、问题解读等。
- **语言量化指标** 词语 650 个（新增 300 个），常用表达式 60 个（新增 30 个）。

2.1 听

能够大致听懂数学、物理、化学课堂上发音自然、略带方音、语速正常（不低于 180 字 / 分钟）的教学语言。能够听懂涉及理工中文二级话题任务内容的较长对话或讲话，能够就相关问题进行思考。

2.2 读

能够认读二级语言量化指标涉及的理工专业词汇。能够基本读懂一般科普题材的文章及中国普通高等学校一年级理工类公共基础课程教材。能够正确理解阅读材料的中心大意，抓住要点和有关细节。能够就阅读材料进行略读或寻读，阅读速度不低于 120 字 / 分钟。

2.3 说

能够掌握二级语言量化指标涉及的理工专业词汇，发音基本标准，语调自然。能够运用较为规范的中文对所学的知识进行转述，能够与老师和同学就所学内容进行交流和讨论，表达清楚，语法基本规范。

2.4 写

能够掌握二级专业词汇和常用表达式。具备对课堂所学知识要点进行记录的能力。能够使用中文撰写实验报告等。

3. 三级标准

- **专业学习能力** 能够听懂中国普通高等学校理工类公共课程，能够独立阅读中国普通高等学校理工类公共基础课教材。能够借助工具书看懂相关专业的学术论文，具备和中国师生一起较为深入地讨论理工类专业知识的中文能力。
- **话题任务内容** 话题涉及理工专业的一般性学术文章，中国普通高等学校一年级理工类公共基础课，例如高等数学、大学计算机基础、大学物理、大学化学等课程的相关内容。
- **语言量化指标** 词语 952 个（新增 302 个），常用表达式 85 个（新增 25 个）。

3.1 听

能够听懂中国普通高等学校一年级理工类公共基础课的教学内容和同等水平相关知识的讲座，课堂讲解和讲座语速正常或稍快（不低于 200 字 / 分钟）。能够听懂涉及理工中文三级话题任务内容的正式对话或讲话，能够较为准确地复述所听内容。

3.2 读

能够认读三级语言量化指标涉及的理工专业词汇。能够快速阅读科普文章，能够独立阅读中国普通高等学校一年级理工类公共基础课教材，能够正确理解阅读材料的中心大意，抓住要点和有关细节，阅读速度不低于 150 字 / 分钟。

3.3 说

能够掌握三级语言量化指标涉及的理工专业词汇，发音比较标准，语调自然。能够就科技话题较为清晰地表达自己的学术观点，能够无障碍地与任课教师或中国学生就专业内容展开讨论。

3.4 写

能够掌握三级专业词汇和常用表达式。能够使用较为复杂的语言结构对所学专业内容进行书面表达，能够就专业话题进行成段描述或展开论述。

附 1：理工中文专业词汇

一级词汇表（350 个）

序号	词语	拼音	词性
1	按	àn	动、介
2	按照	ànzhào	介
3	百分之	bǎi fēn zhī	
4	半径	bànjìng	名
5	保持	bǎochí	动
6	保留	bǎoliú	动
7	报告	bàogào	动、名
8	爆炸	bàozhà	动
9	倍	bèi	量
10	比例	bǐlì	名
11	避免	bìmiǎn	动
12	边	biān	名
13	边长	biāncháng	名
14	变换	biànhuàn	动
15	标	biāo	动
16	表格	biǎogé	名
17	表面	biǎomiàn	名
18	表明	biǎomíng	动
19	表现	biǎoxiàn	动、名
20	步骤	bùzhòu	名
21	材料	cáiliào	名
22	测	cè	动
23	测量	cèliáng	动
24	差	chā	名
25	查出	cháchū	
26	长度	chángdù	名
27	长方形	chángfāngxíng	名
28	常数	chángshù	名
29	沉淀	chéndiàn	动、名
30	称	chēng	动
31	称为	chēngwéi	
32	成立	chénglì	动
33	乘（以）	chéng（yǐ）	动
34	盛	chéng	动
35	程度	chéngdù	名
36	持续	chíxù	动
37	除（以）	chú（yǐ）	动
38	处在	chǔzài	动
39	传播	chuánbō	动
40	垂直	chuízhí	动
41	次	cì	量
42	存在	cúnzài	动、名
43	达到	dá//dào	
44	大气	dàqì	名
45	大于	dàyú	动
46	代替	dàitì	动
47	单位	dānwèi	名
48	单位制	dānwèizhì	名
49	导体	dǎotǐ	名
50	倒置	dàozhì	动
51	得出	déchū	
52	等边	děng biān	
53	等式	děngshì	名
54	等腰	děng yāo	
55	等于	děngyú	动

56	滴	dī	动、量
57	底边	dǐbiān	名
58	地球	dìqiú	名
59	电池	diànchí	名
60	电流	diànliú	名
61	电线	diànxiàn	名
62	电压	diànyā	名
63	电阻	diànzǔ	名
64	调查	diàochá	动
65	定义	dìngyì	名、动
66	定则	dìngzé	名
67	动力	dònglì	名
68	读法	dúfǎ	名
69	度	dù	量
70	端点	duāndiǎn	名
71	对边	duìbiān	名
72	对称	duìchèn	形
73	对称轴	duìchènzhóu	名
74	反比	fǎnbǐ	名
75	反应	fǎnyìng	动、名
76	方程	fāngchéng	名
77	防止	fángzhǐ	动
78	沸腾	fèiténg	动
79	分别	fēnbié	副、名
80	分配	fēnpèi	动
81	分数	fēnshù	名
82	分析	fēnxī	动
83	封闭	fēngbì	动
84	否定	fǒudìng	动、形
85	符号	fúhào	名
86	俯角	fǔjiǎo	名
87	负	fù	形
88	该	gāi	代
89	根	gēn	名
90	根号	gēnhào	名
91	根据	gēnjù	名、动、介
92	工业	gōngyè	名
93	公共点	gōnggòngdiǎn	名
94	固体	gùtǐ	名
95	关系	guān·xì	名、动
96	观察	guānchá	动
97	规定	guīdìng	动、名
98	过程	guòchéng	名
99	过滤	guòlǜ	动
100	含	hán	动
101	毫升	háoshēng	量
102	合	hé	动
103	合成	héchéng	动
104	合力	hélì	动、名
105	和	hé	名
106	弧	hú	名
107	互为	hù wéi	
108	还原	huán//yuán	
109	挥发	huīfā	动
110	活泼	huó·pō	形
111	火焰	huǒyàn	名
112	积	jī	名
113	即	jí	动
114	集中	jízhōng	动、形
115	几何	jǐhé	名
116	计算	jìsuàn	动

117	记录	jìlù	动、名
118	技术	jìshù	名
119	加（上）	jiā（shàng）	动
120	加强	jiāqiáng	动
121	加热	jiā//rè	
122	加入	jiārù	动
123	加速度	jiāsùdù	名
124	假定	jiǎdìng	动、名
125	假设	jiǎshè	动、名
126	假想	jiǎxiǎng	动
127	减（去）	jiǎn（qù）	动
128	简称	jiǎnchēng	名、动
129	碱	jiǎn	名
130	箭头	jiàntóu	名
131	交点	jiāodiǎn	名
132	结合	jiéhé	动
133	结论	jiélùn	名
134	截取	jiéqǔ	动
135	解	jiě	动、名
136	金	jīn	名
137	金属	jīnshǔ	名
138	仅	jǐn	副
139	静止	jìngzhǐ	动
140	具体	jùtǐ	形、动
141	具有	jùyǒu	动
142	剧烈	jùliè	形
143	绝对值	juéduìzhí	名
144	刻度尺	kèdùchǐ	名
145	客观	kèguān	形
146	扩散	kuòsàn	动
147	括号	kuòhào	名
148	理论	lǐlùn	名
149	力	lì	名
150	立方	lìfāng	名、量
151	连续	liánxù	动
152	量	liáng	动
153	两端	liǎng duān	
154	量	liàng	名
155	邻边	línbiān	名
156	菱形	língxíng	名
157	硫酸	liúsuān	名
158	陆地	lùdì	名
159	路程	lùchéng	名
160	铝	lǚ	名
161	滤液	lǜyè	名
162	矛盾	máodùn	动、形
163	镁	měi	名
164	密度	mìdù	名
165	面积	miànjī	名
166	名称	míngchēng	名
167	明确	míngquè	形、动
168	命题	mìngtí	名
169	摩擦	mócā	动
170	摩擦力	mócālì	名
171	某	mǒu	代
172	木材	mùcái	名
173	内角	nèijiǎo	名
174	逆时针	nìshízhēn	形
175	牛顿	niúdùn	量
176	排除	páichú	动
177	抛	pāo	动
178	平方	píngfāng	名、量

179	平分	píngfēn	动
180	平面	píngmiàn	名
181	平行	píngxíng	形、动
182	平行四边形	píngxíng sìbiānxíng	
183	平移	píngyí	动
184	破坏	pòhuài	动
185	普遍	pǔbiàn	形
186	起点	qǐdiǎn	名
187	气体	qìtǐ	名
188	汽化	qìhuà	动
189	汽油	qìyóu	名
190	铅	qiān	名
191	前提	qiántí	名
192	且	qiě	副
193	且	qiě	连
194	氢气	qīngqì	名
195	求	qiú	动
196	求证	qiúzhèng	动
197	曲线	qūxiàn	名
198	全程	quánchéng	名
199	全等	quánděng	形
200	确定	quèdìng	形、动
201	燃烧	ránshāo	动
202	绕	rào	动
203	人类	rénlèi	名
204	任何	rènhé	代
205	任意	rènyì	副、形
206	仍	réng	副
207	溶解	róngjiě	动
208	溶液	róngyè	名
209	如	rú	动、介、连
210	若	ruò	连
211	三角形	sānjiǎoxíng	名
212	商	shāng	名
213	上升	shàngshēng	动
214	上述	shàngshù	形
215	射线	shèxiàn	名
216	深入	shēnrù	动、形
217	升	shēng	量
218	升	shēng	动
219	生成	shēngchéng	动
220	生锈	shēng//xiù	
221	失去	shīqù	动
222	石油	shíyóu	名
223	时刻	shíkè	名、副
224	实际	shíjì	名、形
225	实数	shíshù	名
226	实验	shíyàn	动、名
227	食盐	shíyán	名
228	使	shǐ	动、连
229	试管	shìguǎn	名
230	视线	shìxiàn	名
231	受	shòu	动
232	输入	shūrù	动
233	属于	shǔyú	动
234	竖直	shùzhí	形
235	数量	shùliàng	名
236	数值	shùzhí	名
237	水平	shuǐpíng	形、名
238	四边形	sìbiānxíng	名
239	速度	sùdù	名

240	酸	suān	名
241	算式	suànshì	名
242	体积	tǐjī	名
243	天平	tiānpíng	名
244	铁	tiě	名
245	通常	tōngcháng	形、副
246	铜	tóng	名
247	途径	tújìng	名
248	推导	tuīdǎo	动
249	推广	tuīguǎng	动
250	推理	tuīlǐ	动
251	外力	wàilì	名
252	危险	wēixiǎn	形、名
253	未知数	wèizhīshù	名
254	温度计	wēndùjì	名
255	稳定	wěndìng	形、动
256	无	wú	动
257	无关	wúguān	动
258	无穷	wúqióng	动
259	物理	wùlǐ	名
260	物体	wùtǐ	名
261	物质	wùzhì	名
262	系统	xìtǒng	名、形
263	下滑	xiàhuá	动
264	下落	xiàluò	动
265	显然	xiǎnrán	形
266	显示	xiǎnshì	动
267	现象	xiànxiàng	名
268	线	xiàn	名
269	线段	xiànduàn	名
270	相等	xiāngděng	动
271	相反	xiāngfǎn	形、连
272	相互	xiānghù	副、形
273	相交	xiāngjiāo	动
274	相离	xiānglí	动
275	相切	xiāngqiē	动
276	硝酸	xiāosuān	名
277	小于	xiǎoyú	动
278	斜边	xiébiān	名
279	斜交	xiéjiāo	动
280	斜面	xiémiàn	名
281	锌	xīn	名
282	行驶	xíngshǐ	动
283	形成	xíngchéng	动
284	形式	xíngshì	名
285	形态	xíngtài	名
286	形状	xíngzhuàng	名
287	性质	xìngzhì	名
288	悬挂	xuánguà	动
289	旋转	xuánzhuǎn	动
290	压强	yāqiáng	名
291	沿	yán	介、动
292	盐酸	yánsuān	名
293	仰角	yǎngjiǎo	名
294	氧	yǎng	名
295	氧化	yǎnghuà	动
296	液体	yètǐ	名
297	一定	yídìng	形
298	已知	yǐzhī	动
299	以	yǐ	介、连
300	应用	yìngyòng	动、形
301	有关	yǒuguān	动、介

302	有理数	yǒulǐshù	名
303	有向	yǒuxiàng	形
304	有效	yǒuxiào	动
305	又	yòu	副
306	余数	yúshù	名
307	余弦	yúxián	名
308	与	yǔ	介、连
309	元	yuán	名
310	圆	yuán	名、形
311	圆心	yuánxīn	名
312	约等于	yuē děngyú	
313	月球	yuèqiú	名
314	运算	yùnsuàn	动
315	则	zé	连
316	增加	zēngjiā	动
317	展开	zhǎn//kāi	
318	折	zhé	动
319	整理	zhěnglǐ	动
320	整数	zhěngshù	名
321	整体	zhěngtǐ	名
322	正	zhèng	形
323	正比	zhèngbǐ	名
324	正方形	zhèngfāngxíng	名
325	正数	zhèngshù	名
326	正弦	zhèngxián	名
327	证明	zhèngmíng	动、名
328	之	zhī	代
329	之	zhī	助
330	支持	zhīchí	动
331	支持力	zhīchílì	名
332	直线	zhíxiàn	名
333	指向	zhǐxiàng	动、名
334	制造	zhìzào	动
335	制作	zhìzuò	动
336	质量	zhìliàng	名
337	中垂线	zhōngchuíxiàn	名
338	中点	zhōngdiǎn	名
339	终点	zhōngdiǎn	名
340	重力	zhònglì	名
341	重心	zhòngxīn	名
342	周	zhōu	量、名
343	周长	zhōucháng	名
344	专题	zhuāntí	名
345	状态	zhuàngtài	名
346	自动	zìdòng	副、形
347	自然界	zìránjiè	名
348	总	zǒng	形
349	阻力	zǔlì	名
350	坐标	zuòbiāo	名

二级词汇表（新增 300 个）

序号	词语	拼音	词性
1	按住	ànzhù	
2	案例	ànlì	名
3	包含	bāohán	动
4	钡	bèi	名
5	本身	běnshēn	代
6	变量	biànliàng	名
7	变速	biànsù	形
8	标度	biāodù	名
9	标记	biāojì	动、名
10	标志	biāozhì	动、名
11	表达式	biǎodáshì	名
12	冰晶	bīngjīng	名
13	波浪线	bōlàngxiàn	名
14	部件	bùjiàn	名
15	猜想	cāixiǎng	动
16	参考	cānkǎo	动
17	操作	cāozuò	动
18	查找	cházhǎo	动
19	常量	chángliàng	名
20	超	chāo	动、副
21	撤销	chèxiāo	动
22	沉积物	chénjīwù	名
23	成分	chéngfèn	名
24	成因	chéngyīn	名
25	呈	chéng	动
26	程序	chéngxù	名
27	充电	chōng//diàn	
28	抽象	chōuxiàng	动、形
29	臭氧	chòuyǎng	名
30	处于	chǔyú	动
31	处处	chùchù	副
32	触电	chù//diàn	
33	穿过	chuānguò	动
34	传送	chuánsòng	动
35	次之	cìzhī	动
36	从而	cóng'ér	连
37	粗糙	cūcāo	形
38	打击	dǎjī	动
39	大气层	dàqìcéng	名
40	代码	dàimǎ	名
41	代入	dàirù	动
42	代数	dàishù	名
43	单元格	dānyuángé	名
44	导线	dǎoxiàn	名
45	倒数	dàoshù	名
46	碘	diǎn	名
47	碘酸钾	diǎnsuānjiǎ	名
48	电磁波	diàncíbō	名
49	电磁力	diàncílì	名
50	电路	diànlù	名
51	电源	diànyuán	名
52	电子	diànzǐ	名
53	定理	dìnglǐ	名
54	定律	dìnglǜ	名
55	动能	dòngnéng	名
56	堆积	duījī	动
57	钝角	dùnjiǎo	名

58	多边形	duōbiānxíng	名
59	二氧化碳	èryǎnghuàtàn	名
60	发挥	fāhuī	动
61	反例	fǎnlì	名
62	反之	fǎnzhī	连
63	放大	fàngdà	动
64	放置	fàngzhì	动
65	非晶体	fēijīngtǐ	名
66	沸点	fèidiǎn	名
67	分解	fēnjiě	动
68	分类	fēn//lèi	
69	分子	fēnzǐ	名
70	伏	fú	量
71	氟氯烃	fúlǜtīng	名
72	浮力	fúlì	名
73	符合	fúhé	动
74	钙	gài	名
75	概括	gàikuò	动、形
76	干电池	gāndiànchí	名
77	高压	gāoyā	名
78	格式	géshì	名
79	隔绝	géjué	动
80	镉	gé	名
81	公式	gōngshì	名
82	公转	gōngzhuàn	动
83	功	gōng	名
84	功率	gōnglǜ	名
85	共存	gòngcún	动
86	勾股定理	gōugǔ dìnglǐ	
87	构成	gòuchéng	动、名
88	估测	gūcè	动
89	固态	gùtài	名
90	观测	guāncè	动
91	惯性	guànxìng	名
92	光缆	guānglǎn	名
93	光线	guāngxiàn	名
94	光源	guāngyuán	名
95	广义	guǎngyì	名
96	归纳	guīnà	动
97	规律	guīlǜ	名
98	过冷却	guòlěngquè	名
99	过氧化钠	guòyǎnghuànà	名
100	含量	hánliàng	名
101	航行	hángxíng	动
102	合并	hébìng	动
103	恒定	héngdìng	动
104	衡量	héngliáng	动
105	湖泊	húpō	名
106	化合物	huàhéwù	名
107	化石	huàshí	名
108	画面	huàmiàn	名
109	环节	huánjié	名
110	会聚	huìjù	动
111	混合	hùnhé	动
112	混合体	hùnhétǐ	名
113	活度	huódù	名
114	火灾	huǒzāi	名
115	机械	jīxiè	名
116	机械运动	jīxiè yùndòng	
117	激光	jīguāng	名
118	极	jí	副、名
119	加以	jiāyǐ	动、连

120	建筑	jiànzhù	动、名
121	将	jiāng	介
122	降低	jiàngdī	动
123	交融	jiāoróng	动
124	接触	jiēchù	动
125	结冰	jiébīng	动
126	结构	jiégòu	名
127	解释	jiěshì	动
128	解析	jiěxī	动
129	尽	jǐn	动
130	晶体	jīngtǐ	名
131	酒精	jiǔjīng	名
132	局部	júbù	名
133	具备	jùbèi	动
134	距离	jùlí	动、名
135	均	jūn	副
136	均匀	jūnyún	形
137	课题	kètí	名
138	空缺	kòngquē	名
139	扩大	kuòdà	动
140	蜡烛	làzhú	名
141	离子	lízǐ	名
142	里程碑	lǐchéngbēi	名
143	立体	lìtǐ	形、名
144	沥青	lìqīng	名
145	例外	lìwài	动、名
146	粒子	lìzǐ	名
147	联结	liánjié	动
148	炼	liàn	动
149	量度	liángdù	动
150	亮度	liàngdù	名
151	硫酸铜	liúsuāntóng	名
152	率	lǜ	后缀
153	氯化钠	lǜhuànà	名
154	氯气	lǜqì	名
155	酶	méi	名
156	密切	mìqiè	形、动
157	描述	miáoshù	动
158	灭火	miè//huǒ	
159	明矾	míngfán	名
160	命名	mìng//míng	
161	模拟	mónǐ	动
162	木星	mùxīng	名
163	内部	nèibù	名
164	内接	nèi jiē	
165	内能	nèinéng	名
166	能	néng	名
167	能量	néngliàng	名
168	能源	néngyuán	名
169	欧姆定律	Ōumǔ dìnglǜ	
170	pH 值	pH zhí	
171	偏离	piānlí	动
172	漂浮	piāofú	动、形
173	平流层	píngliúcéng	名
174	其	qí	代
175	侵害	qīnhài	动
176	求解	qiújiě	动
177	区域	qūyù	名
178	趋势	qūshì	名
179	燃料	ránliào	名
180	热量	rèliàng	名
181	热能	rènéng	名

182	热胀冷缩	rè zhàng lěng suō	
183	容器	róngqì	名
184	熔点	róngdiǎn	名
185	熔化	rónghuà	动
186	入手	rùshǒu	动
187	锐角	ruìjiǎo	名
188	烧杯	shāobēi	名
189	稍	shāo	副
190	设法	shèfǎ	动
191	摄入	shèrù	动
192	升高	shēnggāo	
193	施加	shījiā	动
194	石灰石	shíhuīshí	名
195	石蜡	shílà	名
196	势能	shìnéng	名
197	事例	shìlì	名
198	是非	shìfēi	名
199	收集	shōují	动
200	受力	shòu lì	
201	水蒸气	shuǐzhēngqì	名
202	死亡	sǐwáng	动
203	搜集	sōují	动
204	搜索	sōusuǒ	动
205	速率	sùlǜ	名
206	塑料	sùliào	名
207	酸碱度	suān-jiǎndù	名
208	损坏	sǔnhuài	动
209	缩小	suōxiǎo	动
210	钛	tài	名
211	弹力	tánlì	名
212	探究	tànjiū	动
213	碳	tàn	名
214	碳酸钙	tànsuāngài	名
215	特定	tèdìng	形
216	特性	tèxìng	名
217	天然气	tiānránqì	名
218	调节	tiáojié	动
219	通风	tōng//fēng	
220	同类项	tónglèixiàng	名
221	统计	tǒngjì	动
222	图示	túshì	动
223	推测	tuīcè	动
224	外压	wàiyā	名
225	网络	wǎngluò	名
226	微波	wēibō	名
227	微量	wēiliàng	形
228	微小	wēixiǎo	形
229	维持	wéichí	动
230	卫星	wèixīng	名
231	未	wèi	副
232	位置	wèi·zhì	名
233	味精	wèijīng	名
234	文本	wénběn	名
235	文档	wéndàng	名
236	文盲	wénmáng	名
237	污染	wūrǎn	动
238	无法	wúfǎ	动
239	无限	wúxiàn	形
240	物态	wùtài	名
241	吸收	xīshōu	动
242	吸引	xīyǐn	动
243	稀薄	xībó	形

244	熄灭	xīmiè	动
245	洗涤	xǐdí	动
246	系数	xìshù	名
247	狭义	xiáyì	名
248	限制	xiànzhì	动、名
249	线路	xiànlù	名
250	线上	xiànshàng	名
251	线速度	xiànsùdù	名
252	相对	xiāngduì	动、形
253	详尽	xiángjìn	形
254	消	xiāo	动
255	行星	xíngxīng	名
256	形变	xíngbiàn	名
257	须	xū	动
258	悬浮	xuánfú	动
259	血浆	xuèjiāng	名
260	压力	yālì	名
261	延长	yáncháng	动
262	演变	yǎnbiàn	动
263	氧化汞	yǎnghuàgǒng	名
264	氧化铜	yǎnghuàtóng	名
265	液态	yètài	名
266	一旦	yídàn	副
267	一致	yízhì	形、副
268	移项	yíxiàng	名
269	亦	yì	副
270	由此	yóu cǐ	
271	有机物	yǒujīwù	名
272	有机质	yǒujīzhì	名
273	有利于	yǒulì yú	
274	元素	yuánsù	名
275	原子	yuánzǐ	名
276	匀速	yúnsù	形
277	再生	zàishēng	动
278	张力	zhānglì	名
279	着火	zháo//huǒ	
280	照射	zhàoshè	动
281	振动	zhèndòng	动
282	蒸发	zhēngfā	动
283	植物	zhíwù	名
284	至关重要	zhìguān- -zhòngyào	
285	质量守恒定律	zhìliàng shǒuhéng dìnglǜ	
286	中线	zhōngxiàn	名
287	周期	zhōuqī	名
288	逐步	zhúbù	副
289	注明	zhùmíng	动
290	转化	zhuǎnhuà	动
291	转换	zhuǎnhuàn	动
292	资料	zīliào	名
293	紫外线	zǐwàixiàn	名
294	自转	zìzhuàn	动
295	字符	zìfú	名
296	字体	zìtǐ	名
297	总之	zǒngzhī	连
298	阻碍	zǔ'ài	动、名
299	组成	zǔchéng	动
300	做功	zuò//gōng	

三级词汇表（新增 302 个）

序号	词语	拼音	词性
1	半导体	bàndǎotǐ	名
2	保密性	bǎomìxìng	名
3	保障	bǎozhàng	动、名
4	报文	bàowén	名
5	备份	bèifèn	名、动
6	倍数	bèishù	名
7	本质	běnzhì	名
8	比特	bǐtè	量
9	比值	bǐzhí	名
10	编码	biānmǎ	名、动
11	变性	biànxìng	动
12	表述	biǎoshù	动
13	波长	bōcháng	名
14	波粒二象性	bōlì èrxiàngxìng	
15	不确定性	búquèdìngxìng	
16	参考点	cānkǎodiǎn	名
17	参数	cānshù	名
18	操作系统	cāozuò xìtǒng	
19	产物	chǎnwù	名
20	超导体	chāodǎotǐ	名
21	超声波	chāoshēngbō	名
22	成像	chéngxiàng	动
23	呈现	chéngxiàn	动
24	初始	chūshǐ	名
25	处理器	chǔlǐqì	名
26	传导	chuándǎo	动
27	传感器	chuángǎnqì	名
28	船舶	chuánbó	名
29	磁场	cíchǎng	名
30	催化剂	cuīhuàjì	名
31	存储	cúnchǔ	动
32	单体	dāntǐ	名
33	单质	dānzhì	名
34	蛋白质	dànbáizhì	名
35	氮化	dànhuà	动
36	导数	dǎoshù	名
37	等价	děngjià	动
38	低速	dīsù	形
39	电场	diànchǎng	名
40	电动机	diàndòngjī	名
41	电光	diànguāng	名
42	电荷	diànhè	名
43	电解	diànjiě	动
44	电能	diànnéng	名
45	电容	diànróng	名
46	电容器	diànróngqì	名
47	叠加	diéjiā	动
48	定义域	dìngyìyù	名
49	毒性	dúxìng	名
50	读取	dúqǔ	动
51	段落	duànluò	名
52	对称性	duìchènxìng	名
53	多项式	duōxiàngshì	名
54	发酵	fā//jiào	
55	发散	fāsàn	动
56	法则	fǎzé	名
57	繁多	fánduō	形

58	反函数	fǎnhánshù	名
59	分辨率	fēnbiànlǜ	名
60	分子式	fēnzǐshì	名
61	分量	fèn·liàng	名
62	服务器	fúwùqì	名
63	辐射	fúshè	动
64	付款	fù//kuǎn	
65	附加	fùjiā	动
66	复合	fùhé	动
67	覆盖	fùgài	动
68	高频	gāopín	名、形
69	高效	gāoxiào	形
70	隔离	gélí	动
71	共振	gòngzhèn	动
72	估算	gūsuàn	动
73	观察者	guāncházhě	名
74	官能团	guānnéngtuán	名
75	光电子	guāngdiànzǐ	名
76	光滑	guānghuá	形
77	光能	guāngnéng	名
78	光速	guāngsù	名
79	光学	guāngxué	名
80	光子	guāngzǐ	名
81	归纳法	guīnàfǎ	名
82	函数	hánshù	名
83	焓	hán	名
84	行列	hángliè	名
85	航天	hángtiān	动
86	核聚变	héjùbiàn	名
87	核能	hénéng	名
88	黑体	hēitǐ	名
89	红光	hóngguāng	名
90	宏观	hóngguān	形
91	厚度	hòudù	名
92	弧长	húcháng	名
93	互联	hùlián	动
94	化合	huàhé	动
95	化学式	huàxuéshì	名
96	缓慢	huǎnmàn	形
97	混合物	hùnhéwù	名
98	活化	huóhuà	动
99	活性	huóxìng	名、形
100	货币	huòbì	名
101	机械能	jīxiènéng	名
102	积分	jīfēn	名、动
103	激光器	jīguāngqì	名
104	级数	jíshù	名
105	极大值	jídàzhí	名
106	极限	jíxiàn	名
107	极值	jízhí	名
108	计时	jìshí	动
109	剂	jì	名
110	加密	jiā//mì	
111	夹角	jiājiǎo	名
112	甲醇	jiǎchún	名
113	间距	jiānjù	名
114	减弱	jiǎnruò	动
115	简便	jiǎnbiàn	形
116	简化	jiǎnhuà	动
117	碱性	jiǎnxìng	形
118	间断	jiànduàn	动
119	间隔	jiàngé	名、动

120	鉴别	jiànbié	动
121	交互	jiāohù	动、副
122	接口	jiēkǒu	名
123	揭示	jiēshì	动
124	节点	jiédiǎn	名
125	结构式	jiégòushì	名
126	结晶	jiéjīng	名、动
127	介质	jièzhì	名
128	借助	jièzhù	动
129	进程	jìnchéng	名
130	精确	jīngquè	形
131	精确度	jīngquèdù	名
132	静电	jìngdiàn	名
133	矩形	jǔxíng	名
134	聚变	jùbiàn	动
135	聚丙烯	jùbǐngxī	名
136	聚合物	jùhéwù	名
137	聚乙烯	jùyǐxī	名
138	绝缘体	juéyuántǐ	名
139	颗粒	kēlì	名
140	可控	kěkòng	形
141	可能性	kěnéngxìng	名
142	可逆	kěnì	形
143	控制器	kòngzhìqì	名
144	库仑	kùlún	量
145	快捷	kuàijié	形
146	蓝光	lánguāng	名
147	冷却	lěngquè	动
148	利用率	lìyònglǜ	名
149	连通	liántōng	动
150	连续性	liánxùxìng	名
151	联网	lián//wǎng	
152	量子	liàngzǐ	名
153	量子力学	liàngzǐ lìxué	
154	流量	liúliàng	名
155	流体	liútǐ	名
156	路径	lùjìng	名
157	螺旋	luóxuán	名
158	脉冲	màichōng	名
159	密钥	mìyuè	名
160	描绘	miáohuì	动
161	能耗	nénghào	名
162	凝固	nínggù	动
163	凝结	níngjié	动
164	浓度	nóngdù	名
165	浓缩	nóngsuō	动
166	排放	páifàng	动
167	排序	pái//xù	
168	判定	pàndìng	动
169	抛物线	pāowùxiàn	名
170	配对	pèi//duì	
171	频率	pínlǜ	名
172	平衡	pínghéng	形、动
173	平均值	píngjūnzhí	名
174	破译	pòyì	动
175	葡萄糖	pútaotáng	名
176	气压	qìyā	名
177	契合	qìhé	动、形
178	前沿	qiányán	名
179	强弱	qiáng ruò	
180	切线	qiēxiàn	名
181	氢能	qīngnéng	名

182	氢原子	qīngyuánzǐ	名
183	清晰	qīngxī	形
184	球面	qiúmiàn	名
185	球体	qiútǐ	名
186	区间	qūjiān	名
187	曲率	qūlǜ	名
188	曲面	qūmiàn	名
189	趋向	qūxiàng	动、名
190	趋于	qūyú	动
191	全球性	quánqiúxìng	形
192	人体	réntǐ	名
193	人造	rénzào	形
194	溶剂	róngjì	名
195	若干	ruògān	代
196	三维	sānwéi	名
197	散射	sǎnshè	动
198	扫描	sǎomiáo	动
199	删除	shānchú	动
200	上端	shàngduān	名
201	上限	shàngxiàn	名
202	渗透	shèntòu	动
203	剩余	shèngyú	动
204	石英	shíyīng	名
205	识别	shíbié	动
206	实时	shíshí	副
207	实物	shíwù	名
208	实质	shízhì	名
209	矢量	shǐliàng	名
210	收敛	shōuliǎn	动
211	受体	shòutǐ	名
212	输送	shūsòng	动
213	数量级	shùliàngjí	名
214	数列	shùliè	名
215	瞬间	shùnjiān	名
216	瞬时	shùnshí	名
217	搜索引擎	sōusuǒ yǐnqíng	
218	酸性	suānxìng	名
219	算法	suànfǎ	名
220	随机	suíjī	副、形
221	缩写	suōxiě	名、动
222	碳化硅	tànhuàguī	名
223	碳水化合物	tànshuǐ- -huàhéwù	
224	糖类	tánglèi	名
225	提取	tíqǔ	动
226	替换	tìhuàn	动
227	添加	tiānjiā	动
228	跳跃	tiàoyuè	动
229	透过	tòuguò	动、介
230	透镜	tòujìng	名
231	图表	túbiǎo	名
232	推论	tuīlùn	动、名
233	褪色	tuì//sè	
234	外部	wàibù	名
235	外加	wàijiā	动
236	外形	wàixíng	名
237	弯曲	wānqū	形
238	万有引力	wàn yǒu yǐnlì	
239	微分	wēifēn	名
240	微分方程	wēifēn fāngchéng	
241	微观	wēiguān	形

242	微积分	wēijīfēn	名
243	微量元素	wēiliàng yuánsù	
244	微生物	wēishēngwù	名
245	文件夹	wénjiànjiā	名
246	无机物	wújīwù	名
247	无穷大	wúqióngdà	名
248	无条件	wútiáojiàn	动
249	无线电	wúxiàndiàn	名
250	无序	wúxù	形
251	误差	wùchā	名
252	吸附	xīfù	动
253	下限	xiàxiàn	名
254	弦	xián	名
255	显示器	xiǎnshìqì	名
256	相对论	xiāngduìlùn	名
257	向量	xiàngliàng	名
258	像素	xiàngsù	名
259	芯片	xīnpiàn	名
260	新建	xīn jiàn	
261	选定	xuǎndìng	动
262	寻常	xúncháng	形
263	压缩	yāsuō	动
264	衍射	yǎnshè	动
265	衍生物	yǎnshēngwù	名
266	验证	yànzhèng	动
267	样品	yàngpǐn	名
268	要点	yàodiǎn	名
269	乙醇	yǐchún	名
270	因素	yīnsù	名
271	引发	yǐnfā	动
272	盈利	yínglì	名
273	映射	yìngshè	动
274	硬盘	yìngpán	名
275	优化	yōuhuà	动
276	优异	yōuyì	形
277	有序	yǒuxù	形
278	原点	yuándiǎn	名
279	原函数	yuánhánshù	名
280	原子核	yuánzǐhé	名
281	圆柱	yuánzhù	名
282	远程	yuǎnchéng	形
283	运动学	yùndòngxué	名
284	载体	zàitǐ	名
285	增量	zēngliàng	名
286	占用	zhànyòng	动
287	真空	zhēnkōng	名
288	正向	zhèngxiàng	名
289	直观	zhíguān	形
290	指令	zhǐlìng	动、名
291	质子	zhìzǐ	名
292	中子	zhōngzǐ	名
293	周期性	zhōuqīxìng	形
294	主机	zhǔjī	名
295	转动	zhuàndòng	动
296	追踪	zhuīzōng	动
297	准则	zhǔnzé	名
298	紫光	zǐguāng	名
299	自变量	zìbiànliàng	名
300	字节	zìjié	名
301	最大值	zuìdàzhí	名
302	遵从	zūncóng	动

附 2：理工中文常用表达式

一级表达式（30 个）

1. 在……时

水在 0℃时可以变成冰。

2. 跟 / 与……相同 / 相反

他的看法跟我的看法相同。

地面上的物体受到的重力与地面的支持力大小相同，方向相反。

3. 介于……之间

地球的大小介于月球和太阳之间。

4. 称……为

我们称这条曲线为圆。

5. 只是……，但并没有……

有些变化只是物质的形态发生了变化，但并没有其他物质生成。

6. 则

有些变化不生成新的物质，有些变化则能生成新的物质。

7. 也就是说

电阻大小跟导体材料有关，也就是说，不同材料的导体，电阻可能不同。

8. 动词 + 作

a 与 b 的和可以写作“a+b”。

9. 称为

“sin，cos”在汉语中分别称为“正弦、余弦”。

10. 用……（来）表示

质量通常用字母 m 表示。

同一物体的长度可以用不同的单位来表示。

11. 是……的 x 倍 / x 分之 y

地球的体积大概是月球的 49 倍。

月球的半径大约是地球的四分之一。

12. ……和……互为……

–b 和 b 互为相反数。

13. 这时我们说

如果 x 不小于 y，这时我们说 $x \geqslant y$。

14. A 和 B 相交 / 相切 / 相离

直线和圆有两个公共点，这时我们说这条直线和圆相交。

如果直线和圆有一个公共点，那么这条直线和圆相切。

如果直线和圆没有公共点，那么这条直线和圆相离。

15. 统称为

我们把整数和分数统称为有理数。

16. 所谓……，就是……

所谓"帕"，就是压强的单位帕斯卡。

17. 沿……（方向）+ 动词

汽车沿这条公路行驶了一段距离。

沿水平方向向右拉这个小车。

18. 有且仅有

每个圆有且仅有一个圆心。

19. A 与 / 跟 B 成正比 / 反比

速度一定，路程与时间成正比。

视角的大小与焦距的大小成反比。

导体中电流的大小跟这个导体两端的电压成正比，跟导体的电阻成反比。

20. A 与 / 跟 B 是正比 / 反比关系

物体运动的加速度与它所受的力是正比关系，与它的质量是反比关系。

速度一定时，路程跟时间是正比关系。

21. 与 / 跟……有关 / 无关

汽车行驶时，空气阻力与汽车的速度有关。

概率是一个确定的数，与每次试验无关。

电阻大小跟导体的材料有关，跟导体的质量无关。

22. 以……为……

做实验要以科学为依据。

23. 已知……，求（出）……

已知圆的半径长，求圆的面积。

已知直角三角形的两个直角边长，可以求出斜边长。

24. 用……来……

用刻度尺来量长度，用天平来称质量。

25. 从……起

从力的作用点起，沿力的方向画一条线段。

26. 先……，再……，然后……，最后……

先取一玻璃杯，再在玻璃杯中盛满水，然后用硬纸片盖住杯口，最后倒置杯子。

27. 占……分之……

水约占人体重十分之七的比例。

氧气约占干空气体积的21%。

28. 与之相反（的是）

钠的化学性质很活泼，金的化学性质则与之相反，很稳定。

与上个月相比，中药的价格上涨了2%；与之相反的是，西药的价格下降了2%。

29. 起（着/到）……的作用

科学技术在人类社会的发展过程中起着十分重要的作用。

催化剂在化学反应中起着非常重要的作用。

微量元素对人体的健康起到了很大的作用。

30. 得出/得到……的结论

牛顿在前人研究的基础上进行研究，得出了一个重要的结论。

根据已知条件，我们能得到这样的结论吗？

二级表达式（新增30个）

1. 以

大家要随手关灯，以节约用电。

2. 以……+动词

汽车以每小时100公里的速度前进。

3. 有……之分

“燃烧”有狭义和广义之分。

4. 须+动词

以销售为目的的食品须注明生产日期。

5. 将……动词+入/在/到

将 x_1，x_2 分别代入方程，得出 y_1，y_2。

将试管放置在安全的地方。

将水滴到玻璃板上。

6. 一类是……，另一类是……

数学可以分成两类：一类是应用数学，另一类是理论数学。

7. 如（比如 / 比如说）

我们学过很多定理，如欧姆定律、牛顿第二定律。

力可分为很多种，比如压力、支持力、拉力等。

各种物体中的物质有多有少，比如说，一桶水比一瓶水的物质多。

8. 以……为例

现在我们以最简单的多边形——三角形为例研究一些问题。

9. 换句话说（也就是说 / 亦即）

同一种物质，体积越大，质量越大。换句话说，同一种物质的质量与它的体积成正比。

不同的运动，位置变化的快慢不同，也就是说，运动的快慢不同。

数学定理与物理定律的互变亦即抽象与具体的互变。

10. 反之

在电路设计中，增加电阻值可以降低电流强度；反之，减小电阻值将导致电流强度增加。

11. 反之亦然

如果 A 是 B 的充分必要条件，那么，我们就可以由 A 推出 B，反之亦然。

12. 由……组成 / 构成 / 合成 / 制成

水由氢、氧两种元素组成。

所有的分子都由原子构成。

黄色光是由两种光合成的。

足球是由什么材料制成的？

13. 通过（经 / 由）……而形成

山河是通过地球内部的运动变化而形成的。

植物经长期变化而形成煤。

风是由空气的流动而形成的。

14. 经过（经 / 由）……，然后……，（再……，）最后……

非晶态的玻璃经过加热，然后冷却，反复处理，结构会有序化，最后会变成多晶体。

15. 在……下

在高温下，铁能跟氯、硫、碳等非金属起反应。

16. 高达 + 数量

高压线路的电压高达几万伏甚至几十万伏。

17. 实验表明

实验表明，大多数金属都能与氧气发生反应。

18.（由此）可见

由此可见，化学平衡是一种动态平衡。

可见，正方形在生活中得到了广泛的应用。

19. 综上所述

综上所述，各种物质的密度是一定的，不同物质的密度一般不同。

20. 分析……的成因

这次事故非常严重，我们应该分析事故的成因并讨论如何预防再次发生。

21. 举出……的例子 / 实例 / 反例

举出具体的例子来说明问题发生的原因。

物理变化很常见，你能举出具体实例吗？

各边相等的圆内接多边形是正多边形吗？如果不是，举出反例。

22. 结合……说明

你能结合实例说明应用函数模型解决问题的基本过程吗？

23. 将……加以

将下列写错的元素符号加以改正。

24. 用图示表示

请用图示表示今年各个地方的收入情况。

25. 试 + 动词

试推导用这些量表示的金星质量的计算式。

26. 具备……（前提）条件

物质燃烧应具备什么条件？

只有具备以上前提条件，该反应才能发生。

27. 对……进行

我们可以按照角的大小对三角形进行分类。

28. 在……（的）基础上

伽利略在前人研究的基础上，提出了自己的理论。

29. 取决于 / 决定于 / 在于

物体惯性的大小取决于它的质量。

未来决定于科学和科学思维。

火灾的原因在于缺乏安全意识。

30. 随着……而

上面的实验告诉我们，液体的压强随着深度的增加而增大。

三级表达式（新增 25 个）

1. 同理可证

已知在等差数列中，任意两项的差是常数。同理可证，在等比数列中，任意两项（非零项）的比值也是常数。

2. A 与 B（不）成比例

当物体局部与整体成比例，即具有局部为整体成比例缩小的性质，我们说该物体具有自相似性。

如果一个向量与另一个向量不成比例，那么它们一定线性无关。

3. 建立在……的基础上

目前人工智能的深度学习算法是建立在大数据的基础上的。

4. 将 A 归结为 B

他将这个问题归结为无穷级数求和的问题。

5. 为 / 被……所

强紫外线对眼睛和皮肤有一定的伤害，这已为医学所证实。

物体在液体中受到浮力的大小等于被物体所排开的液体的重量。

6. 相当于

氧气的密度相当于氢气的 6 倍。

7. 与……相比，……更……

与传统相机相比，数码相机存储容量更大。

8. 遵循……法则 / 定理 / 模型

实证主义社会学认为，社会现象与自然现象之间遵循同样的科学法则。

如果一个函数 f 的定义域为 [a,b]，那么在区间上存在一点，可以在 f(a) 到 f(b) 之间取任何值，即遵循介值定理。

通常，病毒扩散遵循指数增长模型。

9. 由此可以 + 动词

如果对每一个字进行统计，而且不考虑上下文相关性，由此可以估算出它的信息熵在 10 比特以内，当然这取决于用什么语料库来做估计。

10. 把……转变成 / 转化为

机器视觉产品可以根据像素分布和亮度、颜色等信息，把被拍摄目标的形状信息转变成数字化信号。

把科学技术转化为生产力。

11. 调整……，使……

对焦是通过调整镜片组和底片（传感器平面）的间距，使图像变得清晰。

12. 可能性不到 + 数量

虽然手机制造商会说破解人脸识别的可能性不到百万分之一，但双胞胎解锁对方手机的事情仍然会发生。

13. 选取……作为（样本）

杂志社选取了国内相关领域的一些专家作为审稿人。

他们共选取了 20 款手机作为测试样本。

14. 步骤如下

测试步骤如下：第一步，测试人员把样本手机的人脸识别全部设置为“同学 A”；第二步，让其他人拿着这些手机进行人脸识别；第三步，将同学 A 的照片打印出来，把眼睛部分的图片贴到眼镜上面，让其他人戴着眼镜进行手机人脸识别。

15. 将……扩展到

它是指将互联网的概念扩展到物理设备和日常对象的连接之中。

16. 与……发生……反应

含氯消毒剂会与其他消毒剂发生有毒的化学反应，二者不可以混合使用，否则会对人体造成伤害。

17. 分解生成

次氯酸不稳定，会分解生成新生态氧，新生态氧的强氧化性使细菌和病毒的蛋白质变性，使病原微生物死亡。

18. 按照……比例 + 动词

在日常使用中，需要按照科学的比例配置消毒剂，计算公式为 $C_1V_1=C_2V_2$，C_1 为原液浓度，V_1 为原液体积，C_2 为所需浓度，V_2 为所需体积。

19. 采用……制成

重复利用型防护服主要采用传统机织物、高密织物、涂层织物及层压织物等材料制成。

20. 达到……比例

在人群中接种疫苗者达到一定比例后，病毒就很难继续传播。

21. 根据测定

在相同的条件下，燃烧 1g 天然气，根据测定，约会释放出 55.81KJ 的热量。

22. 凡是……，都……

凡是与计算机使用相关的领域，都可纳入计算机应用的范畴。

23.（被）应用于 / 用于

这种芯片推出后将被应用于最新一代高档产品中。

如果说将计算机技术应用于统计学领域是为统计学发展踩下了一脚油门，那么掌握方向盘的还是统计学本身。

彩色印刷引进后，层的概念也被用于创建每种颜色单独的印版。

在德国，政府明确规定，企业用于继续教育的经费支出应占企业销售总额的 1% ～ 2%。

24. 如图……所示

如图 4.3(b) 所示，把 A、B、C 三点放在圆上。那么 B 点在 A、C 两点之间，也可以说 A 点在 B、C 两点之间，或者说 C 点在 A、B 两点之间。在圆上分不出内外，没有方向性。

25.（并不）意味着

设初始三角形的边长为 a，经过 n 次生长后，得到的小三角形的边长为 $a_n=a(1/3)^n$，边数为 $E_n=3\times4^n$，这样 n 次生长后总的周长之和为 $C_n=a_nE_n=3a(4/3)^n$。这意味着科赫雪花的周长实际上是无限长的。

有了上好的原料和先进的设备，并不意味着就能生产出好的产品。

医学中文

能够基本听懂中国普通高等学校医学类本科一年级课堂教学内容，并记录重要信息。能够理解日常会话中与医学相关的语言材料，并抓住要点和相关细节。能够看懂医学类文章常用的书面语言表达形式，能够运用阅读技巧进行寻读和略读，会找关键词。能够借助工具书读懂简单的医学类专业书籍，正确理解中心大意。能够就熟悉的医学类话题进行交流和讨论，能够用正确的语言表达个人观点。能够用书面语言对一些医学现象进行简单的描写和说明，能够借助参考资料写出与医学相关、结构基本清晰、文理通顺的短文。

1. 一级标准

- **专业学习能力** 具备基础的医学中文听、读、说、写能力。理解并掌握一级范围内医学专业常用的词汇和句式。能够用比较规范的医学中文语体表述医学专业的基本概念、描述健康状况及常见疾病症状，条理清楚，表达得体。
- **话题任务内容** 话题涉及生理与健康常识、常见疾病与治疗、医院科室与就医流程等。能够完成与之相关的交际任务，能够与医院工作人员进行简单的交流，例如：能够看懂医院科室的标识牌，能够听懂医院工作人员关于预约、挂号、分诊等环节的导引。
- **语言量化指标** 词语 210 个。

1.1 听

能够听懂涉及一级话题任务内容、以较长单句和简单复句为主的对话或讲话，对话或讲话发音标准、吐字清晰、语速正常（不低于 160 字 / 分钟）。能够听懂与身体健康状况或医学科普知识有关的材料，较准确地抓住主要信息，意识到对话或讲话中涉及的医学专业元素。

1.2 读

能够认读一级语言量化指标涉及的医学专业词汇。能够读懂涉及一级话题任务内容的语言材料，阅读速度不低于 100 字 / 分钟。能够理解简单复句，读懂描述医学主题的语言材料，掌握中心大意和相关细节。初步掌握略读、寻读、抓关键词、猜测联想、跳跃障碍等阅读技巧。

1.3 说

能够掌握一级语言量化指标涉及的医学专业词汇，发音基本标准。能够使用一级话题任务内容所涉及的专业词汇和常用表达式完成相关医学话题表达和交际任务。具备初步的成段表达能力，能够对个人健康状况进行描述，能够在医院场景中与他人进行交流和沟通，表达比较流利，用词比较准确。

1.4 写

能够熟练书写一级语言量化指标涉及的医学专业词汇。能够使用一级专业词汇和简单句式就熟悉的医学话题进行一定的书面表达。书面语言得体，语句基本通顺，表达流畅清楚，字数不低于200字。

2. 二级标准

- **专业学习能力** 具备一定的医学中文听、读、说、写能力。较好地掌握二级范围内医学专业话题内容，能够就二级范围内医学领域的专业问题进行比较完整、有效、顺畅的表达，具备一定的成段表达能力。中文水平能够基本满足进入医学专业学习的需求。
- **话题任务内容** 话题涉及人体器官的名称与功能、医院常规检查手段、常见疾病的症状与发病原因、医院常规治疗方式等。能够就医学问题与专业教师进行简单的沟通，能够表述与话题相关的医学专业内容，例如：能够简要讲述个人信息和病史、病情，能够理解医院场景及诊疗过程中的提示语、标识、医嘱等，能够讲解简单的疾病预防和医疗保健知识，能够编写简单的病例、处方等医疗文件。
- **语言量化指标** 词语520个（新增310个）。

2.1 听

能够听懂涉及二级话题任务内容的对话或讲话，包括真实语境中对疾病症状的简单描述以及治疗方案的主要内容，对话或讲话发音自然、略带方音、语速正常（不低于180字/分钟）。能够规避较嘈杂的环境、不必要的重复和停顿等因素的影响，较为准确地获取主要信息、理解说话者的真实意图。能够基本理解对话或讲话中的医学专业基础知识和专业词汇。

2.2 读

能够认读二级语言量化指标涉及的医学专业词汇。能够读懂涉及二级话题任务内容的语言材料，阅读速度不低于120字/分钟。能够理解医学专业常用句式，掌握所涉及的专业术语，较好地理解医学文章的基本内容，提取文章主要论点和关键信息。能够通过上下文猜测词义、推断隐含信息，基本掌握跳读、查找关键信息、概括要点等阅读技巧。

2.3 说

能够掌握二级语言量化指标涉及的医学专业词汇，发音基本标准，语调自然。能够使用二级话题任务内容所涉及的专业词汇和常用表达式完成相关医学话题表达和交际任务。具备成段表达能力，能够使用比较复杂的句式讨论二级话题任务范围内的专业问题，能够就专业问题进行难度一般的汇报，表达流利，用词准确，基本得体，有一定的逻辑性。

2.4 写

能够熟练书写二级语言量化指标涉及的医学专业词汇。能够使用二级专业词汇和较为复杂的句式完成病例和医嘱的书写。能够对二级话题任务范围内医学领域的基本知识、常见疾病和诊疗手段进行书面表达，用词较为恰当，句式基本正确，内容比较完整，表达较为通顺，字数不低于 300 字。能够模仿完成基础的医学类应用文体写作，格式基本正确。

3. 三级标准

- **专业学习能力** 具备较好的医学中文听、读、说、写能力。能够听懂医学专业教师的教学用语及医学用语，能够理解专业的医学词汇与表述方式。能够读懂医学专业教科书和文献，并就医学知识与专业教师进行交流与沟通。掌握医学中文三级话题内容，能够清楚地表达自己对某些话题的理解和看法。能够就较为专业的医学话题进行完整、有效、顺畅的交流，具备成段表达能力。
- **话题任务内容** 话题涉及人体部位、生理病理、临床操作、诊疗方案、健康宣传等。能够完成与之相关的交际任务，能够对理论性较强的医学类文章进行复述并表达自己的观点，能够对他人提出的医学问题进行回应，例如：能够用专业术语介绍病因、病理，说明诊疗方案和注意事项，书写病例、处方、病情分析等。
- **语言量化指标** 词语 800 个（新增 280 个）。

3.1 听

能够听懂涉及三级话题任务内容的对话或讲话，包括医生对疾病症状和治疗方案的详细描述或有一定难度的专业课程和研讨报告，对话或讲话发音标准或略带方音、语速正常或稍快（不低于 200 字 / 分钟）。能够规避话语中的语病、重复等因素的影响，准确把握说话者所讲的基本内容和主要观点，能够通过对话或讲话中语音、语调、语速的变化等辅助手段理解和获取主要信息。具备较强的边听边记能力，能够记录重要词语和重要观点，能够较好地理解对话或讲话中的医学专业基础知识和专业词汇。

3.2 读

能够认读三级语言量化指标涉及的医学专业词汇。能够读懂涉及三级话题任务内容的语言材料，阅读速度不低于 150 字 / 分钟。能够读懂病例分析、会诊记录、出院小结等医疗文件。能够基本读懂医学领域有一定理论性的议论文章，熟练掌握略读、跳读等阅读技巧，具备较强的查找信息、概括大意、理解细节的能力，并能够进行相关的逻辑推理。能够利用医学专业字典、词典等，理解生词意义。

3.3 说

能够掌握三级语言量化指标涉及的医学专业词汇，发音比较标准，语调自然。能够使用三级话题任务内容所涉及的专业词汇和常用表达式完成相关医学话题表达和交际任务。具备良好的成段表达能力，能够使用复杂句式比较深入地讨论三级话题任务范围内的专业问题，能够就专业问题进行难度适中的汇报，表达顺畅，用词丰富得体，逻辑性较强。

3.4 写

能够熟练掌握三级语言量化指标涉及的专业词汇。具备较好的书面表达能力，能够正确使用所学的医学中文专业词汇进行较专业的医学中文书面交流。能够撰写与医学话题相关的叙述性和说明性短文，用词准确，语句通顺，格式正确，行文规范，表达清楚，字数不低于 400 字。

附：医学中文专业词汇

一级词汇表（210 个）

序号	词语	拼音	词性
1	白细胞	báixìbāo	名
2	保养	bǎoyǎng	动
3	暴饮暴食	bàoyǐn-bàoshí	
4	鼻腔	bíqiāng	名
5	鼻塞	bísè	动
6	比例	bǐlì	名
7	表面	biǎomiàn	名
8	病毒	bìngdú	名
9	采取	cǎiqǔ	动
10	残疾	cán·jí	名
11	肠炎	chángyán	名
12	成分	chéngfèn	名
13	初步	chūbù	形
14	处理	chǔlǐ	动
15	传播	chuánbō	动
16	传染	chuánrǎn	动
17	刺激	cìjī	动
18	猝发	cùfā	动
19	猝死	cùsǐ	动
20	打嗝儿	dǎ//gér	
21	打哈欠	dǎ hāqian	
22	大肠	dàcháng	名
23	单位	dānwèi	名
24	胆囊	dǎnnáng	名
25	蛋白质	dànbáizhì	名
26	低血压	dīxuèyā	名
27	典型	diǎnxíng	名、形
28	定期	dìngqī	动、形
29	动脉	dòngmài	名
30	毒副反应	dú-fùfǎnyìng	
31	堵塞	dǔsè	动
32	断裂	duànliè	动
33	对症治疗	duìzhèng zhìliáo	
34	恶化	èhuà	动
35	二氧化碳	èryǎnghuàtàn	名
36	发病	fā//bìng	
37	发病率	fābìnglǜ	名
38	发烧	fā//shāo	
39	发生率	fāshēnglǜ	名
40	发炎	fāyán	动
41	发育	fāyù	动
42	反复	fǎnfù	副、动、名
43	反应	fǎnyìng	动、名
44	肺	fèi	名
45	肺炎	fèiyán	名
46	分泌	fēnmì	动
47	服用	fúyòng	动
48	副作用	fùzuòyòng	名
49	钙	gài	名
50	肝	gān	名
51	感染	gǎnrǎn	动
52	高血压	gāoxuèyā	名

53	高血脂	gāoxuèzhī	名
54	骨骼	gǔgé	名
55	骨头	gǔtou	名
56	骨折	gǔzhé	动
57	挂号	guà//hào	
58	关节	guānjié	名
59	光滑	guānghuá	形
60	过敏	guòmǐn	动、形
61	含量	hánliàng	名
62	毫克	háokè	量
63	红细胞	hóngxìbāo	名
64	呼吸道	hūxīdào	名
65	化学物质	huàxué wùzhì	
66	化验	huàyàn	动
67	化验单	huàyàndān	名
68	怀孕	huái//yùn	
69	坏死	huàisǐ	动
70	缓解	huǎnjiě	动
71	患者	huànzhě	名
72	激素	jīsù	名
73	急性	jíxìng	形
74	急诊	jízhěn	动、名
75	记忆力	jìyìlì	名
76	甲状腺	jiǎzhuàngxiàn	名
77	检测	jiǎncè	动
78	减退	jiǎntuì	动
79	健身	jiànshēn	动
80	健忘	jiànwàng	形
81	降压药	jiàngyāyào	名
82	焦虑	jiāolǜ	形
83	脚踝	jiǎohuái	名
84	接诊	jiēzhěn	动
85	结石	jiéshí	名
86	近视	jìnshì	形
87	颈部	jǐngbù	名
88	颈椎	jǐngzhuī	名
89	静脉	jìngmài	名
90	就诊	jiù//zhěn	
91	抗生素	kàngshēngsù	名
92	空腹	kōngfù	动
93	溃疡	kuìyáng	动
94	扩张	kuòzhāng	动
95	劳累	láolèi	形
96	老化	lǎohuà	动
97	类似	lèisì	动
98	临床	línchuáng	动
99	流感	liúgǎn	名
100	麻	má	形
101	慢性	mànxìng	形
102	毛细血管	máoxì-xuèguǎn	
103	门诊	ménzhěn	动
104	免疫	miǎnyì	动
105	难受	nánshòu	形
106	脑出血	nǎochūxuè	名
107	脑细胞	nǎoxìbāo	名
108	内科	nèikē	名
109	尿常规	niàochángguī	名
110	尿检	niàojiǎn	动
111	尿液	niàoyè	名
112	排除	páichú	动
113	疱疹	pàozhěn	名
114	喷嚏	pēntì	名

115	皮肤	pífū	名
116	疲劳	píláo	形
117	脾	pí	名
118	贫血	pínxuè	动
119	频率	pínlǜ	名
120	平均值	píngjūnzhí	名
121	葡萄糖	pútaotáng	名
122	器官	qìguān	名
123	抢救	qiǎngjiù	动
124	青春期	qīngchūnqī	名
125	青霉素	qīngméisù	名
126	清除	qīngchú	动
127	清醒	qīngxǐng	形、动
128	情绪	qíngxù	名
129	取样	qǔyàng	动
130	缺乏	quēfá	动
131	确诊	quèzhěn	动
132	人工	réngōng	形、名
133	软骨	ruǎngǔ	名
134	嗓子	sǎngzi	名
135	神经	shénjīng	名
136	肾	shèn	名
137	生理	shēnglǐ	名
138	失眠	shī//mián	
139	食道	shídào	名
140	适量	shìliàng	形
141	适应	shìyìng	动
142	收缩	shōusuō	动
143	输血	shū//xuè	
144	输液	shū//yè	
145	数值	shùzhí	名
146	衰老	shuāilǎo	形
147	睡眠	shuìmián	名
148	弹性	tánxìng	名
149	痰	tán	名
150	糖尿病	tángniàobìng	名
151	提醒	tí//xǐng	
152	体检	tǐjiǎn	动
153	体力	tǐlì	名
154	体温	tǐwēn	名
155	调整	tiáozhěng	动
156	腿	tuǐ	名
157	脱发	tuō//fà	
158	唾液	tuòyè	名
159	外科	wàikē	名
160	维生素	wéishēngsù	名
161	胃炎	wèiyán	名
162	吸收	xīshōu	动
163	膝盖	xīgài	名
164	细胞	xìbāo	名
165	细菌	xìjūn	名
166	下肢	xiàzhī	名
167	先天性	xiāntiānxìng	形
168	消化	xiāohuà	动
169	小肠	xiǎocháng	名
170	心电图	xīndiàntú	名
171	心房	xīnfáng	名
172	心脏病	xīnzàngbìng	名
173	新陈代谢	xīnchén-dàixiè	
174	胸腔	xiōngqiāng	名
175	血管	xuèguǎn	名
176	血糖	xuètáng	名

177	血小板	xuèxiǎobǎn	名
178	血压	xuèyā	名
179	血液	xuèyè	名
180	血脂	xuèzhī	名
181	循环	xúnhuán	动
182	循环系统	xúnhuán xìtǒng	
183	牙齿	yáchǐ	名
184	咽部	yānbù	名
185	验血	yàn//xiě	
186	氧气	yǎngqì	名
187	痒	yǎng	形
188	样本	yàngběn	名
189	腰	yāo	名
190	仪器	yíqì	名
191	遗传	yíchuán	动
192	抑郁症	yìyùzhèng	名
193	引发	yǐnfā	动
194	营养	yíngyǎng	名
195	有毒	yǒu dú	
196	预防	yùfáng	动
197	月经	yuèjīng	名
198	孕妇	yùnfù	名
199	胀	zhàng	动、形
200	胀痛	zhàngtòng	动
201	真菌	zhēnjūn	名
202	诊断	zhěnduàn	动
203	整体	zhěngtǐ	名
204	正常值	zhèngchángzhí	名
205	症状	zhèngzhuàng	名
206	脂肪	zhīfáng	名
207	止疼药	zhǐténgyào	名
208	止血	zhǐ//xuè	
209	治疗	zhìliáo	动
210	肿	zhǒng	动

二级词汇表（新增310个）

序号	词语	拼音	词性
1	艾滋病	àizībìng	名
2	安眠药	ānmiányào	名
3	按摩	ànmó	动
4	疤痕	bāhén	名
5	白内障	báinèizhàng	名
6	白血病	báixuèbìng	名
7	摆动	bǎidòng	动
8	斑点	bāndiǎn	名
9	瓣膜	bànmó	名
10	包裹	bāoguǒ	名、动
11	包扎	bāozā	动
12	暴晒	bàoshài	动
13	绷带	bēngdài	名
14	鼻窦炎	bídòuyán	名
15	鼻毛	bímáo	名
16	避孕药	bìyùnyào	名
17	变态反应	biàntài fǎnyìng	
18	便秘	biànmì	动
19	表情肌	biǎoqíngjī	名
20	表情纹	biǎoqíngwén	名
21	并发症	bìngfāzhèng	名

22	病变	bìngbiàn	动
23	病因	bìngyīn	名
24	波动	bōdòng	动
25	不孕症	búyùnzhèng	名
26	补血	bǔ//xuè	
27	不良	bùliáng	形
28	采访	cǎifǎng	动
29	操作	cāozuò	动
30	测定	cèdìng	动
31	查体	chá tǐ	
32	拆	chāi	动
33	产妇	chǎnfù	名
34	产后抑郁症	chǎnhòu yìyùzhèng	
35	肠液	chángyè	名
36	超声波	chāoshēngbō	名
37	承受	chéngshòu	动
38	抽搐	chōuchù	动
39	传递	chuándì	动
40	磁共振	cígòngzhèn	名
41	刺激性	cìjīxìng	名
42	脆	cuì	形
43	脆弱	cuìruò	形
44	存活率	cúnhuólǜ	名
45	措施	cuòshī	名
46	胆结石	dǎnjiéshí	名
47	导致	dǎozhì	动
48	低落	dīluò	动、形
49	低血糖	dīxuètáng	名
50	滴	dī	动、量
51	第二性征	dì-èr xìngzhēng	
52	吊针	diào zhēn	
53	动脉硬化	dòngmài yìnghuà	
54	痘	dòu	名
55	毒素	dúsù	名
56	发作	fāzuò	动
57	乏力	fálì	形、动
58	繁衍	fányǎn	动
59	繁殖	fánzhí	动
60	防御	fángyù	动
61	肺癌	fèi'ái	名
62	分解	fēnjiě	动
63	分裂	fēnliè	动
64	分娩	fēnmiǎn	动
65	分散	fēnsàn	形、动
66	粉刺	fěncì	名
67	粪便	fènbiàn	名
68	敷	fū	动
69	妇科	fùkē	名
70	复发	fùfā	动
71	复位	fù//wèi	
72	复原	fù//yuán	
73	腹腔	fùqiāng	名
74	改善	gǎishàn	动
75	肛门	gāngmén	名
76	高峰	gāofēng	名
77	疙瘩	gēda	名
78	更年期	gēngniánqī	名
79	供血	gōng xuè	
80	沟回	gōuhuí	名
81	骨架	gǔjià	名

82	骨髓	gǔsuǐ	名
83	骨外科	gǔwàikē	名
84	骨细胞	gǔxìbāo	名
85	骨质疏松症	gǔzhì shūsōngzhèng	
86	骨质增生	gǔzhì zēngshēng	
87	固定	gùdìng	动
88	冠心病	guānxīnbìng	名
89	冠状动脉	guānzhuàng-dòngmài	
90	过度	guòdù	形
91	汗腺	hànxiàn	名
92	红斑狼疮	hóngbān-lángchuāng	
93	后遗症	hòuyízhèng	名
94	花粉症	huāfěnzhèng	名
95	化疗	huàliáo	名、动
96	化脓	huà//nóng	
97	灰尘	huīchén	名
98	昏迷	hūnmí	动
99	混合	hùnhé	动
100	机能	jīnéng	名
101	肌肤	jīfū	名
102	肌肉	jīròu	名
103	基因突变	jīyīn tūbiàn	
104	畸形	jīxíng	形
105	激光	jīguāng	名
106	脊髓	jǐsuǐ	名
107	忌	jì	动
108	甲减	jiǎjiǎn	名
109	胶原蛋白	jiāoyuán dànbái	
110	角膜	jiǎomó	名
111	绞痛	jiǎotòng	形
112	矫正	jiǎozhèng	动
113	矫治	jiǎozhì	动
114	节制	jiézhì	动
115	结膜炎	jiémóyán	名
116	戒	jiè	动
117	颈椎病	jǐngzhuībìng	名
118	痉挛	jìngluán	动
119	静脉曲张	jìngmài qūzhāng	
120	滥用	lànyòng	动
121	劳损	láosǔn	动
122	老年痴呆症	lǎonián chīdāizhèng	
123	罹患	líhuàn	动
124	理疗	lǐliáo	名、动
125	淋巴	línbā	名
126	流产	liú//chǎn	
127	聋	lóng	形
128	颅骨	lúgǔ	名
129	率	lǜ	后缀
130	麻木	mámù	形
131	毛囊	máonáng	名
132	敏感	mǐngǎn	形
133	膜	mó	名
134	母乳	mǔrǔ	名
135	囊肿	nángzhǒng	名
136	脑梗死	nǎogěngsǐ	名
137	脑膜炎	nǎomóyán	名

138	脑室	nǎoshì	名
139	脑瘫	nǎotān	名
140	脑血栓	nǎoxuèshuān	名
141	脑炎	nǎoyán	名
142	内耳	nèi'ěr	名
143	内分泌	nèifēnmì	名
144	黏稠	niánchóu	形
145	黏膜	niánmó	名
146	尿道	niàodào	名
147	尿道炎	niàodàoyán	名
148	尿急	niàojí	名
149	尿频	niàopín	形
150	凝固	nínggù	动
151	凝血	níngxuè	名
152	浓稠	nóngchóu	形
153	脓	nóng	名
154	呕吐	ǒutù	动
155	排泄	páixiè	动
156	皮屑	píxiè	名
157	皮炎	píyán	名
158	皮疹	pízhěn	名
159	皮脂	pízhī	名
160	皮质	pízhì	名
161	疲乏感	pífágǎn	名
162	偏瘫	piāntān	动
163	剖宫产	pōugōngchǎn	动
164	前列腺	qiánlièxiàn	名
165	前列腺炎	qiánlièxiànyán	名
166	青春痘	qīngchūndòu	名
167	青光眼	qīngguāngyǎn	名
168	情绪烦躁	qíngxù fánzào	
169	躯体	qūtǐ	名
170	痊愈	quányù	动
171	缺氧	quē yǎng	
172	染色体	rǎnsètǐ	名
173	人工流产	réngōng liúchǎn	
174	蠕动	rúdòng	动
175	乳房	rǔfáng	名
176	瘙痒	sàoyǎng	形
177	晒斑	shàibān	名
178	上火	shàng//huǒ	
179	摄入量	shèrùliàng	名
180	肾结石	shènjiéshí	名
181	肾上腺	shènshàngxiàn	名
182	肾上腺素	shènshàng-xiànsù	名
183	肾小管	shènxiǎoguǎn	名
184	肾小囊	shènxiǎonáng	名
185	肾小囊腔	shènxiǎo-nángqiāng	名
186	肾小体	shènxiǎotǐ	名
187	肾炎	shènyán	名
188	失调	shītiáo	动
189	失误	shīwù	动、名
190	石膏	shígāo	名
191	食欲不振	shíyù búzhèn	
192	试管	shìguǎn	名
193	视觉	shìjué	名
194	视神经	shìshénjīng	名
195	视网膜	shìwǎngmó	名
196	手腕	shǒuwàn	名

197	寿命	shòumìng	名
198	受精	shòu//jīng	
199	受精卵	shòujīngluǎn	名
200	受孕	shòu//yùn	
201	疏松	shūsōng	形、动
202	输精管	shūjīngguǎn	名
203	输卵管	shūluǎnguǎn	名
204	输尿管	shūniàoguǎn	名
205	衰退	shuāituì	动
206	栓塞	shuānsè	动
207	顺畅	shùnchàng	形
208	松弛	sōngchí	形
209	损害	sǔnhài	动
210	缩小	suōxiǎo	动
211	胎儿	tāi'ér	名
212	胎教	tāijiào	动
213	瘫痪	tānhuàn	动
214	提神	tí//shén	
215	挑食	tiāoshí	动
216	透明	tòumíng	形
217	吞噬	tūnshì	动
218	吞咽	tūnyàn	动
219	脱落	tuōluò	动
220	微量元素	wēiliàng yuánsù	
221	微升	wēishēng	量
222	维持	wéichí	动
223	萎缩	wěisuō	动
224	紊乱	wěnluàn	形
225	系统	xìtǒng	名、形
226	狭窄	xiázhǎi	形
227	下垂	xiàchuí	动
228	先兆	xiānzhào	名
229	纤维	xiānwéi	名
230	显著	xiǎnzhù	形
231	献血	xiàn xiě	
232	腺	xiàn	名
233	消化科	xiāohuàkē	名
234	消食	xiāo//shí	
235	哮喘	xiàochuǎn	动
236	心电监护	xīndiàn jiānhù	
237	心烦气躁	xīnfán-qìzào	
238	心慌	xīn//huāng	
239	心肌梗死	xīnjī gěngsǐ	
240	心肌缺血	xīnjī quē xuè	
241	心肌炎	xīnjīyán	名
242	心室	xīnshì	名
243	心跳过速	xīntiào guòsù	
244	心脏	xīnzàng	名
245	心脏彩超	xīnzàng cǎichāo	
246	兴奋剂	xīngfènjì	名
247	性功能	xìnggōngnéng	名
248	性腺	xìngxiàn	名
249	胸口	xiōngkǒu	名
250	胸闷	xiōng mèn	
251	雄激素	xióngjīsù	名
252	眩晕	xuànyùn	动
253	血常规	xuèchángguī	名
254	血管壁	xuèguǎnbì	名
255	血红蛋白	xuèhóng dànbái	
256	血检	xuèjiǎn	动
257	血浆	xuèjiāng	名

258	血栓	xuèshuān	名
259	血型	xuèxíng	名
260	亚健康	yàjiànkāng	名
261	炎症	yánzhèng	名
262	眼睑	yǎnjiǎn	名
263	眼角膜	yǎnjiǎomó	名
264	眼球	yǎnqiú	名
265	眼压	yǎnyā	名
266	腰椎	yāozhuī	名
267	胰岛素	yídǎosù	名
268	胰腺	yíxiàn	名
269	胰液	yíyè	名
270	遗传基因	yíchuán jīyīn	
271	因素	yīnsù	名
272	隐患	yǐnhuàn	名
273	硬化	yìnghuà	动
274	油腻	yóunì	形
275	油脂	yóuzhī	名
276	有机质	yǒujīzhì	名
277	有氧运动	yǒuyǎng-yùndòng	
278	诱发	yòufā	动
279	诱因	yòuyīn	名
280	鱼尾纹	yúwěiwén	名
281	预期	yùqī	动
282	愈合	yùhé	动
283	原则	yuánzé	名
284	孕期	yùnqī	名
285	孕吐	yùntù	动
286	孕晚期	yùn wǎnqī	
287	孕中期	yùn zhōngqī	
288	增生	zēngshēng	动
289	障碍	zhàng'ài	动、名
290	诊室	zhěnshì	名
291	疹子	zhěnzi	名
292	正规	zhèngguī	形
293	指甲	zhǐjia	名
294	趾甲	zhǐjiǎ	名
295	治愈	zhìyù	动
296	中耳炎	zhōng'ěryán	名
297	肿大	zhǒngdà	动
298	肿瘤	zhǒngliú	名
299	肿胀	zhǒngzhàng	动
300	肘	zhǒu	名
301	皱纹	zhòuwén	名
302	侏儒	zhūrú	名
303	注射	zhùshè	动
304	专利	zhuānlì	名
305	椎间盘突出症	zhuījiānpán tūchūzhèng	
306	咨询	zīxún	动
307	子宫	zǐgōng	名
308	紫外线	zǐwàixiàn	名
309	综合征	zōnghézhēng	名
310	阻塞	zǔsè	动

三级词汇表（新增 280 个）

序号	词语	拼音	词性
1	阿司匹林	āsīpǐlín	名
2	氨基酸	ānjīsuān	名
3	伴随	bànsuí	动
4	背部	bèibù	名
5	边缘	biānyuán	名、形
6	扁桃体	biǎntáotǐ	名
7	辨别	biànbié	动
8	标本	biāoběn	名
9	表皮	biǎopí	名
10	憋尿	biē niào	
11	憋气	biēqì	形
12	病灶	bìngzào	名
13	玻璃体	bōlitǐ	名
14	不孕不育	búyùn búyù	
15	补救	bǔjiù	动
16	哺乳期	bǔrǔqī	名
17	苍老	cānglǎo	形
18	查房	chá//fáng	
19	察觉	chájué	动
20	缠绕	chánrào	动
21	畅通	chàngtōng	形
22	潮热	cháorè	动
23	沉积	chénjī	动
24	沉着	chénzhuó	动
25	成骨细胞	chénggǔ xìbāo	
26	充沛	chōngpèi	形
27	充血	chōngxuè	动
28	充裕	chōngyù	形
29	虫牙	chóngyá	名
30	传导	chuándǎo	动
31	错综复杂	cuòzōng-fùzá	
32	搭配	dāpèi	动
33	大分子	dàfēnzǐ	名
34	大脑皮层	dànǎo pícéng	
35	大脑皮质	dànǎo pízhì	
36	代谢产物	dàixiè chǎnwù	
37	胆囊结石	dǎnnáng jiéshí	
38	胆汁	dǎnzhī	名
39	导管	dǎoguǎn	名
40	盗汗	dào//hàn	
41	滴耳液	dī'ěryè	名
42	癫痫	diānxián	名
43	碘	diǎn	名
44	抖	dǒu	动
45	堆积	duījī	动
46	蹲	dūn	动
47	额角	éjiǎo	名
48	额叶	éyè	名
49	耳垢	ěrgòu	名
50	耳廓	ěrkuò	名
51	耳鸣	ěrmíng	动
52	耳蜗	ěrwō	名
53	反射	fǎnshè	动
54	放射线	fàngshèxiàn	名
55	放射性	fàngshèxìng	名
56	非特异性	fēitèyìxìng	名
57	肺活量	fèihuóliàng	名

58	废物	fèiwù	名
59	分贝	fēnbèi	量
60	分子	fēnzǐ	名
61	风湿	fēngshī	名
62	风湿病	fēngshībìng	名
63	风湿性关节炎	fēngshīxìng guānjiéyán	
64	封闭	fēngbì	形、动
65	辐射	fúshè	动
66	腐蚀	fǔshí	动
67	负荷	fùhè	名
68	腹股沟	fùgǔgōu	名
69	覆盖	fùgài	动、名
70	伽马刀	gāmǎdāo	名
71	概率	gàilǜ	名
72	感光细胞	gǎnguāng xìbāo	
73	感觉神经末梢	gǎnjué shénjīng mòshāo	
74	高尿酸	gāoniàosuān	名
75	高热量	gāorèliàng	名
76	睾丸	gāowán	名
77	膏药	gāoyao	名
78	隔热	gé//rè	
79	根治	gēnzhì	动
80	股骨头坏死	gǔgǔtou huàisǐ	
81	骨密度	gǔmìdù	名
82	骨膜	gǔmó	名
83	骨盆	gǔpén	名
84	过滤	guòlǜ	动
85	过敏体质	guòmǐn tǐzhì	
86	过敏源	guòmǐnyuán	名
87	含化	hánhuà	动
88	罕见	hǎnjiàn	形
89	合并症	hébìngzhèng	名
90	黑色素	hēisèsù	名
91	红霉素	hóngméisù	名
92	虹膜	hóngmó	名
93	喉咙	hóu·lóng	名
94	化痰	huà tán	
95	缓冲	huǎnchōng	动
96	毁容	huǐ//róng	
97	会厌	huìyàn	名
98	会诊	huì//zhěn	
99	混合物	hùnhéwù	名
100	混杂	hùnzá	动
101	积聚	jījù	动
102	激发	jīfā	动
103	激怒	jīnù	动
104	脊髓灰质炎	jǐsuǐ huīzhìyán	
105	脊柱	jǐzhù	名
106	家族史	jiāzúshǐ	名
107	甲沟炎	jiǎgōuyán	名
108	甲亢	jiǎkàng	名
109	假性	jiǎxìng	形
110	监测	jiāncè	动
111	监护	jiānhù	动
112	间隔	jiàngé	动、名
113	鉴别	jiànbié	动
114	交感神经	jiāogǎn–shénjīng	
115	胶原纤维	jiāoyuán xiānwéi	

116	角化	jiǎohuà	动
117	角质层	jiǎozhìcéng	名
118	结核	jiéhé	名
119	睫状体	jiézhuàngtǐ	名
120	介入	jièrù	动
121	经期	jīngqī	名
122	晶体	jīngtǐ	名
123	晶状体	jīngzhuàngtǐ	名
124	精神 分裂症	jīngshén fēnlièzhèng	
125	酒精	jiǔjīng	名
126	局部	júbù	名
127	剧烈	jùliè	形
128	聚集	jùjí	动
129	噘嘴	juē//zuǐ	
130	均匀	jūnyún	形
131	亢进	kàngjìn	动
132	抗体	kàngtǐ	名
133	抗原	kàngyuán	名
134	阑尾	lánwěi	名
135	劳逸结合	láoyì jiéhé	
136	泪腺	lèixiàn	名
137	泪液	lèiyè	名
138	链霉素	liànméisù	名
139	裂	liè	动
140	淋巴结	línbājié	名
141	磷	lín	名
142	磷脂	línzhī	名
143	灵敏度	língmǐndù	名
144	孪生	luánshēng	形
145	卵巢	luǎncháo	名
146	卵磷脂	luǎnlínzhī	名
147	卵泡	luǎnpāo	名
148	卵子	luǎnzǐ	名
149	轮状 病毒	lúnzhuàng bìngdú	
150	麦芽糖	màiyátáng	名
151	螨虫	mǎnchóng	名
152	酶	méi	名
153	面颊	miànjiá	名
154	面瘫	miàntān	名
155	耐受力	nàishòulì	名
156	耐药性	nàiyàoxìng	名
157	脑垂体	nǎochuítǐ	名
158	脑溢血	nǎoyìxuè	名
159	内镜	nèijìng	名
160	尿毒症	niàodúzhèng	名
161	尿酸	niàosuān	名
162	排斥	páichì	动
163	排毒	pái//dú	
164	排汗	pái hàn	
165	胚胎	pēitāi	名
166	皮下组织	píxià-zǔzhī	
167	皮质激素	pízhì jīsù	
168	偏食	piānshí	动
169	平衡	pínghéng	形、动
170	平卧	píng wò	
171	屏障	píngzhàng	名、动
172	强直性 脊柱炎	qiángzhíxìng jǐzhùyán	
173	强迫症	qiǎngpòzhèng	名

174	侵入	qīnrù	动
175	倾向	qīngxiàng	动、名
176	清洁	qīngjié	形
177	热敷	rèfū	动
178	韧性	rènxìng	名
179	妊娠	rènshēn	动
180	溶菌酶	róngjūnméi	名
181	软膏	ruǎngāo	名
182	色素	sèsù	名
183	杀伤	shāshāng	动
184	神经末梢	shénjīng mòshāo	
185	神经内科	shénjīng nèikē	
186	神经衰弱	shénjīng shuāiruò	
187	神经系统	shénjīng xìtǒng	
188	神经炎	shénjīngyán	名
189	神经元	shénjīngyuán	名
190	神志	shénzhì	名
191	渗透	shèntòu	动
192	生发层	shēngfācéng	名
193	生命垂危	shēngmìng chuíwēi	
194	生殖技术	shēngzhí jìshù	
195	生殖科	shēngzhíkē	名
196	生殖器	shēngzhíqì	名
197	失明	shī//míng	
198	识别	shíbié	动
199	试管婴儿	shìguǎn yīng'ér	
200	释放	shìfàng	动
201	嗜好	shìhào	名
202	嗜睡	shìshuì	动
203	双胞胎	shuāngbāotāi	名
204	水溶性物质	shuǐróngxìng wùzhì	
205	顺产	shùnchǎn	动
206	速效救心丸	sùxiào jiùxīnwán	
207	酸痛	suāntòng	形
208	碎石	suìshí	动
209	糖耐量	tángnàiliàng	名
210	体表	tǐbiǎo	名
211	听神经	tīngshénjīng	名
212	听诊	tīngzhěn	动
213	瞳孔	tóngkǒng	名
214	痛风	tòngfēng	名
215	痛经	tòngjīng	动
216	头孢菌素类抗生素	tóubāojūnsùlèi kàngshēngsù	
217	凸	tū	形
218	突发	tūfā	动
219	途径	tújìng	名
220	涂抹	túmǒ	动
221	推拿	tuīná	动
222	脱敏	tuōmǐn	动
223	外耳	wài'ěr	名
224	外耳道	wài'ěrdào	名
225	顽固	wángù	形
226	网瘾	wǎngyǐn	名
227	旺盛	wàngshèng	形
228	胃镜	wèijìng	名
229	胃口	wèikǒu	名

230	胃酸	wèisuān	名
231	胃液	wèiyè	名
232	污染源	wūrǎnyuán	名
233	无机盐	wújīyán	名
234	吸氧	xī yǎng	
235	稀释	xīshì	动
236	细胞间质	xìbāo jiānzhì	
237	细嚼慢咽	xìjiáo-mànyàn	
238	纤毛	xiānmáo	名
239	消耗	xiāohào	动
240	硝酸 甘油	xiāosuān gānyóu	
241	心肺复苏	xīnfèi fùsū	
242	心悸	xīnjì	动
243	心绞痛	xīnjiǎotòng	名
244	心力衰竭	xīnlì shuāijié	
245	心律失常	xīnlǜ shīcháng	
246	芯片	xīnpiàn	名
247	锌	xīn	名
248	休克	xiūkè	名、动
249	酗酒	xùjiǔ	动
250	压抑	yāyì	动
251	咽鼓管	yāngǔguǎn	名
252	阳性	yángxìng	名
253	氧氟沙星	yǎngfúshāxīng	名
254	叶酸	yèsuān	名
255	医嘱	yīzhǔ	名
256	疑似	yísì	动
257	异物	yìwù	名
258	抑制	yìzhì	动
259	易感人群	yìgǎn rénqún	
260	隐形	yǐnxíng	形
261	永久性	yǒngjiǔxìng	形
262	忧郁	yōuyù	形
263	幽门 螺杆菌	yōumén luógǎnjūn	
264	原发病	yuánfābìng	
265	渣滓	zhā·zǐ	名
266	折射	zhéshè	动
267	真皮	zhēnpí	名
268	震颤	zhènchàn	动
269	支撑	zhīchēng	动
270	止痛剂	zhǐtòngjì	名
271	窒息	zhìxī	动
272	中枢	zhōngshū	名
273	中枢 神经	zhōngshū shénjīng	
274	中风	zhòngfēng	名
275	椎骨	zhuīgǔ	名
276	灼热	zhuórè	形
277	浊音	zhuóyīn	名
278	自愈	zìyù	动
279	足弓	zúgōng	名
280	作息	zuòxī	动

数学

预科数学教育旨在通过数学专业中文词汇与表达式的教学，帮助来华留学预科生实现数学基础知识的转化与学习，使其具备进入中国普通高等学校学习相关专业的数学知识基础，并具备理性思维能力与科学严谨的学习态度，为其深入学习、终身学习提供条件。

在完成本课程的学习任务后，学生应初步掌握所学数学专业词汇的听、说、读、写技能，能够建立数学学科知识和中文词汇间的联系，能够听懂老师的中文授课，能够比较自如地用中文提出、分析和讨论数学问题，为深入学习高等数学打下扎实的语言基础；应能够掌握学习数学知识的基本技能，理解基本的数学概念，能够具备较好的数学思维能力和运用数学知识解决问题的能力。

1. 一级标准

1.1 能力标准

1.1.1 识别能力

初步形成较好的识别能力，能够正确识别本级别专业词汇与表达式，掌握读音、意义以及使用条件。

1.1.2 理解能力

能够理解所学数学概念、数学公式、数学图形的基本含义，能够了解各部分知识间的区别和联系，能够理解常用数学词汇和数学逻辑关系的中文表达。

1.1.3 推理能力

具备基础的数学推理能力，能够运用已学知识对简单的数学问题进行推理并用数学语言描述自己的思考过程，能够论证某些基础的数学命题的真实性。

1.1.4 分析综合能力

能够独立思考并回答简单的数学题，能够分析题目中条件和结论之间的联系，能够运用所学概念、定理和数学方法对问题进行论证。

1.1.5 计算能力

掌握基础的数学计算方法，能够根据所学的定义、公式、法则等进行步骤简单的运算，计算过程合理，运算结果准确。

1.2 内容与目标

1.2.1 专业词汇

掌握学习本级别数学知识所必备的专业词汇，能够认读专业词汇并正确书写常用词汇，能够用中文解释重点词语，具备阅读简单数学命题并了解题意的能力。能够认识和掌握 197 个专业词语，具备运用中文完成预科阶段数学学习任务的能力。

1.2.2 学习目标

包括集合与不等式、函数的概念与性质、基本初等函数 I、基本初等函数 II、数列、平面解析几何等部分，划分为六个模块。

（1）集合与不等式

①理解集合的定义、集合与元素间的关系、集合与数集之间的关系，了解全集、空集的含义，了解集合间包含与相等的区别并能识别给定集合的子集，理解集合间交集、并集、补集的含义并掌握集合间的运算。

②了解不等式的基本性质，能够用不等式的基本性质进行简单运算，能够运用不等关系比较两个数的大小；理解一元二次不等式的概念，理解分式不等式的概念，掌握简单一元二次不等式和基础分式不等式的解法。

（2）函数的概念与性质

①了解平面直角坐标系的概念，能够熟练画出平面直角坐标系并正确、适当地标出刻度，掌握与平面直角坐标系相关的专业词汇的含义，理解各象限的特点；了解构成函数的要素，能够根据函数定义求简单函数的定义域与值域，能够根据函数的概念判断两个函数是否相等。

②理解函数单调性的定义，能够根据定义判断函数的单调性；掌握函数奇偶性的定义和简单函数的图像，能够根据定义和图像判断函数的奇偶性；理解反函数的定义，能够根据定义求简单函数的反函数。

（3）基本初等函数Ⅰ

①了解幂函数的定义及常用幂函数的图像，掌握常用幂函数的性质，能够根据幂函数的性质求其定义域或比较大小。

②了解指数函数的定义及常用指数函数的图像，掌握指数函数的性质，能够根据指数函数的性质求定义域或比较大小。

③了解对数的概念及常用对数运算公式，能够运用对数公式进行对数运算；了解对数函数的定义及常用对数函数的图像，理解对数函数的性质，能够根据对数函数的性质求定义域、反函数、比较大小，能够区分对数函数与指数函数的图像。

（4）基本初等函数Ⅱ

①了解任意角、象限角和弧度的概念，能够进行角度与弧度的互化；理解任意角三角函数的定义、公式及同角三角函数的基本关系式，熟记特殊角的三角函数值，能够判断给定角的三角函数的正负符号，能够根据给定角终边上的任意一点坐标计算角的三角函数值。

②能够借助单位圆中的三角函数线了解诱导公式并运用公式进行计算、化简。

③能够画出正、余弦函数和正、余切函数的图像，能够借助图像理解其性质。

④掌握两角和与差，二倍角，半角的正弦、余弦、正切公式，能够运用公式进行简单计算。

⑤了解四类反三角函数的定义、图像及简单的性质，能够计算反三角函数值。

（5）数列

①理解数列的有关概念与表示方法；掌握数列通项公式的含义，能够根据数列的前几项写出数列的通项公式；理解数列递推公式的含义，能够用递推公式写出数列的前几项。

②理解等差数列的定义，能够判断给定数列是否为等差数列，会求等差中项；熟记等差数列的通项公式及前 n 项和公式，能够运用公式进行计算。

③理解等比数列的定义，能够判断给定数列是否为等比数列，会求等比中项；熟记等比数列的通项公式及前 n 项和公式，能够运用公式进行计算。

（6）平面解析几何

①理解直线的倾斜角和斜率的概念，掌握倾斜角和斜率之间的关系；熟记过两点的直线斜率的计算公式；掌握直线方程的五种形式，能够正确求出直线方程，会求直线在坐标轴上的截距；能够根据斜率判定两条直线的关系，根据已知直线关系写出直线方程，掌握交点的求解方法。

②理解圆、圆心和半径的概念；掌握圆的标准方程与一般方程，能够用圆的标准方程或一般方程求出圆心坐标和半径，能够将两种方程互化。

③了解椭圆、双曲线、抛物线的定义，认识椭圆、双曲线、抛物线的标准方程，能够在坐标系中画出椭圆、双曲线、抛物线的图像，掌握椭圆、双曲线、抛物线的简单几何性质。

2. 二级标准

2.1 能力标准

2.1.1 识别能力

具备较好的识别能力，能够熟练识别并掌握本级别专业词汇与表达式，熟练掌握其读音、意义与用法，做到听、说、读、写无障碍。

2.1.2 理解能力

能够准确地理解并掌握所学数学概念，能够发现知识间的相关性并建立对所学知识系统的理性认识，对应用问题能够准确地找到适用的数学方法。能够熟练地运用中文理解、描述数学概念，讨论数学问题。

2.1.3 推理能力

掌握逻辑推理的基本形式，能够对数学问题提出假设并进行一般逻辑推理和猜想，能够清晰、有条理地用中文和数学语言表述自己的思考及推理过程。

2.1.4 分析综合能力

基本具备定量分析的意识和能力，能够系统地运用数学知识将较为复杂的问题逐步分解成若干简单的问题，提取它们之间的联系并寻找解决问题的途径。

2.1.5 计算能力

具备熟练而准确地进行数学运算的能力，能够较快地进行数、式、方程等的运算，计算结果准确率较高，运算速度较快，运算结果书写规范。

2.2 内容与目标

2.2.1 专业词汇

本级别所涉及的专业词汇对应于本级别学生应掌握的所有知识点。要求学生的中文水平及语言表达能力有足够的接受裕度，熟练掌握 244 个专业词语，达到听懂、会读、会写、会认的程度。

2.2.2 学习目标

二级学习重点与一级有所不同，一级中的函数的概念与性质、基本初等函数 I、基本初等函数 II、数列这四个模块在二级中统一纳入函数模块进行进一步学习。

本级别包括集合与不等式、函数、几何与代数、概率与统计等部分，划分为四个模块。

（1）集合与不等式

①能够概括出数学对象的一般特征，并用集合语言予以表达。

②能够用自然语言、图形语言、符号语言表达数学研究对象，并能够进行转换。

③掌握集合的基本关系与基本运算。

④了解方程和不等式的基本特征，掌握等式与不等式的性质。

（2）函数

①能够从两个变量之间的依赖关系、实数集合之间的对应关系、函数图像的几何直观等多个角度，理解函数的意义与数学表达，理解函数符号表达与抽象定义之间的关联，了解函数抽象概念的意义。

②理解函数的单调性、最大（小）值，了解函数的奇偶性、周期性；掌握一些基本函数类（一元一次函数、反比例函数、一元二次函数、幂函数、指数函数、对数函数、三角函数等）的背景、概念和性质。

③对简单的实际问题，能够选择适当的函数构建数学模型，解决问题；能够从函数的视角认识方程和不等式，并运用函数的性质解不等式。

④能够结合具体实例，理解通项公式对于数列的重要性，了解通项公式是这类函数的解析表达式；能够通过等差数列和等比数列的研究，理解数列是可以用来刻画现实世界中具有递推规律的一类事物的数学模型；掌握通项公式与前 n 项和公式的关系，能够运用数列解决简单的实际问题。

（3）几何与代数

①能够从多种角度理解向量概念和运算法则，掌握向量基本定理，能够用向量运算解决简单的几何和物理问题。

②理解复数的概念，掌握复数代数表示式的四则运算。

③通过直观图理解空间图形，掌握基本空间图形及其简单组合体的概念和基本特征，能够解决简单的实际问题，能够运用图形的概念描述图形的基本关系和基本结果。

④能够根据不同的情境，建立平面直线和圆的方程，建立椭圆、抛物线、双曲线的标准方程，能够运用代数的方法研究上述曲线之间的基本关系，解决一些简单的实际问题。

（4）概率与统计

①掌握古典概率的基本特征，能够根据实际问题构建概率模型，解决简单的实际问题。

②能够借助古典概型初步了解有限样本空间、随机事件以及随机事件的概率。

③能够根据实际需求，选择恰当的抽样方法获取样本数据，并从中提取需要的数字特征推断总体，能够正确运用数据分析的方法解决简单的实际问题。

3. 三级标准

3.1　能力标准

3.1.1　识别能力

具备较强的识别能力，熟练掌握本级别所涉及的专业词汇与表达式。能够顺畅地阅读、理解高等数学相关书籍，能够用中文说出所学数学知识要点并描述所学内容。

3.1.2　理解能力

能够准确地理解抽象的数学概念、命题、方法和体系，能够建立数量与数量、图形与图形、数量与图形之间的联系。

3.1.3 推理能力

具备运用逻辑推理来解决问题的意识，能够运用已学数学知识、数学语言表达生活中的问题，并综合运用所学知识对其进行推理和解释。

3.1.4 分析综合能力

能够综合运用所学数学方法对数据进行整理、分析和推断，具备自主的数据分析意识，能够整合不同知识内容解答较复杂的实际问题。

3.1.5 计算能力

熟练掌握数学运算法则，运算思路清晰，能够根据问题对运算法则、公式进行正确、恰当的变形和数据处理。熟练掌握数学基础知识和基本技能，能够运用所学知识对常见的综合性问题求解。

3.2 内容与目标

3.2.1 专业词汇

本级别所涉及的专业词汇除了必须掌握的数学专业词汇外，还应该有一定量的拓展，应培养学生理解词与词之间联系的能力。要求学生能够掌握 294 个专业词语，具备学习本科数学课程以及物理、化学等其他相关课程的能力。

3.2.2 学习目标

包括集合与不等式、函数、几何与代数、概率与统计等部分，划分为四个模块。

（1）集合与不等式

能够掌握集合与不等式的概念和性质并进行相关运算。

（2）函数

①能够理解函数的抽象意义，熟练掌握一些基本函数的单调性、奇偶性、周期性等性质的概念和求解，掌握基本函数类型的应用。

②通过对日常生活中实际问题的分析了解数列的概念，探索并掌握等差数列和等比数列的变化规律；了解等差数列与一元一次函数、等比数列与指数函数的联系，能够理解数列与函数的联系和差异。

③理解导数的概念及意义，了解导数概念的实际背景，认识导数是关于瞬时变化率的数学表达；能够通过函数图像直观理解导数的几何意义，能够体会极限思想。

④能够根据导数的定义求简单函数的导数，能够利用给出的基本初等函数的导数公式和导数的四则运算法则求简单函数的导数。

⑤能够结合实例，借助图像直观了解函数的单调性与导数的关系，能够利用导数研究函数的单调性；对于多项式函数，能够求不超过三次的多项式函数的单调区间；能够借助函数的图像，了解函数在某点取得极值的必要条件和充分条件；能够利用导数求某些函数的极大值、极小值以及给定闭区间上不超过三次的多项式函数的最大值、最小值，能够体会导数与单调性、极值、最大（小）值的关系。

（3）几何与代数

①掌握平面解析几何的基础知识，能够进行相关问题的求解。

②认识基本立体图形和图形的位置关系，掌握相关公理和定理。

③能够在平面直角坐标系的基础上，了解空间直角坐标系，感受建立空间直角坐标系的必要性，会用空间直角坐标系刻画点的位置；能够借助特殊长方体顶点的坐标，探索并得出空间两点间的距离公式。

④在了解平面向量的基础上，能够了解空间向量的概念，并了解空间向量的运算法则。

⑤了解空间向量基本定理及其意义，掌握空间向量的正交分解及其坐标表示，掌握空间向量的线性运算及其坐标表示，掌握空间向量的数量积及其坐标表示，了解空间向量投影的概念以及投影向量的意义。

⑥能够用向量语言描述直线和平面，理解直线的方向向量与平面的法向量；能够用向量语言表述直线与直线、直线与平面、平面与平面的夹角以及垂直与平行关系；能够用向量方法证明直线、平面位置关系的判定定理；能够用向量方法解决点到直线、点到平面、相互平行的直线、相互平行的平面的距离问题和简单夹角问题，并能够描述解决这一类问题的程序，体会向量方法在研究几何问题中的作用。

（4）概率与统计

①能够通过实例，了解分类加法计数原理、分步乘法计数原理及其意义；能够通过实例，理解排列、组合的概念，能够利用计数原理推导排列数公式、组合数公式；能够用多项式运算法则和计数原理证明二项式定理，会用二项式定理解决与二项展开式有关的简单问题。

②能够了解条件概率的概念，能够进行简单的计算；能够了解离散型随机变量及其分布的含义，认识正态分布的概念，了解正态分布的均值、方差的含义。

附：数学专业词汇

一级词汇表（197 个）

一、集合与不等式

包含
包含于
闭区间
并集
补集
不等式
乘以
除以
定义
非负整数
分式不等式
分数
负数
根号
或
奇数
奇数集
集合
加上
减去
交集
解
解集
开区间
空集
偶数
偶数集
且
区间
取值范围
全集
确定
实数
属于
无理数
无限集
小数
性质
一元二次不等式
有理数
有限集
元素
运算
真包含
真包含于
真子集
整数
正数
正整数
子集
自然数
组成

二、函数的概念与性质

步骤
单调递减
单调递增
单调减区间
单调区间
单调性
单调增区间
定义域
对称
对称点
对应法则
反函数
非奇非偶函数
关于……对称
函数
函数值
横坐标
奇函数
奇偶性
既奇又偶函数
减函数
交换
距离
偶函数
数轴
象限
严格
因变量
原点
增函数
值域
自变量
纵坐标
坐标
坐标系
坐标轴

三、基本初等函数 I

常数
常用对数
底数
对数
对数的底
对数的换底公式
对数的真数
对数函数
幂
幂函数
图像
指数
指数函数
自然对数

四、基本初等函数 II

半角
半角公式
比值
顶点
度
钝角
二倍角
二倍角公式
负角
和与差
弧度
弧度制
化简
角
角度
零角
逆时针
任意角
锐角
三角函数
三角函数值
始边
顺时针
象限角
旋转
诱导公式
余割
余切
余切函数
余弦
余弦函数
余弦曲线
正割
正角
正切
正切函数
正弦
正弦函数
正弦曲线
直角
终边
周期
周期函数
最大值
最小正周期
最小值

五、数列

等比数列
等比中项
等差数列
等差中项
递推公式
公比
公差
求和公式
首项
数列
通项公式
无穷数列
项
有穷数列

六、平面解析几何

半径
标准方程
长轴
重合
垂直
点斜式
短轴
对称轴
方程
渐近线
交点
焦点
焦距
截距
截距式
离心率
两点式
抛物线

平行
倾斜角
实轴
双曲线
椭圆
相交
斜截式
斜率
虚轴
一般方程
一般式
圆
圆心
直线
直线方程
直线图像
准线

二级词汇表（新增47个）

一、集合与不等式

半闭半开区间
半开半闭区间
不等号
分母
分子
根
零

二、函数

单位圆
第n项
第二象限
第二象限角
第三象限
第三象限角
第四象限
第四象限角
第一项
第一象限
第一象限角
负半轴
互为
平角
前n项和
图像的移动
正半轴
直角三角形
周角
最值

三、几何与代数

共线
几何表示
夹角
箭头
开口方向
零向量
模
平面向量
平面向量共线
平行向量
三角形法则
矢量
数乘运算
数量
数量积
线段
相等
有向线段
圆锥曲线
正交分解

三级词汇表（新增50个）

一、集合与不等式

差集
四则运算

二、函数

边
变化率
常函数
导数
倒数
笛卡儿坐标
底
二阶导数
分段函数
复合函数
高阶导数
过渡
基本初等函数
极大值
极限
极小值
角平分线
解析式
靠近
可导
可逆
连续
列表
邻域
描点法
欧拉数
平均变化率
切线
趋近于
收敛
瞬时变化率
同角三角函数
系数
一次函数
映射
右导数
远离
增量
左导数

三、几何与代数

长半轴
长度
短半轴
方程组
几何要素
判定
倾斜程度
实半轴
虚半轴

物理

预科物理教学主要目的是夯实来华留学预科生的物理基础，强化其物理及理工类专业词汇的学习，为其进入中国普通高等学校学习理工类专业奠定基础。通过本课程的学习，学生应能够将以前所学物理知识与中文物理词汇联系起来，增强对物理概念的理解，掌握物理知识的脉络；应能够用中文学习物理知识、用中文表达物理概念；应掌握在普通高等学校学习理工类专业所必需的基础物理知识，具备一定的学科素养和解决问题的能力。

1. 一级标准

1.1 能力标准

1.1.1 识别能力

具备基本的识别能力，掌握本级别知识点所涉及的专业词汇和符号的读音、书写及意义。能够读懂专业问题，并用中文对所学知识进行简单描述。

1.1.2 理解能力

理解基础的物理概念及规律，理解概念的具体含义，掌握物理规律的内容及逻辑关系。对所学知识有基本的理解能力，能够理解较为直观且简单的物理现象和问题。

1.1.3 推理能力

能够对所学物理知识进行简单的推理及判断，能够运用公式及定理对熟悉的问题进行简单推断，获得结论。

1.1.4 分析综合能力

具备较为基础的分析综合能力，能够对遇到的简单问题及物理现象进行较为基础的分析。

1.1.5 应用数学知识处理物理问题的能力

掌握基础运算法则，能够在理解题意的基础上对遇到的问题进行较为基础的推导和求解。

1.2 内容与目标

1.2.1 专业词汇

本级别所涉及的专业词汇紧密围绕本级别学生应掌握的知识点，对应最为基础、最为重要、最易理解的内容，符合学生的中文水平及能力。要求学生掌握 343 个专业词语，达到能听、会读、会写、会认的程度，在做题或考试过程中可以很快地读懂题意，顺利进行解题。

1.2.2 学习目标

包括力学、电磁学、热学、光学等部分，划分为四个模块。

（1）力学

①理解力的基本概念、理解力的三要素、矢量、标量的概念，能够判断物理量是否为矢量、标量。初步掌握重力、弹力中的胡克定律、摩擦力中的滑动摩擦力的公式。理解力的合成与分解以及平行四

边形法则。了解力的图示，能够看懂力的图示，知道各种力的名称。了解摩擦力的分类、产生条件、方向，了解最大静摩擦力的概念。

②掌握匀速直线运动、加速度、匀变速直线运动、自由落体运动以及匀速圆周运动的基本运算公式。了解质点、参考系、路程、位移、平均速度、瞬时速度、速度及速率的概念，可以区分路程与位移、速度与速率。

③掌握牛顿第一、第二定律的概念，能够运用牛顿定律进行计算。了解牛顿第三定律，知道作用力和反作用力的概念。

④理解并掌握动量、冲量的概念以及动量守恒定律。了解动量定理表述的物理概念。

⑤掌握功、动能、重力势能的概念和动能定理及机械能守恒定律。了解功率的概念。

⑥掌握简谐运动的概念，包括位移、回复力的变化，以及振幅、周期、频率的关系。

⑦理解波长、波速和频率的概念及其关系。

（2）电磁学

①了解电荷、电量、电子、电场力的概念，理解电荷转移和守恒定律。掌握库仑定律，能够用公式进行相关计算。

②理解并掌握电场强度的概念、公式与电场叠加原理、点电荷的场强分布公式，能够用相关知识解题。了解电场线的规律与性质，理解匀强电场的概念。了解电势和电势差的概念与性质，知道沿着电力线方向电势降低。能够进行简单的电场力做功的计算。知道匀强电场中电势差与电场强度的关系。能够在计算题中解决有关带电粒子在匀强电场中的运动问题。

③理解并掌握电流、电压、电阻的概念以及欧姆定律，能够应用公式进行相关计算。了解电功和电功率的概念，能够用公式 $W=UIt$ 、$P=UI$ 进行简单计算。理解并掌握串、并联电路的基本特点，能够根据串、并联知识解决问题。

④了解磁场、磁感线、磁感应强度、匀强磁场的概念及特点。理解并掌握安培力的计算公式以及左手定则（仅限于三者相互垂直的情况）。

⑤了解电磁感应现象的产生条件，理解磁通量的概念，能够利用公式 $\Phi=BS$ 计算磁通量。

（3）热学

理解描述气体状态的三个参量（温度、体积、压强）的概念，掌握热力学温度的意义及理想气体状态方程。

（4）光学

掌握光线、光速、折射率的概念，理解光的直线传播、光的反射定律及折射定律。

2. 二级标准

2.1　能力标准

2.1.1　识别能力

能够正确辨识本级别所涉及的专业词汇并详知其含义，掌握并能够正确使用 452 个专业词语。

2.1.2　理解能力

能够理解用中文表达的本级别所涉及的物理概念、物理规律的确切含义，理解物理规律的适用条件及其在简单情况下的应用。能够识别并理解概念和规律的表达形式，包括中文文字表述和数学公式表达式。能够鉴别关于概念和规律的似是而非的说法，理解相关知识的区别和联系。

2.1.3 推理能力

能够根据已有的知识和物理事实，对物理问题进行一般逻辑推理和论证，得出正确的结论或做出正确的判断，并能够用中文口语或文字把推理过程准确地表达出来。

2.1.4 分析综合能力

能够独立地对所遇到的问题进行具体分析、研究，弄清其中的物理过程，找出起重要作用的因素及有关条件。能够将复杂问题分解为若干较简单的问题，找出它们之间的联系。能够提出解决问题的方法，运用物理知识综合解决所遇到的实际问题。

2.1.5 应用数学知识处理物理问题的能力

能够根据具体问题列出物理量之间的关系式，进行推导和求解，并根据结果得出物理结论。能够运用几何图形、函数图像进行表达、分析。

2.2 内容与目标

2.2.1 专业词汇

本级别所涉及的专业词汇对应于本级别学生应掌握的所有知识点，要求学生的中文水平及语言表达能力有足够的接受裕度。要求学生掌握 452 个专业词语，达到听懂、读准、书写规范、会解释的熟练程度，做到习题练习和考试时，能够准确理解题意，解题熟练。

2.2.2 学习目标

包括力学、电磁学、热学、光学、原子物理学等部分，划分为五个模块。

（1）力学

①能够熟练运用胡克定律解决实际问题。熟练掌握力的合成与分解，能够解决力的平衡问题。

②能够对物体的匀速、匀变速直线运动、匀速率圆周运动、平抛运动、自由落体运动等给予正确的分析和描述。

③能够熟记牛顿运动三定律的概念和适用条件。

④能够熟练运用动量定理、动量守恒定律、动能定理和机械能守恒定律解决实际应用问题。

⑤能够对常见的简谐振动、振动曲线图、单摆振动做出正确判别和分析。

⑥理解机械波的产生和描述、波动曲线图和波的干涉现象。

（2）电磁学

①能用物质的电荷结构、电荷守恒解释相关现象，理解点电荷和电荷间的相互作用，掌握真空中的库仑定律。

②理解电场、电场线、电场强度、匀强电场、电势、电势能、电势差的物理含义，掌握电场力做功与电势差的关系、匀强电场中场强与电势差的关系等。

③能够用欧姆定律分析简单串、并联电路中各个电学量之间的相互关系，能够正确计算电功和功率。

④掌握磁场对电流的作用、左手定则、磁感应强度、磁通量等概念和相关计算公式。

⑤理解安培定律和洛伦兹力公式，能够结合实际应用理解带电粒子在匀强磁场中的运动、电磁感应现象、感应电流产生条件、右手定则、楞次定律、动生电动势和法拉第定律及其应用。

（3）热学

能够运用分子动理论的基本观点，理解气体的状态参量、温度的意义与表示、理想气体的微观模型的构建。能够用理想气体状态方程、分子的动能和势能、气体的内能及其能量的守恒理论解决实际应用问题。

（4）光学

了解光的直线传播定律、光的反射定律、光的折射定律、光的全反射现象、光的电磁本质、光的干涉现象和光的衍射现象、光电效应、光量子理论。

（5）原子物理学

了解氢原子光谱、原子的结构、卢瑟福实验、波尔氢原子理论、氢原子的能级结构和能级公式。

3. 三级标准

3.1 能力标准

3.1.1 识别能力

具备较强的识别能力，熟练掌握本级别所涉及的知识点和相关的专业词汇。能够顺畅地阅读并理解相关物理书籍，能够用中文对所学知识进行完备的描述。能够识别和记忆物理知识的内容，说出要点、大意。能够从日常生活、自然现象和实验观察中发现与物理有关的问题。

3.1.2 理解能力

具备清晰、系统的物理思维，能够深入理解用中文表达的本级别所涉及的物理概念、物理规律的确切含义，理解物理规律的适用条件及其在简单情况下的应用。能够清楚地认识概念和规律的表达形式，包括中文文字表述和数学公式表达式。能够理解相关知识的区别和联系，能够从物理学的视角正确描述和解释自然现象。能够灵活地运用所学物理知识解决实际问题，有效地指导工作和生活实践。

3.1.3 推理能力

能够根据所学物理知识，将实际问题中的对象和过程转换成物理模型，对物理问题进行逻辑推理和论证，得出正确的结论或做出正确的判断，并能够把推理过程正确地表达出来。能够对综合性物理问题进行分析和推理，获得结论并做出解释。能够恰当地运用证据证明物理结论，能够对已有结论提出有依据的质疑，并采用不同方式分析解决物理问题。

3.1.4 分析综合能力

能够综合运用物理知识解决所遇到的问题，面对复杂的物理问题，能够将其分解为若干较简单的问题，找出它们之间的联系，并提出解决问题的方法。能够独立地对有一定难度的物理问题进行具体分析、研究，弄清其中的物理状态、物理过程和物理情境，找出起重要作用的因素及有关条件，并运用所学物理知识进行解答。

3.1.5 应用数学知识处理物理问题的能力

能够运用相关数学知识与能力，根据具体问题列出物理量之间的关系式，进行推导和求解，并根据结果得出物理结论。能够运用几何图形、函数图像表达并分析相关物理问题。能够分析相关物理事实或结论，提出并准确表述可探究的物理问题，获得数据，分析数据，发现其中的规律，形成正确的数学表达式。

3.2 内容与目标

3.2.1 专业词汇

本级别所涉及的专业词汇除了本级别应掌握的物理学专业词汇外，还应该有一定量的拓展，较少见的专业科技词汇也应该有所涉及，以便使学生在进入中国普通高等学校后，能够较为顺利地展开理工类相关专业的学习。要求学生能够比较顺畅地阅读物理学等科技书籍，掌握629个专业词语，对于相关词汇能够举一反三，触类旁通。

3.2.2 学习目标

包括力学、电磁学、热学、光学、近代物理学等部分，划分为五个模块。

（1）力学

①能够用位移、速度、加速度等物理量描述物体的直线运动，能够用匀变速直线运动的规律解释或解决生活中的具体问题。

②能够对物体的受力和运动情况进行分析，得出结论。能够从物理学的运动与相互作用的视角分析自然与生活中的有关简单问题。

③了解建立质点模型的抽象方法和质点模型的适用条件，体会物理模型建构的思想和方法。通过瞬时速度和加速度概念的建构，体会物理问题研究中的极限方法和抽象思维方法。

④通过对牛顿运动定律的学习，认识物理学是对自然现象的描述与解释，能够熟练运用牛顿定律解决相关物理问题。

⑤能够对常见的机械运动进行分类。能够用运动与相互作用的知识分析曲线运动问题，能够用万有引力定律分析天体运动问题。能够用能量的观点分析和解决常见的机械运动问题。能够认识平抛运动、匀速圆周运动的物理模型特征。体会物理学中实验和理论推导的方法以及化繁为简的研究方法。能够使用证据说明自己的观点，能够对关于机械能、曲线运动、引力的一些错误认识提出质疑。

⑥能够从理论推导和实验验证的角度理解动量守恒定律，深化对物体之间相互作用规律的理解。能够用动量和机械能的知识分析和解释机械运动现象，解决一维碰撞问题。

⑦能够用系统的思想和守恒的思想分析物理问题。能够恰当使用证据说明自己的观点，质疑他人的观点。能够从运动定律、动量守恒、能量守恒等不同角度思考物理问题。能够通过对动量守恒定律等内容的学习，认识到物理规律的内在一致性和适用范围，认识到物理研究是建立在观察和实验基础上的一项创造性工作，在学习中坚持实事求是的态度。

⑧了解简谐振动的描述与表示、简谐振动的图像、单摆振动、振动的能量、受迫振动和共振。

⑨了解机械波的产生、波的类型与描述、波动的图像、波的干涉和衍射现象、声波。

（2）电磁学

①能够用点电荷模型研究电荷间的相互作用，能够用物理量之比定义电场强度、电势、磁感应强度等物理量，进一步了解用物理量之比定义新物理量的方法。

②掌握静电场的电场强度和电势的概念以及电场强度的叠加原理和电势叠加原理。掌握电势与电场强度的关系，能够计算一些简单问题中的电场强度和电势。

③能够用欧姆定律等分析电路各部分之间电学量的相互关系，能够用电势能和焦耳定律等分析电学中的能量转化问题。

④掌握磁感应强度的概念，能够理解法拉第电磁感应定律、楞次定律的内涵，了解动生电动势及感生电动势的本质。能够描述电磁振荡的过程，能够利用场的物质性和场具有能量的性质解释有关电

磁波的现象。

⑤理解安培定律和洛伦兹力公式，能够分析通电导线和带电粒子在磁场中的受力和运动的问题，能够进一步应用磁感线、匀强磁场等模型综合分析磁场和电磁感应问题。

⑥了解电容、电感系数和互感系数等概念，并通过对电磁感应、交变电流及电磁波等内容的学习，了解科技对人类生活和社会发展的影响，体会基础科学的重大发现在工业革命和社会发展中的作用。

（3）热学

①理解物态的变化、分子动理论的基本观点和实验依据、气体的状态参量、温度的意义与表示。

②理解理想气体的微观模型、理想气体状态方程，能够建立适当的模型并用其解决相关问题。

③了解压强和温度的统计意义、气体分子运动速率的统计分布。

④理解分子的动能和势能、气体的内能、做功、热量的表示、热力学第一定律和热力学第二定律、能量的守恒与转化及其转化方向、能源的开发与利用。

（4）光学

①理解光的电磁本质、光的颜色，掌握光的直线传播定律、光的反射定律、光的折射定律、光的全反射规律，能够解决相关问题。

②掌握平面镜和薄透镜成像规律及其应用，能够对一些简单问题求解。

③初步了解光的干涉现象、杨氏双缝干涉实验及其定量分析、光的衍射现象和光的偏振现象。

（5）近代物理学

①简单了解热辐射现象、普朗克量子假设的理论背景与发展。

②了解光电效应、爱因斯坦光量子理论、光的波粒二象性。

③了解原子的结构、卢瑟福实验、氢原子光谱、波尔氢原子理论、氢原子的能级结构与特点。

④知道原子核的组成、放射性、原子核的衰变、半衰期、核力、核反应、核能等概念。

附：物理专业词汇

一级词汇表（343 个）

一、力学

半径
保持
爆炸
变速直线运动
标量
波长
波速
参考平面
参考系
产生
长度
冲量
初速度
垂直
粗糙
打击
大小
单摆
单位
导出单位
地球
动力
动力学
动量
动量定理
动量守恒定律
动能
动能定理
反比
反作用力
范围
方向
放
非弹性形变
分力
负功
改变
高度
公式
功
功率
共点力
挂
惯性
惯性系
光滑
国际单位制
合力
赫兹
横波
弧长
弧度
胡克定律
滑动摩擦力
回复力
机械波
机械能
机械能守恒定律
机械振动
基本单位
加速度
简谐振动
焦耳（焦）
角速度
劲度系数
静摩擦力
静止
距离
克
拉
拉力
厘米
理想模型
理想实验
力
力的分解
力的合成
力的平衡
量度
路程
米
秒
摩擦力
摩擦因数（系数）
末
末速度
内
内力
能量
牛顿（牛）
牛顿第二定律
牛顿第三定律
牛顿第一定律
碰撞
频率
平衡
平衡位置
平均速度
千克
千瓦
曲线运动
全振动
伸长（为 / 了）
施力物体
时间

时刻
矢量
势能
守恒
受力物体
竖直方向
竖直向上
竖直向下
水平方向
水平面
水平向右
水平向左
瞬时速度
速度
速率
缩短（为 / 了）
弹簧
弹力
弹性势能
弹性系数
弹性形变
瓦特（瓦）
外力
万有引力定律
维持
位移

物理量
物体
吸引
系统
下落
线速度
相对运动
相反
相互作用
相同
相位
形变
形变量
压
压力
要素
引力
原长
圆心角
圆周长
匀变速直线运动
匀加速直线运动
匀速圆周运动
匀速直线运动
运动
运动趋势

运动学
振幅
正比
正功
正压力
支持力
直径
直线运动
质点
质量
重力
重力加速度
重力势能
重心
周期
转化
状态
自由落体运动
纵波
阻力
作用点
作用力
坐标系
做功

二、电磁学

安培（安）
安培定则
安培力
北极
背离
磁场
磁感线
磁感应强度
磁极
磁力
磁铁
磁通量

带电体
导体
导线
地磁场
点电荷
电场
电场力
电场强度
电场线
电磁感应现象
电功率
电荷

电荷守恒定律
电（荷）量
电流
电流强度
电路
电容
电势
电势差
电压
电源
电子
电阻

额定电压
额定功率
分子电流
伏特（伏）
负电荷
感应电流
感应起电
毫安
荷质比
环形电流
回路
减弱
焦耳定律
接触
接触起电
静电感应
静电力
绝缘体
开关
库仑
库仑定律
库仑力
洛伦兹力
摩擦起电
南极
欧姆
欧姆定律
排斥
千欧
切线
实际电压
实际功率
守恒定律
特斯拉（特）
通电螺线管
同种
微安
韦伯（韦）
异种
右手螺旋定则
元电荷
匀强磁场
匀强电场
增强
兆欧
正电荷
直流
直线电流
指向
质子
中和
左手定则

三、热学

标准大气压
斥力
等容变化
等温变化
等压变化
放热
分子
分子间相互作用力
分子热运动
宏观
活塞
离子
理想气体状态方程
内能
帕斯卡（帕）
平均动能
气缸
热传递
热力学温度
热学
摄氏温度
体积
微观
温度
吸热
压强
原子

四、光学

凹透镜
薄透镜
成像公式
传播
发散光束
法线
反射
反射光线
反射角
放大率
光密介质
光疏介质
光速
光线
红光
会聚光束
焦点
焦距
焦平面
介质
均匀介质

棱镜
临界角
偏折角
平面镜
平行光束
全反射
日食
入射
入射光线
入射角
色散
实像
透镜
凸透镜
物距
像距
虚像
影
月食
折射
折射光线
折射角
折射率
真空
直线传播
紫光

二级词汇表（新增 109 个）

一、力学

包括
比
变化
变化率
表达式
波峰
波谷
初始条件
存在
单缝
动摩擦因数
对角线
反弹
该点
干涉
忽略不计
滑轮
加速
绝对值
能
平衡条件
平抛运动
平行
平行四边形法则
上抛
受力分析
受平衡力
弹性限度
条件
物体平衡
相对
相互
向心加速度
沿着
原状
运动状态
振动曲线
正交分解
直角坐标系

二、电磁学

比值
彼此接触
闭合
闭合电路
并联
抽出
穿过
串联
垂直方向
磁针
带电粒子
单位电荷
等量
抵消
电池
电动势
电容器
电势为零
叠加原理
定向移动
发散
法拉第定律
放电
放入
感应电动势
轨迹
横截面
极
极板
检验电荷
静电平衡
静电屏蔽
决定

楞次定律	现象	增加
失去	相距	自感
收敛	性质	阻碍
通电	右手定则	

三、热学

分子动理论	扩散	升高
分子动能	能量守恒	压缩
分子势能	气压	
降低	热量	

四、光学

波粒二象性	光源	小孔成像
单色光	红外线	衍射
光谱	可见光	折射定律

五、原子物理学

核外电子	射线	中子
量子	原子核	
能级	跃迁	

三级词汇表（新增 177 个）

一、力学

摆长	初相位	恒力
摆角	次声波	恢复系数
保守场	第一宇宙速度	混沌
保守力	定轴转动	角加速度
波动曲线	反冲	角频率
波幅	非惯性系	角位移
波节	分速度	科里奥利力
波面	浮力	离心力
波线	共面力	临界阻尼
波源	共振	流体
波阵面	惯性力	能量守恒定律
超声波	合速度	抛体

抛体运动
平衡态
平均功率
平均速率
声波
声速
受迫振动
瞬时功率
弹簧振子
弹性介质
弹性体
完全非弹性碰撞
完全弹性碰撞
相对速度
相干波源
向心力
旋转矢量
张力
振动方程
重力场
驻波
阻尼

二、电磁学

安培计
半导体
变压器
标准电池
超导体
冲击电流计
传感器
传输线
磁场强度
磁性材料
导电介质
电磁波
电磁波谱
电磁辐射
电磁体
电磁阻尼
电极
电介质
电离
电流计
电流密度
电流元
电容率
电通量
电位
电子感应加速器
电子束
电子云
电阻率
电阻箱
发电机
法拉
法拉第圆筒
分流电阻
分压电路
伏特计
感应电场
感应电动机
恒定电流
恒流源
恒压源
回旋半径
回旋加速器
击穿
基本电荷
交流电
交流电路
交流发电机
晶体管
静电计
雷达
离子束
灵敏度
螺线管
三极管
受激辐射
束缚电荷
涡旋电场
蓄电池
阴极
永磁体
真空介电常数
正离子
自感电动势
自感系数

三、热学

比热容
封闭系统
孤立系统
归一化条件
绝热过程
开放系统
可逆过程
摩尔
摩尔热容
膨胀
热功当量
热机
热力学系统
热平衡
热容

速率分布函数
统计规律
循环过程
永动机
制冷机
准静态过程
自由度

四、光学

光程
光强
偏振光
偏振片
双缝
条纹
相干光
自然光

五、近代物理学

半衰期
饱和电流
放射
辐出度
光电流
光电效应
光电子
光量子
光子
核反应
核能
黑体
红限
基态
激发态
截止电压
截止频率
量子数
能量子
氢原子
热辐射
衰变
阳极
逸出功

化学

预科化学教育旨在通过化学专业中文词汇与表达式的教学，夯实来华留学预科生的化学基础，强化其化学及其他理工类专业词汇的学习，为其进入中国普通高等学校学习相关专业奠定基础。通过本课程的学习，学生应建立化学知识与中文化学词汇之间的联系，加强对化学概念的理解，构建基础化学知识体系，能够使用中文学习化学知识，表达化学概念，掌握在中国普通高等学校学习相关专业所必需的基础化学知识，具备一定的学科素养和解决问题的能力。

1. 一级标准

1.1 能力标准

1.1.1 识别能力

能够理解本级别专业词汇所表达的基本含义，听懂课堂教学的重点内容，掌握本级别所涉及的知识点，并能够对所学的知识进行简单描述和提问。

1.1.2 理解能力

能够理解本级别所列化学基本概念，掌握常见物质的基本物理性质、化学性质、基础化学反应及化学规律的基本含义，能够解释常见的化学反应及过程，正确书写化学反应方程式。

1.1.3 推理能力

能够对所学化学知识进行简单的推理及判断，识别化学中常见的现象与物质本质之间的关系，能够将化学事实和理论模型联系起来。

1.1.4 分析综合能力

具备较为基础的分析综合能力，能够运用所学化学知识分析、解决简单的化学问题。

1.1.5 实验与探究能力

初步了解本级别所涉及化学实验的基本原理和方法。

1.2 内容与目标

1.2.1 专业词汇

掌握并熟练运用 299 个专业词语，能够认读并理解专业知识与概念。能够运用专业词汇对基础化学概念及实验现象进行准确的语言表达。能够获取并理解普通高等学校化学课堂中的有效信息，运用中文完成普通高等学校化学学习的基本任务。

1.2.2 学习目标

化学知识划分为四个模块：化学基本概念及基本计算、常见物质及其性质、基础化学理论、化学化工实验。一级标准要求掌握如下知识点。

（1）化学基本概念及基本计算

①物质的状态、性质、变化和分类：了解物质的三种常见状态及状态间的变化；理解物理性质与

化学性质、物理变化与化学变化的区别与联系；了解化学反应的基本类型；了解大气组成，理解混合物和纯净物、单质和化合物、金属和非金属的概念；理解酸、碱、盐、氧化物的概念及其联系。

②化学专业术语及常用物理量：能够正确书写化学反应方程式和离子方程式，理解反应物、生成物、反应条件、催化剂等概念；了解相对原子质量、相对分子质量、物质的量、摩尔质量、气体摩尔体积、阿伏伽德罗常数的含义；了解氧化还原反应中氧化剂、还原剂的判断，理解物质的氧化性、还原性。

③溶液：了解溶液的含义；了解溶解度、饱和溶液的概念以及温度对溶解度的影响；理解溶液中溶质的质量分数和物质的量浓度的概念；了解电解质和非电解质、强电解质和弱电解质的概念，理解盐类的水解；了解溶液 pH 值的含义。

④化学计算：熟练掌握质量守恒定律、物质的量相关计算，掌握溶质的质量分数和物质的量浓度的简单计算，掌握溶液 pH 值的计算；能够根据化学反应方程式进行有关计算。

（2）常见物质及其性质

1）无机物

①了解常见单质及氧化物的物理性质、化学性质及用途。

②了解金属的通性、酸的通性、碱的通性。

③了解特殊的酸的性质（如浓硫酸的吸水性、脱水性、强氧化性）。

④了解常见的氧化性物质和还原性物质。

2）有机物

①理解官能团、同分异构体、同系物、结构式和结构简式的概念。

②掌握简单有机化合物的命名规则。

③了解常见烃的结构、性质及用途（如甲烷、乙烯、乙炔、苯）。

④了解几种常见烃的衍生物（如乙醇、乙醛、乙酸）的性质。

（3）基础化学理论

1）物质结构

①了解元素、同位素、同素异形体的含义。

②了解原子的构成，理解原子序数、核电荷数、质子数、中子数、核外电子数及其关系。

③熟记并能够正确书写常见元素的名称、符号、离子符号。

④掌握原子结构示意图和电子层结构。

⑤熟记常见元素的氧化数，能够根据氧化数正确书写化学式（分子式），或根据化学式判断元素的氧化数。

⑥了解化学式的中文命名规则，掌握常见物质的化学式及其中文名称与俗称。

⑦了解元素周期表，掌握短周期元素性质的简单递变规律。

2）化学变化中的基本规律

①理解质量守恒定律。

②了解化学反应的可逆性和化学平衡的含义。

③了解化学反应速率及影响条件。

④了解电解质溶液中的酸碱平衡关系。

（4）化学化工实验

①了解化学实验室常用仪器的主要用途和使用方法。

②掌握溶液的配制方法。

③掌握常见气体（如氢气、氧气、氯气、二氧化碳、氨气）的实验室制法（包括所用试剂、反应原理、仪器、干燥和收集方法）。

④了解工业合成氨的原理。

2. 二级标准

2.1 能力标准

2.1.1 识别能力

能够正确理解本级别专业词汇所表达的含义，听懂课堂讲授的内容，能够基本正确地归纳课堂教学的重点内容，能够对所学知识进行正确描述并提出相关问题。

2.1.2 理解能力

能够理解本级别所列化学基本概念，掌握常见物质的基本物理性质、化学性质以及相关化学反应，能够正确书写相关化学反应方程式。能够理解化学规律的基本内涵，鉴别容易混淆的概念。能够理解相关知识的区别与联系。

2.1.3 推理能力

能够对化学相关问题进行一般逻辑推理和论证，能够根据宏观和微观信息推理并得出正确的结论。能够利用化学理论解释和推测物质的组成、结构、性质与变化。

2.1.4 分析综合能力

能够将较复杂的问题分解为若干简单问题，根据其中涉及的化学性质、化学反应、物质的量关系及化学平衡关系，独立分析研究，提出解决方法。

2.1.5 实验与探究能力

掌握本级别所涉及化学实验的基本原理和方法，初步了解化学实验的一般过程和实验现象。

2.2 内容与目标

2.2.1 专业词汇

掌握并熟练运用 482 个专业词语，在理解化学知识的基础上，能够运用化学词汇与化学知识解释自然现象、解决生活问题，能够运用中文对化学知识进行思考、提问并解决问题，初步形成化学问题陈述与表达的中文思维方式。

2.2.2 学习目标

化学知识划分为四个模块：化学基本概念及基本计算、常见物质及其性质、基础化学理论、化学化工实验。二级标准要求掌握如下知识点。

（1）化学基本概念及基本计算

①物质的状态、性质、变化和分类：了解物质的三种常见状态及状态间的变化；理解物理性质与化学性质、物理变化与化学变化的区别与联系；了解化学反应的基本类型及复分解反应的条件；了解大气组成，理解混合物和纯净物、单质和化合物、金属和非金属的概念；理解酸、碱、盐、氧化物的概念及其联系。

②化学专业术语及常用物理量：能够正确书写化学反应方程式和离子方程式，理解反应物、生成物、反应条件、催化剂等概念；了解相对原子质量、相对分子质量、物质的量、摩尔质量、气体摩尔体积、阿伏伽德罗常数的含义；了解氧化还原反应中氧化剂、还原剂的判断，理解物质的氧化性、还原性。

③溶液：了解溶液的含义；了解溶解度、饱和溶液的概念以及温度对溶解度的影响；理解溶液中溶质的质量分数和物质的量浓度的概念；了解电解质和非电解质、强电解质和弱电解质的概念，理解盐类的水解；了解溶液 pH 值的含义。

④化学计算：熟练掌握质量守恒定律、物质的量相关计算，掌握溶质的质量分数和物质的量浓度的计算以及两者的换算，掌握溶液 pH 值的计算；能够根据化学反应方程式进行有关计算。

（2）常见物质及其性质

1）无机物

①了解常见单质及氧化物的物理性质、化学性质及用途。

②了解金属的通性、酸的通性、碱的通性。

③了解特殊的酸的性质（如浓硫酸的吸水性、脱水性、强氧化性）。

④了解常见的氧化性物质和还原性物质。

⑤了解还原性氢化物、典型氧化性酸以及碳酸盐、碳酸氢盐的性质。

2）有机物

①理解官能团、同分异构体、同系物、结构式和结构简式的概念。

②掌握简单有机化合物的命名规则。

③了解常见烃的结构、性质及用途（如甲烷、乙烯、乙炔、苯）。

④了解几种常见烃的衍生物（如乙醇、乙醛、乙酸）的性质。

⑤能够正确书写以上性质对应的化学反应方程式。

（3）基础化学理论

1）物质结构

①了解元素、同位素、同素异形体的含义。

②了解原子的构成，理解原子序数、核电荷数、质子数、中子数、核外电子数及其关系。

③熟记并能够正确书写常见元素的名称、符号、离子符号。

④掌握原子结构示意图和电子层结构。

⑤熟悉常见元素的氧化数，能够根据氧化数正确书写化学式（分子式），或根据化学式判断元素的氧化数。

⑥了解化学式的中文命名规则，掌握常见物质的化学式及其中文名称与俗称。

⑦了解元素周期表，掌握常见元素（原子序数 1 ～ 20）的电子排布式及其在周期表中的位置，掌握短周期元素、卤素、碱金属元素性质的递变规律。

⑧了解化学键的定义，离子键、共价键的形成。

2）化学变化中的基本规律

①理解质量守恒定律。

②了解化学反应的可逆性和化学平衡的含义，理解浓度、温度、压强等条件对化学平衡移动的影响，能用勒夏特列原理解释其一般规律。

③了解化学反应速率及影响条件。

④了解电解质溶液中的酸碱平衡关系。

（4）化学化工实验

①了解化学实验室常用仪器的主要用途和使用方法。

②掌握溶液的配制方法。

③掌握常见气体（如氢气、氧气、氯气、二氧化碳、氨气）的实验室制法（包括所用试剂、反应原理、仪器、干燥和收集方法）。

④了解工业合成氨的原理。

⑤了解常见阴、阳离子的检验方法（如 Cl^- 离子、SO_4^{2-} 离子、NH_4^+ 离子）。

3. 三级标准

3.1 能力标准

3.1.1 识别能力

能够正确理解本级别专业词汇所表达的含义，流畅地阅读、理解本级别知识点以及相关拓展资料，并进行系统的归纳总结，对所学知识可进行正确简洁的描述。

3.1.2 理解能力

能够准确地理解本级别所列化学基本概念，熟悉物质的物理性质、化学性质及化学反应，理解化学变化中的相关规律及其应用，理解相关知识的区别和联系。能够从提供的信息中准确提取化学问题，并与已有知识进行整合，加深对化学知识的理解。

3.1.3 推理能力

能够对物质及其变化的事实进行逻辑推理和论证，通过定性分析和定量计算得出合理的结论，并解释现象与结论之间的关系。能够应用化学模型解释化学现象，揭示现象的本质和规律。

3.1.4 分析综合能力

能够对化学问题进行具体分析研究，弄清涉及的化学反应、反应历程、化学平衡等知识点，将复杂的化学综合问题分解为若干简单问题，发现其中的规律并准确表述，提出合理的解决方法。

3.1.5 实验与探究能力

掌握化学实验原理、方法和实验过程中的实验现象，能够根据实验现象推断出化学物质及其变化。能够运用所学知识设计实验方案，初步实践科学探究。

3.2 内容与目标

3.2.1 专业词汇

掌握并熟练运用 598 个专业词语，能够运用中文多角度、动态地分析化学变化，能够有效地阅读专业性强、语言难度大的教材和拓展资料。能够口头汇报与讨论化学主题内容，达到与中国普通高中毕业生同等的学习能力与水平。

3.2.2 学习目标

化学知识划分为四个模块：化学基本概念及基本计算、常见物质及其性质、基础化学理论、化学化工实验。三级标准要求掌握如下知识点。

（1）化学基本概念及基本计算

①物质的状态、性质、变化和分类：了解物质的三种常见状态及状态间的变化；理解物理性质与化学性质、物理变化与化学变化的区别与联系；了解化学反应的基本类型及复分解反应的条件；了解大气组成，理解混合物和纯净物、单质和化合物、金属和非金属的概念；理解酸、碱、盐、氧化物的概念及其联系；了解理想气体的含义。

②化学专业术语及常用物理量：能够正确书写化学反应方程式和离子方程式，理解反应物、生成物、反应条件、催化剂等概念；了解相对原子质量、相对分子质量、物质的量、摩尔质量、气体摩尔体积、阿伏伽德罗常数的含义；了解氧化还原反应中氧化剂、还原剂的判断，理解物质的氧化性、还原性。

③溶液：了解溶液的含义；了解溶解度、饱和溶液的概念以及温度对溶解度的影响；理解溶液中溶质的质量分数和物质的量浓度的概念；了解电解质和非电解质、强电解质和弱电解质的概念，理解盐类的水解；了解溶液 pH 值的含义。

④化学计算：熟练掌握质量守恒定律、物质的量相关计算，掌握溶质的质量分数和物质的量浓度的计算以及两者的换算，掌握溶液 pH 值的计算；能够根据化学反应方程式进行有关计算；了解理想气体状态方程并能够进行相关计算。

（2）常见物质及其性质

1）无机物

①了解常见单质及氧化物的物理性质、化学性质及用途。

②了解金属的通性、酸的通性、碱的通性。

③了解特殊的酸的性质（如浓硫酸的吸水性、脱水性、强氧化性）。

④了解常见的氧化性物质和还原性物质。

⑤了解还原性氢化物、典型氧化性酸以及碳酸盐、碳酸氢盐的性质。

2）有机物

①理解官能团、同分异构体、同系物、结构式和结构简式的概念。

②掌握简单有机化合物的命名规则。

③了解常见烃的结构、性质及用途（如甲烷、乙烯、乙炔、苯）。

④了解几种常见烃的衍生物（如乙醇、乙醛、乙酸）的性质。

⑤能够正确书写以上性质对应的化学反应方程式。

⑥了解有机高分子的概念以及聚乙烯等常见高分子材料的基本性质。

⑦了解糖类、氨基酸、油脂和蛋白质的组成、结构特点、主要化学性质及应用，了解葡萄糖、蔗糖、淀粉的性质。

（3）基础化学理论

1）物质结构

①了解元素、同位素、同素异形体的含义。

②了解原子的构成，理解原子序数、核电荷数、质子数、中子数、核外电子数及其关系。

③熟记并能够正确书写常见元素的名称、符号、离子符号。

④掌握原子结构示意图和电子层结构，了解电子亚层结构。

⑤熟悉常见元素的氧化数，能够根据氧化数正确书写化学式（分子式），或根据化学式判断元素的氧化数。

⑥了解化学式的中文命名规则，掌握常见物质的化学式及其中文名称与俗称。

⑦了解元素周期表，掌握常见元素（原子序数 1 ～ 20 ）的电子排布式及其在周期表中的位置，掌握短周期元素、卤素、碱金属元素性质的递变规律。

⑧了解化学键的定义，离子键、共价键的形成。

2 ）化学变化中的基本规律

①理解质量守恒定律。

②了解化学反应的可逆性和化学平衡的含义，理解浓度、温度、压强等条件对化学平衡移动的影响，能用勒夏特列原理解释其一般规律。

③了解化学反应速率及影响条件。

④了解电解质溶液中的酸碱平衡关系；了解化学平衡常数的基本概念，能够利用化学平衡常数判断化学反应进行的限度。

⑤了解氧化还原反应在原电池与电解池方面的应用。

（4）化学化工实验

①了解化学实验室常用仪器的主要用途和使用方法。

②掌握溶液的配制方法。

③掌握常见气体（如氢气、氧气、氯气、二氧化碳、氨气）的实验室制法（包括所用试剂、反应原理、仪器、干燥和收集方法）。

④了解工业合成氨的原理。

⑤了解常见阴、阳离子的检验方法（如 Cl^- 离子、SO_4^{2-} 离子、NH_4^+ 离子）。

⑥了解常见物质的检验、分离和提纯的方法。

⑦了解重要化工原料（如 NaOH、H_2SO_4 ）的化工生产原理。

附：化学专业词汇

一级词汇表（299 个）

一、化学基本概念及基本计算

阿伏伽德罗常数
饱和溶液
变化
不饱和溶液
纯净物
催化剂
单质
氮气
电解质
电离
二氧化碳
反应条件
反应物
非电解质
非金属
沸点
分解反应
酚酞
复分解反应
固态
化合反应
化合物
化学变化
化学反应
化学方程式
化学式
化学性质
还原
还原剂
还原性
混合物
碱
碱性
金属
空气
密度
摩尔
摩尔质量
浓缩
pH 值
气态
气体摩尔体积
气味
燃烧
溶剂
溶解
溶解度
溶解性
溶液
溶质
熔点
生成物
生锈
石蕊
水解
水蒸气
酸
酸碱指示剂
酸性
体积
物理变化
物理性质
物质
物质的量
物质的量浓度
稀释
相对分子质量
相对原子质量
性质
盐
颜色
氧化
氧化还原反应
氧化剂
氧化物
氧化性
氧气
液态
元素的质量分数
质量
质量分数
质量守恒定律
置换反应
中性
状态
组成

二、常见物质及其性质

氨气
饱和链烃
爆炸
苯
苯酚
丙烷
不饱和烃
潮湿
沉淀

澄清
纯度
醇
次氯酸
醋酸
点燃
丁烷
毒性
二氯甲烷
二氧化氮
二氧化硫
芳香烃
酚
钙
高温
高压
干冰
干燥
官能团
过氧化钠
过氧化氢
磺化反应
浑浊
活泼
火碱
火焰
加成反应
甲醇
甲醛
甲烷
钾
结构
结构简式
结构式
金属氧化物
酒精
聚合反应
苛性钠
可燃性
磷
磷酸
硫
卤代烃
铝
氯化物
氯气
镁
木炭
钠
浓硫酸
漂白性
羟基
轻金属
氢气
氢氧化钙
氢氧化钾
氢氧化钠
取代反应
醛
炔烃
三氯甲烷
烧碱
羧基
羧酸
碳
碳化钙
铁
烃
通性
同分异构体
同分异构现象
同系物
铜
透明
褪色
烷烃
稳定
无色
吸水性
烯烃
稀硫酸
稀盐酸
习惯命名法
消去反应
硝化反应
硝基
硝酸
锌
衍生物
焰色反应
氧化钙
氧化钠
氧化铜
氧化性酸
一氯甲烷
一氧化氮
一氧化碳
乙醇
乙醛
乙炔
乙酸
乙酸乙酯
乙烷
乙烯
有机化合物
有机物

三、基础化学理论

纯碱
大理石
氮
电解质溶液
电子层
电子层结构

分子
分子式
氟
副族
硅
氦
核电荷数
核外电子
核外电子数
化合价
化学反应速率
化学平衡
碱石灰
可逆反应
可逆性
离子
锂
粒子
硫酸钠
硫酸铜
硫酸锌
硫酸亚铁
氯
氖
逆反应
硼
铍
氢
石灰石
石灰水
苏打
同素异形体
同位素
小苏打
氩
阳离子
氧
氧化数
阴离子
影响因素
元素
元素符号
元素周期表
原子
原子核
原子结构示意图
原子序数
正反应
质量数
质子
质子数
中子
中子数
周期
主族
族

四、化学化工实验

凹液面
玻璃棒
称量纸
盛放
砝码
回收
集气瓶
碱式滴定管
胶头滴管
酒精灯
量筒
漏斗
排空气法
排水法
漂白
启普发生器
气体收集
容量瓶
烧杯
石棉网
试管
试管夹
试管架
试剂瓶
水槽
酸式滴定管
天平
铁架台
温度计
吸收
洗涤
药匙
蒸馏水
制备
锥形瓶
灼烧

二级词汇表（新增 183 个）

一、化学基本概念及基本计算

臭氧
大气污染
沸腾
还原反应
挥发
胶体

离子反应
离子方程式
离子共存
凝固
凝华
配平
汽化
强电解质
强碱
强酸
熔化
乳浊液
弱电解质
弱碱
弱酸
升华
试纸
酸碱中和
酸雨
温室效应
悬浊液
氧化反应
液化
硬度
蒸发

二、常见物质及其性质

氨水
铵盐
半导体
爆炸极限
潮解
次氯酸钾
碘
电石
钝化
二氧化硅
二氧化锰
腐蚀
腐蚀性
庚烷
工业酒精
癸烷
合成
还原性氢化物
己烷
良导体
硫化钠
硫化氢
卤素
氯仿
氯水
煤
煤油
漂白剂
品红
氢硫酸
氢氧化镁
醛基
壬烷
石灰乳
石炭酸
石油
四氯化碳
四氧化三铁
碳酸钙
碳酸钠
碳酸氢铵
碳酸氢钠
天然气
烃基
通常状况
脱水性
王水
五氧化二磷
戊烷
消毒剂
硝酸钡
硝酸银
辛烷
溴
烟花
延展性
氧化膜
氧化亚铁
冶金
银
银镜反应
有效成分
炸药
沼气
酯
酯化反应
制冷剂
主要成分
助燃性

三、基础化学理论

钡
长周期元素
氚
次氯酸钙
次氯酸钠
胆矾
氮族元素
氘
第 VIII 族

电离平衡	离子键	氕
电子排布式	磷酸二氢钙	铅
电子式	磷酸钙	氢氧化钡
电子云	磷酸一氢钙	氢氧化铜
短周期元素	硫酸钡	生石灰
非极性共价键	硫酸钙	熟石灰
高锰酸钾	硫酸钾	水解平衡
汞	硫酸铝	碳族元素
共价化合物	硫酸镁	稀有气体
共价键	硫酸氢钾	锡
共用电子对	硫酸氢钠	消石灰
过渡金属	硫酸铁	亚硫酸
化学键	卤族元素	亚硫酸钠
化学平衡移动	氯化铁	氧族元素
极性共价键	氯化亚铁	元素周期律
碱金属	氯化银	重钙
金	氯酸钾	
勒夏特列原理	锰	

四、化学化工实验

表面皿	刻度线	吸取
称量	量取	显色
除杂	滤纸	循环法
点滴板	毛刷	引流
定容	密封	蒸发皿
复燃	三脚架	灼伤
过滤	水浴锅	
检验	尾气吸收	

三级词汇表（新增 116 个）

一、化学基本概念及基本计算

碱性氧化物	理想气体状态方程	酸性氧化物
理想气体	两性氧化物	

二、常见物质及其性质

氨基酸	丙三醇	单体
半乳糖	单糖	蛋白质

电绝缘性
淀粉
多肽
多糖
复合材料
甘油
高分子化合物
果糖
合成纤维
核酸
核糖
化肥
聚合度
聚合物

聚乙烯
链节
两性氢氧化物
麦芽糖
酶
尿素
葡萄糖
氢氧化铝
氢氧化铁
乳糖
软脂酸
塑料
肽链
碳水化合物

糖类
天然纤维
纤维
纤维素
橡胶
盐析
氧化铝
氧化铁
乙二醇
硬脂酸
油酸
油脂
蔗糖

三、基础化学理论

铂
电镀
电解
电解池
电子亚层
钒
反应热
放热反应
氟化钙
负极

铬
钴
化学平衡常数
氪
芒硝
明矾
镍
偏铝酸钠
七水合硫酸
砷

十二水合硫酸铝钾
钛
吸热反应
氙
阳极
阴极
萤石
原电池
正极

四、化学化工实验

饱和食盐水
萃取
滴定
滴瓶
电解法
沸腾炉
分离
分液
分液漏斗
干燥器
坩埚
坩埚盖

坩埚钳
化工原料
回流
活化能
接触法
接触室
结晶
金属容器
冷凝
冷凝管
冷却
硫铁矿

氯碱工业
pH 计
润洗
烧瓶
水浴
提纯
五氧化二钒
吸收塔
洗气瓶
移液管
蒸馏